亲子鉴定法制化进程

赖红梅

× 著

上海人民出版社

自序

　　亲子鉴定是应用人类生物学、遗传学的理论和技术，判断父母与子女间是否存在亲子关系的鉴定。作为一门严肃的生命科学，亲子鉴定曾仅作为司法审判中的法庭证据、医院进行血型配对需要以及刑事侦察中的身份确认而用，自十届全国人大常委会第14次会议于2005年2月28日通过的《全国人民代表大会常务委员会关于司法鉴定管理问题的决定》将司法鉴定面向全社会开放以来，社会大众均可委托鉴定机构进行亲子鉴定。

　　亲子关系作为人类社会关系中最重要、最基本的关系之一，是人类自身的一种本能情感的重要依据和人类亲情关系的延续。随着现代社会科学技术的不断进步和发展，亲子鉴定技术越来越广泛地受到社会大众的关注和采用，随之而来的是亲子鉴定数量的逐年增多，据相关部门统计，我国亲子鉴定的数量正以每年20%的速度递增，在浙江、广东等经济发展较快的地区，亲子鉴定的人数则以每年20%至40%的速度迅猛增加，而随之带来的不利后果和损害也给相关当事人的生活带来不可估量的影响。

　　目前，我国的亲子鉴定正处于一个方兴未艾的时期，要促进这一事业的可持续发展，必须构建多层的支持系统。其中基本保障之一就是加速其制度化、法制化进程。实践证明，亲子鉴定法制不仅有利于规范亲子鉴定活动，更有利于维护亲子争议各方主体的合法权益，促进亲子鉴定的有效管理，防范和化解风险。因此，通过专门的亲子鉴定法制来规范和保障亲子鉴定活动已成为我国当前不可回避的问题之一。我国《民法典》第1073条对亲子关系认定作出了规定，但该规定较为原则，与亲子关系认定有关的实体性内容尚未明确。因此，确有必要对亲子鉴定认定的法律问题作进一步的研究。

　　作为一名有创新想法和实际行动的学者，笔者多年来从事亲子鉴定实务工作，致力于研究亲子鉴定法律制度，曾撰写多篇专题学术论文，《亲子鉴定之法制化进程》就是立足于当前亲子鉴定现状的一项法制化探索成果，是一本对了解中国亲子鉴定法制化进程、研究中国亲子鉴定法律制度具有重要参考价值的学术著作。首先，这本书对我国亲子鉴定的现状进行了深入分析，论证了亲子鉴定法制化的必要性和重要性，介绍了我国亲子鉴定法制化的时代背景和当前立法概况，并进行了比较分析。这些内容对于中央层次立法具有重要的参考价值。其次，这本书的显著特点是以法律关系为主线深入分析了亲子鉴定法律关系的主体、客体和内容。其角度新颖、内容翔实，探讨了亲子鉴定各方主体权利义务、亲子鉴定风险防范、亲子鉴定组织管理体制、亲子鉴定的规范运作等多项有关亲子鉴定立法的重要问题。此外，本书还引介了发达国家和地区亲子鉴定法制化的概况，并分析了于我国亲子鉴定法制化可借鉴之处。不仅有利于亲子鉴定法律制度在《民法典》的基础上进一步丰富拓展，同时也为亲子关系鉴定中面临的困局提供了解决路径。

目 录

前言

　　众所周知，处理亲子关系纠纷的主要目标在于明确当事人之间是否具有法律意义上的亲子关系，以及因此而衍生的权利义务关系。虽然目前亲子关系纠纷的种类千差万别，但解决问题的关键均在于当事人之间是否真实存在生物学意义上的亲子关系，并以此作为主张各项权利的依据，随着亲子鉴定技术的日趋成熟，其结论对于亲子关系真实性的证明作用亦越来越得到社会大众的信赖及认可，为配合日益增长的亲子鉴定需要，目前我国除部分大型医院外，甚至已出现一些专门检验 DNA 的医疗机构，而各地的亲子鉴定机构更是如雨后春笋般遍地开花。需求决定市场，从当前我国亲子鉴定机构数量的迅猛增长情况足可见亲子关系纠纷已存在于我们的日常生活。例如某知名演员 S 与前女友未婚生育一子 J，其前女友诉至法院请求 S 支付抚养费，并要求其承担抚养义务，此案经法院要求当事人至相关鉴定机构进行 DNA 亲子关系鉴定后，鉴定意见显示 S 与 J 之间存在亲子关系的概率为 99.98%，法院遂认定双方的亲子关系已成事实，并对此纠纷予以庭外调解，而 S 亦表示愿意支付抚养费并承担抚养义务。

　　亲子关系的存在与否，原则上以双方的亲子血缘关系作为依据，这点似乎无可争议。在上述案例当中，S 与前女友在 J 受胎期间并没有婚姻关系存在，依我国《民法典》的相关规定，J 无法受到婚生推定效力所及，即从身份关系上而言，J 属于 S 的非婚生子女，换言之，两位当事人之间存在的亲子关系，须通过亲子关系诉讼确认两者之间的权利义务，而法院之所以得以确认双方的亲子关系，所依据的无非亲子血缘关系的存在与否。

　　因此，我们可以得出的结论是：在亲子关系纷争中，真实亲子关系的确认应当取决于两个关键因素：第一，是亲子血缘关系；第二，是当事人的意思表示在法律制度下的作用程度。前者所涉及的是亲子关系纷争中能否合理有效地利用科学鉴定技术，证明亲子血缘关系的存在。其实，以当今的科学技术，就理论上而言，无论什么类型的亲子关系纷争均能通过DNA科学鉴定的方法得到误差近乎为零的鉴定意见，然而，若当事人不愿配合DNA鉴定时，以目前我国的法律规定而言，法院无法强制当事人的协助行为，由此，便无法通过客观、科学的证据对当事人之间是否存在亲子关系进行判断。如前述案例当中，J纵然起诉请求S承担抚养义务，但若S拒绝法院的鉴定要求，则双方间的真实亲子关系便很难以客观的鉴定意见作为判决依据。因而，如何从法律上确保当事人间的真实亲子关系的确认能得到科学技术的有力支持就显得尤为重要。

此外，当事人的真实意思表示在亲子关系纷争当中的影响程度也是亲子鉴定法制化进程中无法回避的问题之一，如若在亲子关系纠纷中完全贯彻真实主义，即客观上存在亲子血缘关系便确认两者间成立法律上的亲子关系，借助国家强制力的介入，使事实上的亲子关系与法律上的亲子关系完全一致，这样不仅会侵害当事人的隐私权，也会无形中增加国家的负担。因此，从国家立法层面而言，应当思考的是，在尊重血缘的前提下，尚需综合考虑当事人的真实意思表示在亲子关系纷争处理过程中发挥作用的大小。

现代亲子鉴定的课题着重于保护未成年子女的利益，维持身份关系的安定性并调解家庭矛盾。近年来我国的亲子鉴定案件数量骤增，然而在现行法制下，亲子关系纠纷的处理均由法院民事审判庭依据普通民事诉讼程序进行审理，从而作出合适的判决。甚至有时当事人本身对真实亲子关系并无争议，但为确认真实的身份关系，必须提起民事确认之诉，不仅造成法院负担，亦形成当事人的诉累，徒增当事人之间的对立冲突。因此，在亲子鉴定法制化的程序问题上，如何适度地介入公权力并积极运用科学鉴定，避免当事人在公开法庭上互揭隐私，造成彼此冲突的加大，并有效保护当事人间的隐私及维护人与人之间的和谐关系，创造子女利益的最大化都是我们需要思考的问题。

综上所述，可以看到亲子鉴定法制化进程中有诸多值得我们刻不容缓地进行深入研究的重要课题。

第一章 亲子鉴定的理论基础

第一节 概 述

亲权鉴定（identification in disputed paternity）是指应用医学、生物学和人类学的方法检测遗传标记，并依据遗传学理论进行分析，从而对被检者之间是否存在生物学亲缘关系所作的科学判定。亲权鉴定涉及的范围非常广泛，既包括两代直系间亲缘关系的判定，也包括同胞间、隔代直系间，以及旁系个体（叔侄、姨甥等）间亲缘关系的判定。其中最常见的是判断父母与子女之间是否存在生物学亲缘关系，称为亲子鉴定。

一、亲子鉴定的类型

亲子鉴定是法医物证检验的主要任务之一，不仅可以为刑事、民事诉讼案件的审理提供有力的科学证据，同时也可以为某些行政法规的贯彻实施提供有效的保障。随着科学技术的进步、经济的发展和国民法律意识的增强，涉及亲子鉴定的案件越来越多，大致有以下几种情况：

第一，涉及民事纠纷的亲子鉴定包括：（1）涉及婚生或非婚生子女抚育责任或财产继承诉讼案；（2）怀疑产院调错婴儿的诉讼案。

第二，涉及刑事案件的亲子鉴定包括：（1）强奸案；（2）碎尸案中的身源认定；（3）杀婴、拐骗儿童等案件中孩子身源的认定。

第三，涉及行政事务的亲子鉴定包括：（1）移民涉外公证；（2）失散亲人亲缘关系的认定；（3）计划外生育责任人的确认及其子女户籍的注册。

在以上各类亲子鉴定情形中，尤以母子关系确定，要求判断争议父亲和子女间是否存在亲子关系的最为常见，这类亲子鉴定又称为父权鉴定（paternity

1

testing）。此外，通过亲子鉴定达到个人识别目的，在刑事案件的侦破和民事赔偿案件中也发挥着越来越重要的证据作用。

二、亲子鉴定的依据

亲子鉴定的依据包括遗传性状（或遗传特征）、妊娠期限、性交能力及生殖能力三个方面。正常情况下，妇女的妊娠期限为 280 ± 14 天，只有充分考虑早产儿、过熟儿等因素的影响，且证明生母在可能受孕期间未与被控父亲发生性关系，才可否定被控父亲与孩子的亲生关系。准确判定有争议的父（或母）在受精期间无生育能力非常困难，而性交能力与生殖能力不同，也仅可作为亲子鉴定的参考。因此，遗传性状是亲子鉴定最主要的依据。

遗传性状是生物体表现的一切形态特征、生理特征和代谢类型的统称，其中可检测的、由遗传决定的特征，并能够按预期的方式从一代遗传给下一代的性状，在遗传学上称为单位性状。不同个体的单位性状常表现出差异，可用于遗传分析。这种具有相对差异的单位性状作为标志来识别携带它的个体、细胞和染色体；或用以研究细胞、个体、家系和群体的遗传方式时就称为遗传标记（genetic marker）。

在发现 DNA 遗传标记之前，法医学主要采用血型血清学遗传标记，即传统的血型（blood group）进行个人识别和亲子鉴定。广义的血型是指由遗传决定的人类血液的个体差异，包括红细胞、白细胞、血小板等各种血液有形成分，以及血清蛋白和酶等。自亚历克·杰弗里斯（Jeffreys）于 1985 年首例应用 DNA 指纹鉴定亲权成功后，大量的 DNA 遗传标记被开发，并越来越广泛地应用于亲子鉴定中。

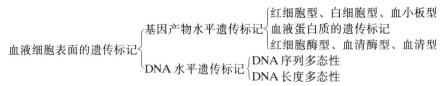

图 1-1 应用于法医学鉴定的遗传标记

三、亲子鉴定的原理

人类的遗传性状根据受基因控制的程度可分为两类：一类是受单基因座

的等位基因控制，与环境无关的单纯遗传特征，如血型、DNA多态性、耳垢型、味觉能力等；另一类是受多基因座共同控制，同时还受环境、营养状态、疾病等非遗传因素影响的复杂遗传特征，如身体的形态、容貌、肤色、皮肤纹理等。单基因遗传特征分析是亲子鉴定最可靠、最基本和最常用的方法。

常染色体上的基因或遗传标记，按照孟德尔遗传定律遗传。人类体细胞中成对存在的染色体（或基因），通过减数分裂形成配子时彼此分离，分别进入各自配子细胞（精细胞或卵细胞）中（分离律）；精、卵细胞结合形成合子细胞（受精卵）时，不同基因座上的基因自由组合（自由组合律），形成子代的基因型，即子代的半数染色体来自父亲，半数染色体来自母亲。亲代基因型决定了子代基因型，他们之间基因型关系如表1-1。

表1-1　亲代与子代基因型关系

亲代基因型组合	子代基因型	亲代基因型组合	子代基因型
aa×aa	aa	bb×bb	bb
aa×bb	ab	bb×ab	bb，ab
aa×ab	aa，ab	ab×ab	aa，bb，ab

注：a、b代表某基因位点上不同的等位基因。

在一个具体家庭中，决定某一性状的基因在亲代和子代之间传递的规律是：

（1）孩子的一对等位基因必定是一个来自父亲，一个来自母亲；

（2）孩子不可能带有双亲均没有的等位基因；

（3）除非父母双方均有同一基因，否则子女不会是纯合子；

（4）父母之一若是纯合子，则子女必得其一。

根据上述遗传规律，在排除遗传变异和分型错误的前提下，鉴定亲子关系的基本原理可以归纳为以下两点（表1-2）：

（1）在肯定某个基因必须来自生父，而假设父亲并不具有这个基因的情况下，可以排除其亲子关系；

（2）在肯定某个基因必须来自生父，而假设父亲具有这个基因的情况下，不能排除其亲子关系。

表 1-2　根据遗传标记判定父权

血型组合 母亲×孩子	生父基因	可以排除父权	不能排除父权
aa×aa aa×ab ab×aa	a b a	bb aa bb	aa、ab Bb、ab Aa、ab
bb×bb	b	aa	bb、ab
bb×ab	a	bb	aa、ab
ab×bb	b	aa	bb、ab
ab×ab	a、b	—	aa、bb、ab

性染色体上的基因或遗传标记，因其种类不同遗传方式也不同：Y 染色体上的基因或遗传标记，按照伴性遗传方式遗传；X 染色体上的基因或遗传标记，在母子间按母系遗传的规律遗传。根据这些规律，如果父子间 Y 染色体的遗传标记不同，或母与子间 X 染色体的遗传标记不同，可以否定亲子关系。这两类遗传标记分别适用于母亲不能参加的父子间的单亲鉴定和父亲不能参加的母子间的单亲鉴定，还可用于隔代、同胞间亲缘关系的鉴定。

此外，人类染色体外遗传物质线粒体 DNA（mitochondrial，mtDNA）也是按照母系遗传的方式遗传，同样可用于父亲不能参加鉴定的母子间的单亲鉴定，以及母系同胞间或隔代或旁系个体间的亲缘关系鉴定。

四、亲子鉴定应具备的条件

亲子鉴定是法医学的重要内容，是一项十分严肃的工作，必须严格按照相应的法律法规程序进行，并以事实为根据，客观、公正地评价检验结果。

（一）鉴定人的资格

为保证鉴定结论的可靠性，承担亲子鉴定的鉴定人必须获得相应的资格，具备相应的遗传学和分子生物学等学科的知识，熟练掌握相应的检验技术，由具有一定工作经验的专业人员对检测结果进行解释和判断，并按照国际公认的判断标准得出相应的结论。鉴定人必须具有良好的职业道德，科学办案，并注意为当事人保密。

（二）鉴定机构的条件

为保证鉴定结论的正确性，承担亲子鉴定的鉴定机构必须获得相关部门的批准，具有标准化的实验方法和可靠的实验室质量控制体系。实验所用方法必须可靠、操作规范、分型标准；试剂必须达到规定的纯度要求、特异性良好；仪器必须性能良好、稳定。此外，目前认为开展亲子鉴定工作的实验室，其所检测遗传标记的累积非父排除概率至少应在 99.95% 以上。

（三）被鉴定人的要求

为保证鉴定的合法性，成年被鉴定人应自愿接受鉴定（特殊的刑事案件除外），14 岁以上的青少年应适当征求其对鉴定的意见，未满 14 岁的儿童应征得其监护人的同意；为保证标本的真实性，亲子鉴定前必须认真核对被检者身份证明（身份证、户口本、出生证明等）；检验标本原则上应由检验者直接从被检者身上采集，避免将被检者或血液样品等调错；被检者在近期内不能接受输血，避免他人的血液成分干扰检验结果；须充分了解被检者是否患有某种特殊疾病。

第二节　亲子鉴定常用的遗传标记

一、基因产物水平的遗传标记

自 1901 年卡尔·兰德斯坦纳（Landsteiner）发现人类 ABO 血型系统至今已有一个多世纪。人们对血型的研究和认识逐步深入，迄今在人类血液中检出的遗传标记多达 500 余种，其中适用于亲子鉴定的血液遗传标记，一般应具备以下条件：

（1）表现为简单的遗传性状，其遗传方式经家系调查已明确；

（2）具有遗传多态性，基因频率分布较均匀，父权排除率高；

（3）在相应地区、民族中的群体遗传数据已建立；

（4）血型个体发生早，不易受年龄、疾病及其他因素影响；

（5）检验方法操作简单，重复性好，结果明确可靠。

（一）红细胞型

红细胞型是指由等位基因决定的红细胞表面抗原的差异。红细胞型检测主要依靠特异性抗体与相应抗原的血清学反应（如凝集试验、凝集抑制试验和 Coombs 试验等）结果判型。亲子鉴定常用的红细胞型主要有以下几种：

1. ABO 血型

ABO 血型抗原可以以水溶性糖蛋白的形式存在于人的血清、精液、唾液等体液与分泌液中。因此，也可以通过对上述样品的检测判定 ABO 血型。

2. MN 血型

MN 血型有 M 型、N 型和 MN 型 3 种表型，MN 血型基因座位于第 4 号染色体上，M、N 两个等位基因为共显性基因。

MN 血型的 M、N 两种抗原，以糖蛋白的形式存在于红细胞膜表面上。用已知抗-M、抗-N 抗体检测未知的红细胞抗原可鉴定 MN 血型。

3. Rh 血型

Rh 血型是最为复杂的人类血型之一，5 种常见抗原 D、C、c、E、e 构成 18 种表型。其中 RhD 抗原具有很强的免疫原性，在输血、新生儿溶血和母儿妊娠不合中具有重要的意义，因此临床上则根据 RhD 抗原区分为 RhD（＋）和 RhD（－）两种型。Rh 血型由位于第 1 号染色体上的两个高度同源的 RhD 基因和 RhCE 基因共同控制，分别编码 RhD 以及 RhCcEe 蛋白。RhCE 基因座的四种等位基因 RhCE、RhCe、Rhce、Rhce 属常染色体共显性遗传。

（二）红细胞酶型

红细胞酶型是红细胞多态性同工酶（蛋白质分子结构不同，但能催化相同化学反应的一类酶）个体间的遗传差异。亲子鉴定常用的红细胞酶型有：红细胞酸性磷酸酶（EAP）、酯酶 D（ESD）、葡糖磷酸变位酶Ⅰ（PGMⅠ）、乙二醛酶Ⅰ（GLOⅠ）和谷丙转氨酶（GPT）等。

（三）血清蛋白型

血清蛋白型（the polymorphism of serum protein）又称血清型，是由等位基因决定的人血清中同一种蛋白质的个体差异，表现为氨基酸排列顺序的差别，导致蛋白质一级和二级结构的不同。亲子鉴定常用的血清型系统有：结合珠蛋白（HP 型）、维生素 D 结合蛋白（Gc 亚型）、α-抗胰蛋白酶（PiM 亚型）、转铁蛋白（TfC 亚型）、间-α-胰蛋白酶抑制剂（ITIH1 型）、补体成分和同种异型遗传标记等。

（四）白细胞型

白细胞型主要是指人类白细胞抗原（human leukocyte antigen，HLA），又称为移植抗原或组织相容性抗原系统，是迄今发现的最复杂的人类遗传标记。

人类 HLA 系统受控于第 6 号染色体短臂上的 HLA 区域的多个基因座的复等位基因，其中主要有 HLA-Ⅰ、Ⅱ类基因座。HLA-Ⅰ基因区已识别命名的基因座有 8 个，包括 HLA-A、B、C、E、F、G、H、J 及 K，迄今共检出 1 062 个等位基因。HLA-Ⅰ类抗原是一种膜糖蛋白，主要包括 HLA-A、B 和 C 基因的产物，由一条重链和一条轻链构成。该类抗原分布广泛，存在于所有有核细胞中，并以可溶性方式存在于自身血清或初乳中。HLA-Ⅱ基因区已识别命名的有 30 多个基因座和 686 个等位基因。HLA-Ⅱ类抗原主要包括 DR、DQ、DP 等基因座的产物，由 α 和两条糖蛋白链构成。该类抗原的组织分布比 HLA-Ⅰ类抗原少得多，主要表达在如 B 细胞、巨噬细胞和其他抗原递呈细胞的表面。

HLA 的遗传特征是位于同一条染色体上的，不同基因座的基因紧密连锁，构成单倍型遗传。HLA 每个基因座上均有众多的共显性等位基因，以 HLA-Ⅰ、Ⅱ类 6 个主要功能基因 A、B、C、DRB1、DQB1、DPB1 计算，共有 1 570 个等位基因，各个基因座上的基因随机组合，形成 HLA 型系统高度的遗传多态性，在个人识别和亲子鉴定中具有非常重要的意义。

（五）基因表达产物的缺陷

它们均为基因编码的产物，其多态性差，应用价值有限。如 ABO 血型在人群中只有 A 型、B 型、AB 型和 O 型的表现，反映个体差异性小。有的遗传标记在基因表达过程中受到许多因素的影响，导致不能反映出编码区 DNA 的多态性的情况。某些血型系统存在生理性变异和病理性变异，使判断产生错误。

二、DNA 水平的遗传标记

（一）DNA 遗传标记进行法医鉴定的优势

第一，可以直接检测出遗传物质 DNA，不受基因表达过程的影响；第二，DNA 多态程度高，有很高的非父排除率和个人识别力；第三，可以接受检验的生物学物证类型广泛，个体以及其分泌物、排泄物均可列为检测对象；第四，具有高度稳定性，除了癌变组织有可能基因变异外，不受生理和其他病理、环境条件、年龄、营养的影响；第五，将 DNA 分型结果建立数据库，通过检索比对，可得知现场生物与数据库已有数据是否相同，并实现地区的联网检索。

（二）DNA 的结构与功能

DNA 是生物的遗传物质，其基本结构是由 4 种脱氧核糖核酸（简称核苷酸）通过磷酸二酯键聚合而成的多核苷酸链。核苷酸由磷酸、脱氧核糖和碱基三个部分组成，其中碱基有腺嘌呤（A）、鸟嘌呤（C）、胞嘧啶（C）和胸腺嘧啶（T）4种类型。绝大部分（98%）DNA存在于细胞核内的染色质中，只有极少部分DNA存在于核外线粒体中。细胞核的DNA分子是由两条反向平行排列的多核苷酸链，以碱基配对的原则（A与T，G与C）通过氢键彼此相连，并围绕同一中心轴盘旋形成的双螺旋结构。线粒体DNA与基因组DNA的构型不同，虽然都是双股结构，但却成环形。

生物体的遗传信息表现为DNA分子中核苷酸的排列顺序，并以密码子的形式编码在DNA分子上。在细胞分裂过程中，DNA分子双链间的氢键断裂分开，然后每条多核苷酸链各以自己为模板，按照碱基互补原则合成新的互补链（半保留复制），把遗传信息从亲代传给子代；在细胞生命过程中，DNA中的两条多核苷酸链总有一条作为模板，将遗传信息转录给mRNA，mRNA再将信息翻译成蛋白质，决定蛋白质的特异性。

（三）DNA多态性的分子学基础

DNA多态性是指DNA区域中等位基因（或片段）存在两种或两种以上形式，其本质是生物体在进化过程中DNA的核苷酸排列顺序改变的结果。DNA多态性可分为长度多态性和序列多态性。[1]

1. 长度多态性（length polymorphism）

DNA长度多态性是指在两条同源染色体上，同源DNA片段的核苷酸排列数量存在的个体差异。DNA长度多态性是由于片段插入、缺失或重复序列数目变异所致，其中约占整个基因组20%—30%的重复序列是导致DNA长度多态性的最常见原因。

以多拷贝形式存在的DNA序列称为重复序列，大多存在于基因内非编码区或基因附近。根据重复序列结构和分布特点可分为以下三类：

（1）散在重复序列：单拷贝DNA序列以其单体形式散在地分布于整个基因组中。由于其分布间隔片段大小不同又可分为短片段型和长片段型。

（2）串联重复序列：具有特定的重复单位，各重复单位头尾相连形成的重复序列，又称为卫星DNA。由于结构分布上的不同，卫星DNA又被分成四类：

---

[1] 侯一平主编：《法医物证学》，人民卫生出版社2024年版。

大卫星 DNA、中卫星 DNA、小卫星 DNA 和微卫星 DNA。小卫星 DNA 和微卫星 DNA 具有极高的多态性，是法医学个人识别和亲子鉴定的重要遗传标记。

小卫星 DNA（minisatellite DNA）是由许多长度为 6—70 bp 的串联重复单位组成的 DNA 序列，重复单位的重复次数在不同个体间有极大差异，重复次数少至数次，多至数千次，故又称为可变数目串联重复序列（variable number of tandem repeats，VNTRs）。这类重复可能源于减数分裂期间的同源染色体或染色体内部的不对等交换。在构成上，小卫星 DNA 最大的特点是同一小卫星的各个重复单位内含有一个 10—15 bp 长的保守序列，即核心序列；不同的小卫星 DNA 之间其核心序列有极高的同源性，在低杂交条件下可以相互杂交。以核心序列多聚体为探针进行限制性片段长度多态性分析时，能同时检测多个位点小卫星 DNA 多态性，这便是多位点 DNA 指纹图分析的理论基础之一。小卫星 DNA 重复单位的重复数目遵循孟德尔遗传规律遗传。

微卫星 DNA（microsatellite DNA）是一类更简单的寡核苷酸串联重复序列，重复单位为 2—7 bp，重复次数在 10 至 60 次，又被称为短串联重复序列（short tandem repeats，STRs）。微卫星 DNA 的产生主要是 DNA 复制过程中滑动，或 DNA 复制和修复时滑动链与互补链碱基错配，导致一个或几个重复单位的缺失或插入。STR 分布广泛，在人类基因组中存在着 5 万至 10 万个。STR 实质上属于 VNTR，同样具有极高的多态性，亦遵循孟德尔遗传规律遗传。

（3）倒位重复序列：重复单位是互补序列，并在同一条 DNA 链上呈反向排列的重复序列。倒位重复序列根据两个互补拷贝之间是否存在间隔序列又可分为有间隔重复序列和无间隔重复序列两种形式。

2. DNA 序列多态性

DNA 序列多态性（sequence polymorphism）是指一个基因座上，因不同个体 DNA 序列有一个或多个碱基的差异而构成的多态性。可以理解为该基因座上所有等位基因 DNA 长度相同，但它们之间的序列存在差异。在基因组 DNA 中，无论是编码区或者非编码区，单碱基替换是最基本的突变形式。序列多态性可以发生在染色体与线粒体 DNA。在人类基因组范围内，任何单碱基突变使特定核苷酸位置上出现两种或两种以上碱基，其中最少的一种在群体中的频率不少于 1%，就形成单核苷酸多态性（single nucleotide polymorphism，SNP）。

多数单核苷酸多态性表现为基因座上二等位基因（bi-allelic）的变化，并形成于非编码区，一般为 A2317G，表示该基因座有两种等位基因 A 或 G。该处突变位于外显子上又非简并突变，可以形成谷氨酰胺或精氨酸两种氨基酸，使蛋白一级结构发生改变。

与具有多个等位基因（multi-allelic）的短串联重复序列基因座相比，由于 SNPs 呈现二等位基因变化，其单个基因的多态性不高。因此，在混合斑个体识别中其效能远低于短串联重复序列基因座。但对于法医学个人识别或亲缘鉴定，多个 SNPs 基因座组合仍可达到指认个体或确定亲缘关系的目的。

SNPs 基因座在人类基因组分布很广，据 2007 年国际人类基因组单体型图计划报道，在人类基因组已发现 310 万个 SNPs 基因座。这个数量远高于个人认定和亲缘关系鉴定要求。在法医鉴定中，同时高效检测多个 SNPs 基因座等位基因组合方能满足个人识别和亲权鉴定的要求。目前，定量 PCR 技术、微珠阵列技术（beadArray）和 SNPstream 技术等可以实现同时检测多个 SNPs 等位基因的目的。

核基因组 DNA 的 SNPs 多数位于常染色体上，其突变率远低于 STR 系统，另一些研究资料显示，若以每代的突变率表示，则 SNPs 的突变率为 10^{-8}/代；与平均突变率为 10^{-3}/代以上的 STR 相比，SNPs 在亲缘鉴定中的优势显而易见。

法医学应用 SNPs 的典型范例是线粒体 DNA（mtDNA）基因组。作为细胞器内的 DNA，其拷贝数远较核基因组 DNA 多，因而其灵敏度明显高于核 DNA 的标记系统；但与 STR 基因座相比，mtDNA 序列多态性几乎微不足道。一项针对 mtDNA 数据库的 182 106 次随机个体的比对试验证实有 699 个随机个体 mtDNA 单倍型匹配，其随机匹配概率高达 0.38%；可见以 mtDNA 检测结果难以直接认定两个个体来自同一母系。

DNA 降解为小片段是导致法医 DNA 分型失败的重要原因之一。用于分型的 PCR 产物设计越短，越有利于降解检材的分型。与 STR 长度多态性不同，SNPs 的特征表现为点突变。可以将用于检测 SNPs 的 PCR 产物设计得很短，通常商业试剂盒的 STR PCR 产物片段长度在 100—450 bp 之间，而 SNPs PCR 产物片段长度可短至 50—120 bp。显然对于降解 DNA 检材的分型，SNPs 较 STR 更有优势。在大型灾难事故的个人识别案件中，小片段的 SNPs 扩增片段能够从严重降解的 DNA 样品中发掘出个体遗传信息。

3. 其他类型多态性

早在 1991 年，临床遗传学家就观察到人类基因组中小于 20 bp 的 DNA 片段缺失可以导致遗传性疾病的发生。在人类基因组，除碱基替代形成 SNPs 外，一个或多个碱基的插入/缺失也是变异的常见类型。这些碱基的插入/缺失可以形成一个基因座有两个等位基因或多个等位基因；后者如 STR 基因座，该类基因座可看作多个核心序列插入/缺失而成；前者的情况为插入/缺失碱基数目涉及一个至数十个碱基并形成二等位基因座，此类基因座称为"插入/缺失多态性基因座"（insertion/deletion polymorphism，InDel）。

InDel 基因座在人类核基因组 DNA 分布较广，以包括 SNPs、STR 和 InDel 在内的人类 10 000 000 个变异中 16%—20% 为 InDel 基因座估算，理论上应该有 16 000 000—25 000 000 个 InDel 基因座。InDel 的突变率远低于 STR 系统，类似于 SNPs；但等位基因表现为片段长度变化，用电泳分析技术即可辨别不同的等位基因；这些特点成为法医物证学家关注 InDel 系统的主要原因。有研究选择的 109 个中国汉族个体中，29 个 InDel 基因座的累积个体识别能力达 0.999 999 999 990 867，由此可见 InDel 基因座的法医学应用潜力。

线粒体 DNA 控制区有两个高变区（HVR-Ⅰ和Ⅱ），具有序列多态性，适合于解决毛干、指甲等无核生物组织和降解、微量检材的 DNA 分析难题，但是由于其分析的实验条件和技术要求较高，费用高、耗时长，且呈母系遗传，一般不作为常规使用。

（四）DNA 多态性的检测技术

1. DNA 指纹技术

DNA 指纹（DNA fingerprint）是指将人类基因组 DNA 用特定的限制性内切酶消化后，经电泳分离、萨森印迹转移，然后用已知序列小卫星 DNA 探针根据碱基互补原则与未知基因组 DNA 杂交，所显示出的由一系列距离不等、相互间隔的多条电泳谱带组成的高度多态性图谱。图谱中的每一条谱带代表一个特定长度的 DNA 片段，不同个体之间的差异在图谱中主要表现为谱带位置、数目和密度强弱的差异。DNA 指纹的实质是基因组 DNA 的限制性片段长度多态性，它的个体特异性取决于所用限制酶的识别序列特异性和探针的特异性。

DNA 指纹的基本特征包括：第一，体细胞具有稳定性，同一个体的血液、唾液、精液以及各器官组织 DNA 指纹图是一致的，并且对同一个健康人来说是终身不变的，这是法医学应用的基本前提。第二，个体具有高度特异性，不同个体 DNA 分子水平上遗传本质的差异，决定了同一种限制酶消化基因组 DNA，某一个体与另一个体的等位基因片段在数量和长度上是不可能相同的，从而产生具有个体特异性的 DNA 指纹图。第三，按孟德尔遗传规律遗传，通过大量的家系调查证明，子代 DNA 指纹图中所有等位基因带都可以在双亲的指纹图中找到，片段的传递符合孟德尔遗传规律。

2. 聚合酶链式反应

聚合酶链式反应（polymerase chain reaction，PCR）技术是近年来发展起来的一种快速的体外扩增特异 DNA 片段的技术，是依赖于靶 DNA 序列侧翼上所结合的两个寡核苷酸引物在体外由 DNA 聚合酶催化合成特异性 DNA 片段的方法。PCR 技术的主要目的是从生物体的整个基因组 DNA 中获取足够量的特异性片段，以供进一步分析。PCR 技术因具有灵敏度高、特异性强、操作简单、快速等优点，被誉为第二代 DNA 分型技术。

根据扩增片段多态性产生的分子学基础不同，法医学鉴定中常用的 DNA 分型技术主要有以下几类：

（1）AMP-FLP 技术：扩增片段长度多态性（amplified fragment length polymorphism，AMP-FLP）系指不同个体基因组 DNA 经 PCR 扩增获得的 DNA 片段长度不同而形成的遗传多态性，其多态性主要来自基因组中小卫星或微卫星位点。

可变数目串联单位序列（VNTRs）位点具有极高的遗传多态性。等位基因片段的大小取决于 VNTRs 片段重复单位的数目，不同等位基因片段长度的差异是重复单位长度的整倍数。PCR 扩增产物经简单的琼脂糖凝胶电泳，EB 染色活聚丙烯酰胺凝胶，电泳硝酸银染色，便可依据片段的大小区别不同的等位基因。

短串联重复序列（STR）是当前法医学领域最为广泛应用的遗传标记系统。人类基因组 DNA 中 STR 位点含量丰富，估计有 20 万至 40 万个，每隔 6—10 kb 就出现一个，其中约有半数具有遗传多态性。STR 位点的突出特点是基因座多、片段短、多态性高，在个人识别与亲权鉴定中实用价值极高；不同 STR 位点的扩增片段长度相差不大，为多个 STR 位点的复合扩增创造了条件。亲子鉴定常用的常染色体 STR 基因座见表 1-3：

表 1-3　常用的常染色体 STR 基因座

基因座	重复序列	多态片段（bp）	基因座	重复序列	多态片段（bp）
vWA	AGAT	126—166	D5S818	AGAT	119—151
TPOX	AATG	224—252	D13S317	AGAT	165—197
THO1	AATG	129—203	D7S820	AGAT	212—244
D16S539	AGAT	264—304	CSF1PO	AGAT	291—327
D21S11	TCTA/G	172—264	D19S253	GATA	209—243
D18S51	AAAG	275—323	PLA2A1	AAT	118—139
D8S1179	TCTA	174—206	FIBRA	TTTC	256—284

单个 STR 基因座的等位基因数少，信息量有限，若用复合 PCR 扩增技术（multiplex PCR）将多组引物加入同一反应体系中，固定 dNTP、M9＋以及变性温度和循环次数，调节各组引物浓度进行同步扩增，一次扩增即可获得几个 STR 位点的信息，既提高了个人识别能力，又能节约检材，缩短检测时间，减少成本消耗，尤其适合法医学鉴定。

进行复合扩增时，应选择不同染色体上的 STR 位点，避免基因连锁，同时还要求所选择的 STR 位点可以在同一扩增体系和相同的反应条件下扩增。复合扩增产物的联合分型方法有两种：即银染检测系统和多色荧光标记检测系统。银染检测系统将扩增产物经电泳分离后银染显谱、判型，只能根据扩增片段长度的不同区分各等位基因，因此要求组成复合扩增体系的各 STR 基因座等位基因片段长度范围互不重叠，复合体系中基因座数目也不宜过多，一般为 3—4 个。这种方法操作简单、成本低、便于推广。多色荧光标记检测系统是用荧光染料标记引物后做复合扩增，不同的扩增产物带有不同颜色，在同一凝胶板上电泳分离后，即使等位基因片段长度相互重叠的基因座，也可以根据等位基因片段所带的荧光颜色不同加以鉴别。该方法采用仪器检测，避免人为误差，但试剂要求较高。目前已开发出可同时检测 16 个 STR 基因座的复合扩增体系，明显提高了检测的信息量。

（2）PCR-ASO 技术：将 PCR 扩增产物变性后，通过斑点印迹使解链的扩增产物固定在尼龙膜上，再用等位基因特异性寡核苷酸（Allele Specific PCR）探针，分别与尼龙膜上的 PCR 扩增产物杂交，然后依据探针标记物（同位素、酶或生物素）进行显谱。PCR-ASO 技术判型准确，结果可靠，操作简易可行，是检测等位基因序列多态性应用最早、最成熟的技术，已成功地应用于 HLA 系统的 DNA 分型。

（3）AS-PCR 技术：等位基因特异性 PCR（Allele Specific PCR）技术是根据等位基因中某一碱基的差异，设计一系列 3′端第一个碱基分别与各等位基因的特异性碱基相匹配且长度各不相同的引物，进行扩增反应。引物 3′端末位碱基必须与模板 DNA 碱基互补才能进行 DNA 扩增，通过扩增产物长度的分析，便可简单地进行等位基因分型。

（4）PCR-SSP 技术：是根据等位基因中某一碱基的差异，设计一系列 3′端第一个碱基分别与各等位基因的特异性碱基相匹配的序列特异性引物（sequence specific primer，SSP）进行扩增反应。引物 3′端末位碱基必须与模板 DNA 碱基互补才能进行 DNA 扩增，通过扩增产物是有无可简单地进行特异性等位基因分型。

（5）PCR-RFLP 技术：选择能够识别靶 DNA 序列中特定碱基序列的限制性核酸内切酶消化 PCR 扩增产物，由于不同个体扩增产物碱基序列的差异，导致酶切位点产生或消失，消化后 DNA 片段的数目和长度不同。通过电泳分离，根据电泳谱带的位置和数目可判定基因型。

（6）MVR-PCR 技术：即小卫星变异作图（minisatellite variant repeat mapping，MVR），根据一些小卫星内部存在的碱基差异设计分别扩增两种重复单位的下游引物，与上游引物为共同引物。两个扩增体系均扩增出一系列不同长度的片段，经电泳分离检测，按片段长度依次排列，比较两泳道相应位置有或无片段进行分型。MVR-PCR 最大的特点是高度的多态性，而且数字化信息利于计算机的管理与保存。

（7）DNA 序列测定法：PCR 扩增的 DNA 片段，可以用多种方法进行碱基序列测定，常用的方法是在 PCR 技术上发展起来的耐热聚合酶双脱氧核苷酸末端终止法，其原理是以待测单链 DNA 为模板，在 4 种寡核苷酸（dNTP）和双脱氧核苷酸（ddNTP）以一定比例存在条件下，引物和模板 DNA 结合，在 TaqDNA 聚合酶催化下，按碱基互补原则从 5′端向 3′端延伸，合成新的 DNA 链。随着反应的进行，ddNTP 掺入到新合成 DNA 链中，它们虽然可以通过 5′—3′磷酸基团结合到延长的 DNA 链上，但由于 3′-OH 已被脱氧，下一个 dNTP 不能与之形成磷酸二酯键，故 DNA 链不能继续延伸。ddNTP 与 dNTP 随机掺入到 DNA 链中并终止反应，产生一系列具有相同 5′末端，而 3′端分别以模板链的每一个 A、C、T 或 G 处为终止末端的不同长度的 DNA 片段。最后进行变性聚丙烯酰胺凝胶电泳分离，可精确分辨长度仅相差一个碱基的不同片段。目前已能对 DNA 片段自动测序，用微型电子计算机扫描读序并记录。

3. DNA 芯片技术

DNA 芯片（DNA chip）是指同时处理分析大量 DNA 片段的技术，可广泛应用于基因诊断、基因制图、基因表达和 DNA 序列分析等领域。该项技术具有操作简单、自动化程度高、检测效率高、应用范围广、成本相对低的优点。因此，DNA 芯片的出现将使法医 DNA 分析技术进入一个新的阶段。

经典的 DNA 芯片又称生物集成模片、DNA 列阵或寡核苷酸微芯片，是基于杂交测序的原理发展起来的。其基本原理是先在载体上固定一系列寡核苷酸探针，再与靶 DNA 扩增产物作杂交，或将不同的靶 DNA 分子固定在载体面上，然后与不同的探针杂交。杂交信号的检测是根据杂交分子或未杂交分子所发出的不同波长的光实现的。不同区域的荧光信号在芯片上组成荧光分布的谱型可被激光共聚焦显微镜激发和检测，经电脑应用特制的软件处理可得出 DNA 的序列及其变化情况。此类 DNA 芯片将传统的序列分析由常规的系列凝胶方法转移到大规模矩阵对应扫描方式，高精密度微加工技术为其提供了必不可少的技术支撑。进一步开发该项技术的潜力，避免 DNA 芯片的假阳性和假阴性结果的干扰，解决 DNA 芯片与现有 DNA 遗传标记的兼容性问题是今后研究的重点。

与经典 DNA 芯片检测原理不同的另一类 DNA 芯片细管列阵电泳芯片已经开发成功，是将 PCR 和毛细管电泳结合起来的毛细管列阵。

第三节　亲子鉴定相关的统计参数

一、父权排除概率

父权排除概率（excluding probability of paternity，EPP）又称非父排除概率（probability of excluding paternity，PEP），是指通过某一个遗传标记系统的检测，将不是生父的被控父亲排除的概率，即在所有非父被控为生父的男子中，用遗传标记否定父权有多大的可能性。各种遗传标记的多态性程度不同，因而在亲子鉴定中的鉴定能力有所差异。非父排除概率是衡量一个遗传标记系统排除非父能力的客观指标，是选择亲子鉴定遗传标记的依据和衡量从事亲子鉴定实验室的质量控制标准之一。

各个遗传标记系统非父排除概率的大小取决于该系统的遗传方式、等位基因数目以及各等位基因在群体中的频率分布。

在亲子鉴定过程中，当遗传标记检测结果不能排除被检者间的亲缘关系时，需要评价被检者之间有亲生关系可能性的大小，以判断是否具有亲生关系。常用于评价亲权关系的统计指标主要有父权指数、父权相对机会等。

（一）父权指数

1. 父权指数的概念

父权指数（paternity index，PI）又称亲子关系指数，是假设父提供生父基因成为孩子生父的可能性与随机男子提供生父基因成为孩子生父可能性的比值，表示假设父为孩子生父的机会比随机男子为孩子生父的机会大多少倍，是一项重要的亲子关系参数。PI 值越大，表示真三联的可能性大，PI 值越小，表示假三联的可能性大。

$$PI = X/Y$$

X 为假设父提供生父基因成为孩子生父的机会

$$X = \sum 母亲提供生母基因概率(f) \times 假设提供生父基因概率(c) = \sum f \times c$$

Y 为随机男子提供生父基因成为孩子生父的机会

$$Y = \sum 母亲提供生母基因概率(f) \times 随机男子提供生父基因概率(p) = \sum f \times p$$

2. 父权指数的计算

亲子鉴定类型或遗传标记系统不同，PI 的计算方法有所不同。

（1）三联体亲子鉴定。对于可确定母子关系的亲子鉴定：此类亲子鉴定例的父权指数计算，是以特定的母—子遗传标记组合为参考，确定来自父母的必须基因的种类和遗传该基因成为生父的机会。具体步骤如下：第一，确定母亲遗传生母基因的机会（f）；第二，确定随机男子提供生父基因的机会（g），一般使用相应的群体基因频率；第三，确定假设父提供生父基因的机会（c）；第四，计算随机男子成为生父的机会，$Y = f \times g$；第五，计算假设父成为生父的机会，$X = f \times c$；第六，计算父权指数，$PI = X/Y$。

对于父母均存疑的亲子鉴定，目前尚无十分理想的 PI 计算方法。习惯常采用简化方式计算 PI 值。假设父和假设母均为纯合子时，$X = 1$；假设父和假设母

1个为纯合子，1个为杂合子时，X = 0.5；假设父和假设母均为杂合子时，X = 0.25；假设父、假设母、子为相同基因型杂合子时，X = 0.5。Y为孩子基因在人群中的频率，子为纯合子时，Y = p2；子为杂合子时，Y = 2qp。

（2）单亲亲子鉴定。根据PI计算原则，将缺少的一方作为随机人进行计算，即X为假设父遗传生父基因和随机母遗传生母基因产生孩子的机会，Y为随机父和随机母产生孩子的机会（即人群中孩子表现型频率）。若设随机人群中某基因座两个等位基因的频率分别为p、q，则PI计算可简化为：当假设父为纯合子时，X = 1；假设父为杂合子时，X = 0.5。当子为纯合子时，Y = p；子为杂合子时，Y = 2p。当假设父、子为相同基因型杂合子时，X = 0.5(p + q)，Y = 2qp。

（二）父权相对机会

父权相对机会（relative chance of paternity，RCP）又称亲子关系相对机会，是以百分比的形式来表示PI值，更符合习惯上的概率表达形式，比PI值更易看出亲生关系概率的大小。父权相对机会的计算公式为：RCP = PI/（PI + 1）。

RCP作为衡量亲子关系可能性大小的指标，其理论值可非常接近100%，但不能达到100%。此外式中的X/（X + Y）又称为父权概率（probability of paternity）或父权肯定概率（以W表示），也是一项重要的亲子关系参数。

二、亲子鉴定结果的评估

为了确保法医亲子鉴定的可靠性，使之规范化、科学化和标准化，国内目前已有法医亲子鉴定标准。要点如下：

实验使用的遗传标记累计排除概率应等于或大于0.999 9。为了避免潜在突变影响，任何情况下都不能仅根据一个遗传标记不符合遗传规律就排除父权。检测的遗传标记均须计算父权指数，包括符合和不符合遗传规律的遗传标记。任何情况下都不能为了获得较高的父权指数，将检测到的不符合遗传规律的遗传标记删除。获得所有单个遗传标记的父权指数后，计算累计父权指数。

被检测男子的累计父权指数小于0.000 1时，支持被检测男子不是孩子生物学父亲的假设。鉴定意见可表述为：被检测男子不是孩子的生物学父亲，从遗传学角度已经得到科学合理的确信。被检测男子的累计父权指数大于10 000时，支持被检测男子是孩子生物学父亲的假设。鉴定意见可表述为：被检测男子是孩子的生物学父亲，从遗传学角度已经得到科学合理的确信。累计父权指数大于 0.000 1 而小于 10 000 时，应当通过增加检测的遗传标记来达到要求。

三、其他亲缘关系鉴定

随 DNA 遗传标记的广泛使用，亲子关系鉴定已经扩展到更大范围的血缘关系鉴定，包括兄弟、叔侄及爷孙隔代关系等的鉴定。目前用于更大范围血缘关系鉴定的遗传标记有两类，常染色体 DNA 遗传标记与非常染色体 DNA 遗传标记，后者主要指 mtDNA 和 Y 染色体 DNA 遗传标记。常染色体 DNA 遗传标记进行血缘关系鉴定的原理是基于有血缘关系的个体比无血缘关系的个体共享相同等位基因的概率高，血缘关系近的个体比血缘关系远的个体共享相同等位基因的概率高。因此可以通过与无血缘关系个体比较概率高低来判断是否存在血缘关系。mtDNA 和 Y 染色体 DNA 遗传标记进行血缘关系鉴定的原理是基于 mtDNA 遗传标记的母系遗传特征和 Y 染色体遗传标记的父系遗传特征。具有共同的母系祖先或父系祖先的个体具有相同的等位基因，反之则无。因此可以通过检测 mtDNA 和 Y 染色体 DNA 遗传标记来判断是否存在血缘关系。需要指出，血缘关系鉴定针对的是一组个体的遗传特点而不是一个个体的遗传特征，其特定性需要其他证据来佐证。例如，Y 染色体 DNA 遗传标记本身并不能区分爷孙关系与叔侄关系。用 Y 染色体 DNA 遗传标记明确他们有共同的父系祖先后，爷孙关系或叔侄关系的确定需要其他证据。因此，血缘关系鉴定的特定性不如亲子关系鉴定。

第四节　DNA 证据的限制性

一、DNA 检测得出结论只是概率而非确定性的结论
（一）非父排除率

目前在 DNA 鉴定中最常用的遗传标记物是微卫星 DNA（STR），它是在 DNA 复制过程中滑动或 DNA 复制和修复时滑动链与互补链碱基错配，导致的一个或几个重复单位的缺失或插入的结果。目前在人类的基因组中发现 8 000 个 STR 基因座，但不是所有的 STR 基因座都适用于亲子鉴定和个体识别。只有满足一定的长度、杂合度、突变低、高度特异性、不连锁、可用乘法进行计算的基因座可作为遗传标记。

18

非父排除概率反映了某个 DNA 标记系统在亲子鉴定中排除父权能力的大小，是选择亲子鉴定遗传标记的根据和衡量从事亲子鉴定实验室的质量控制的标准之一。为了最大限度地排除非父，提高排除假设父的概率，选择排除概率高的遗传标记系统和更多的遗传标记十分必要。

遗传标记不能排除鉴定样品间的亲缘关系时，需要评价假定父与孩子有亲生关系可能性大小，以判定是不是亲生关系，常用评价亲权机会的指标有父权指数（PI），是指假设父提供生父基因的可能性与随机男子提供生父基因的可能性比值。PI 在理论上可以接近无穷大，RCP 理论值可非常接近 100%，但不能达到 100%。RCP 作为衡量亲子关系可能性大小的指标，按统计学标准，当 RCP 达到 95%，已具有肯定亲子关系的意义。但究竟达到多大才能肯定亲生关系，国际上无统一标准。目前实验室常用常染色体 STR 基因座，根据在真实家系中存在两个基因座突变的可能，以及国际上多数实验室的标准（如荷兰免疫血液学红十字中心实验室等）肯定亲权关系的标准为 RCP≥99.95% 或 PI 值大于 2 000 比较妥当，当 PI<1 999 且 RCP<99.95% 时，应加测遗传标记以达到认定或者否定的正确结论。

（二）二联体鉴定存在风险

亲子鉴定是 DNA 分析鉴定检验中的一项重要内容，越来越多的案件涉及亲子鉴定，比如某杀妻案中，罪犯将其妻子杀死并分尸，妻子所用过的东西也被清理干净，在被怀疑是分尸现场的地点找到芝麻粒大小的血迹，由于没有死者比对样品，只能通过比对死者父母的 DNA，鉴定现场血迹与死者父母是否有亲子关系来确定血迹是不是死者的血。这种通过亲子鉴定确定罪犯犯罪事实的案件日益增加，因此亲子鉴定应十分严谨，排除亲子关系要求有两个以上独立遗传标记的不符合遗传规律；对于认定亲子关系更要慎重，父权指数或亲权指数必须要达到一定的数值。亲子关系的认定是一个相对值，有的只是在已检验的遗传标记系统中符合遗传定律，随着遗传标记的增加，有可能会排除其亲子关系，因此，要求一定比例高的父权指数，使从概率上而言随机人群不可能拥有这种亲子关系。单亲检验时，各遗传标记系统的非父排除率比三联体检验低，如 D18S51 基因座，三联体非父排除率为 0.785，二联体非父排除率为 0.563。如果不违反遗传规律，单亲检验由于缺少母亲一方的遗传信息，计算的父权指数一般也较双亲均检验低。为了得出明确的结论，检测项目应比三联检验多，才能使累积非父排除率大于 0.999 5，不排除亲子关系时，RCP 值大于 0.999 5。如果只检测 STR 基因座，一般需检测 16 个以上的基因座。

笔者所在的实验室对肯定亲子关系的 700 多例进行分析，三联体占 250 例，认定为 225 例，否定为 25 例；二联体为 450 例，认定为 413 例，否定为 37 例。检验中我们用 CODIS 系统联合 D2S1338、D19S433 进行鉴别能力分析。三联体的非父排除率为 0.999 997、0.999 999 83、0.999 998 2；二联体的排除率为 0.999 67、0.999 45、0.999 98。二联体认定亲生关系中，三个 RCP 值所包括的案件比较接近。而三联体 RCP 值在 99.99%—99.999% 的案件占总数的 1.9%，RCP 值在 ≥99.999 9% 的案件占总数的 88.9%，说明三联体认定概率要比二联体高。二联体鉴定中，仅应用以上系统，错误认定的概率较高，因此，建议在二联体亲子鉴定中增加系统，以达到足够的非父排除效能。

亲子鉴定的结论是一个概率而不是确定的结果，现阶段很多 DNA 鉴定结论如"支持×××（某男子）是××（孩子）生物学父亲""不排除×××（某男子）是××（孩子）生物学父亲"或排除的结论主要依据样本的常染色体 STR 分型结果得出。

（三）线粒体 DNA 鉴定结论

线粒体 DNA 因为是在核染色体外，遗传时不经过有丝分裂和减数分裂，通过卵细胞传递，所以母亲和孩子的线粒体 DNA 序列是相同的，在母—子单亲鉴定中有较大的应用价值。它有两个高变区（HVR-Ⅰ和Ⅱ），具有序列多态性，适合于解决毛发、指甲等无核生物组织和降解、微量检材的 DNA 分析难题，但由于其分析的实验条件和技术要求较高，费用高、耗时长，且呈母系遗传，一般不作为常规使用。关于线粒体的鉴定结论，不同的实验室可能有不同的表达方式，如"所送毛发与××（特征个体）线粒体 DNA 序列一致""所送毛发与××（特征个体）的线粒体 DNA 在 HVR-Ⅰ区不一致""所送骨骼与（特征个体的母系亲属）线粒体 DNA 序列一致"等，有的表述为"不排除所送毛发为××所留""排除所送毛发为××所留"等，这些结论的理解对侦查和判案有重要的影响，理解偏颇会将案件向错误方向引导，在我国司法实践中不乏这样的例子。

我们对线粒体鉴定结论进行分析：若两个样本的线粒体 DNA 序列不一致，一般可以排除来源于同一个体或同一母系，但两个线粒体 DNA 单倍型之间仅有个别碱基不同时，要考虑到线粒体 DNA 的突变率比核 DNA 高很多，同时还存在胞质异质的现象，这时不能认定它们就是来源于不同个体或不同母系。当结果显示送检样本与对比样本线粒体 DNA 序列一致或结论表示为"不排除"时，不能轻率地认定它们就是来源于同一个个体或相同母系。此时要考虑线粒体 DNA 单倍型在群体中的频率，即不同的母系家族也可能拥有相同的单倍型，这种可能性虽然很小，但客观存在。此外，要理解"不排除"的内涵，"不排除"不等于"认定"，通过调查有时会发现该"不排除"的个体没有成为现场生物检材来源的可能。因此，线粒体 DNA 的结论一定要与案件中的其他证据相印证，综合分析，才能作出正确的判断。

因此，从上述分析我们可以看出，DNA 证据常见的常染色体 STR、线粒体 DNA、Y 染色体，它们都是一种概率的计算，其中常染色体的证明力最为强大，但是它也有不确定性，特别是二联体进行确认亲子关系时，误判的概率较大。

二、同胞兄弟无法进行亲子鉴定

现代遗传学表明，同胞兄弟或兄妹的 DNA 所包含的基因完全一致，因此，目前的技术无法通过 DNA 遗传物质来进行亲子鉴定。双胞胎在人口中的比例约为 1%，同时目前又有辅助生育技术的出现，试管婴儿和人工授精的人数逐年增加，使得双胞胎的数量成倍地增长，甚至有些还是三胞胎、四胞胎。这种情况下如果同胞兄弟、兄妹中一个人有犯罪的行为，兄弟或兄妹俩也不承认有犯罪的事实时，亲子鉴定将无法进行，只能通过其他证据来确认犯罪嫌疑人。

央视国际"法制在线"节目就曾报道过这样一个案例：吕小波（化名）是重庆市渝北人。2007 年 11 月 20 日，他与同伙邹某等 4 人将重庆某公司女老板覃某骗至北碚一较偏远的山上，抢得 600 余元现金和数张银行卡。在威逼覃某说出银行卡密码后，从卡内取出近 10 万元。同年 11 月 29 日，吕小波等人又采取相同手段，将主城一女士骗至渝北区兴隆镇，用同样的方法抢得她银行卡 5 张、存折两本、200 元现金以及银耳环一对等物品。警方在案发现场发现了犯罪嫌疑人的毛发，2008 年 6 月 28 日，吕小波被北碚警方捉拿归案。

据办案人员称，吕小波被抓获后，大叫自己冤枉，称他从未抢劫过。后来他还"指点"警方："我有个孪生弟弟叫吕小韦（化名），他和我长得很像，有可能是他犯了法。"

警方随后了解到，吕小波的确有个叫吕小韦的孪生弟弟，两兄弟长得十分相似。吕小韦长年在外打工，漂泊不定，没有固定住所，很难找到他。在随后的走访中，吕小波的姐夫告诉办案人员，他在与妻子结婚前，因吕小波和吕小韦长得太像，他一直分不清楚兄弟俩，常认错人。当地村民也称，兄弟俩相貌难分彼此，有时偶尔遇到他们时经常喊错人。

为慎重起见，办案人员调出了吕小波的档案，发现他于2000年9月27日犯盗窃罪。随后，办案人员从手机号码查起。经过多位知情人士指证，办案人员发现吕小波案发时使用的手机，曾在案发当天与其中一名同案犯通话20多次，并且还在深夜与其妻子多次通话。此外，嫌犯也指认吕小波是他们的同伙。

案情最终真相大白，吕小波被批准逮捕。在大量的事实面前，吕小波只得低头认罪。

类似的案件在国外也有发生，在德国的一家购物商场，警方从凶手作案时留下的一只手套中检测出DNA，当找到犯罪嫌疑人时发现是双胞胎中的一个人留下的，但是无法确认是哪一个，而且两个兄弟都不认罪，最后法院以"尽管现有证据能够证明兄弟俩至少有一人参与了犯罪，但无法确认究竟是谁实施了犯罪"为由命令警方释放了这对双胞胎兄弟。

因此，同卵双胞胎或多胞胎由于DNA中基因序列完全一致，所以其中一个人进行犯罪时，要结合多因素进行考虑，否则将可能错误地应用DNA证据，导致冤假错案。

三、人的基因有时是可以改变的

人的DNA中所包含的基因在正常情况下是终身不会改变的，但也有个别人在受精卵发育过程中，个别染色体基因发生改变，或者与另外一个受精卵融合在一起，吸收了另一个受精卵部分的基因，从而在一个人的体内形成两组DNA。这种现象被科学家们称为"奇美拉"现象。

在笔者从事多年的亲子鉴定工作中就曾遇到一个这样的案例：有一名妇女与一已婚男士同居后，生下一非婚生女孩，因同居男子拒绝支付小孩的抚养费，该妇女遂向法院起诉。经法院委托，我们对原告、被告还有小孩的血液进行亲子鉴定，发现小孩与被告具有生物学意义上的父子关系，但是其母亲有3个位点的基因型与孩子不相符，所以我们排除原告与孩子之间的亲缘关系。当母亲拿到这个结果时情绪很激动，一时不能接受。我们经过三次实验结果都相同。

因小孩是个女孩，我们就选择用线粒体 DNA 进行鉴定，结果原告和孩子的线粒体 DNA 中的基因型是相同的。这与常染色体鉴定结论相违背，但我们最后还是得出了"不排除原告与孩子之间具有生物学意义上亲缘关系的结论"。这虽然是个案，发生的概率非常低，但在对亲子鉴定结果的认定中，我们不能非常迷信鉴定结果，在一定的时候应考虑到可能会出现的例外情况。

陈学权教授也曾报告过这样一个案例：2003 年发生在美国的莉迪亚·费尔柴德（Lydia Fsirchild）案，引起了法庭对"奇美拉"现象的关注。莉迪亚·费尔柴德是一个已经有三个孩子的母亲，为了得到救济金她需要提供 DNA 样本以证明这些孩子是自己亲生的。然而多次 DNA 鉴定结果证明她不是这些孩子的母亲，而且认为她有诈骗救济金的嫌疑。为了证明自己的清白，莉迪亚·费尔柴德找来孩子的出生证明及产科医生证明孩子是自己亲生的，然而这一切也无法使侦查机关相信她。万般无奈，她只好要求法院事先指定证人监督自己生下第四个孩子，并当场取样进行 DNA 鉴定，鉴定的结果为孩子不是她亲生的。最终，遗传学专家和法医学专家经过深入的研究发现，莉迪亚·费尔柴德身上有两组 DNA，头发、皮肤、唾液中的 DNA 与孩子们不一致，卵巢中的 DNA 与孩子们的基因分型一致。

输血及骨髓移植对亲子鉴定都会有影响，接受过输血的病人要等待 2—3 个月后才能做亲子鉴定，以免受供血者遗传标记的影响。而接受骨髓移植或脐血移植的白血病病人，因供者血细胞已取代了受者血细胞，所以不再适宜以血液为标本做亲子鉴定。

此外，目前人们生活环境的污染和辐射等原因使人们的基因也会发生突变，特别是患有恶性肿瘤的人基因突变的概率比较大。在认定时一定要非常注意。目前发现在一些基因座如 D7S820、D21S1、D8S1179 引物结合部位发生突变，引物退火时无法结合，导致一个等位基因丢失，成为一个无效基因，表现为一个假的纯合子，使本来符合孟德尔遗传规律的两个体表现为违反遗传规律，造成假排除。这种假纯合子在 PCR 产量上有差异，带的强度与杂合子的带强度相当，比真正纯合子的强度弱一倍。改变引物序列可以克服这种情况。实验室最好拥有两套不同的试剂盒，可以相互印证。

笔者遇到过这样一个案例，某台商在上海做生意，后因得了肝癌晚期，在医院死亡。死亡后，上海的一名女子自称是老先生的妻子，并称与老先生育有一个男孩，台湾的合法妻子也来到上海，双方为老先生的遗产发生纠纷，后告上法院，法院委托我们对大陆妻子所生小孩是否与死者有血缘关系进行鉴定，经过鉴定发现有两个位点与孩子不符，后来我们通过 Y 染色体进行增加位点，经过计算证明他们符合生物学意义上的亲缘关系。

四、DNA 检测和分析过程中也会出现错误

（一）样品被污染或降解

含有 DNA 的生物组织和体液在离开生物体后，就可能被其他物质污染，从而影响检材的 DNA 分析结果。污染物不同，影响的 DNA 分析结果的原因和表现形式也不同，常规可以分为：非生物物质、非人的生物物质、他人的 DNA。非生物物质的污染主要包括染料、洗涤剂、灰尘和各种生活、生产中包括的一些化学制剂等。这些物质能抑制 DNA 内切酶和 DNA 聚合酶的活性，DNA 分子不能被酶切，或者 PCR 扩增时得不到扩增产物，没有分型结果。

其他生物污染包括各种动植物或微生物等。在进行 DNA 检验时应进行种属检验。微生物的污染则影响比较大，需特别注意。这些微生物分泌的物质如核酸酶等能降解样品中的人类 DNA，使分型难以获得结果。人之间的交叉感染可能发生在物证取样收集的过程中或之后，使物证以外的其他人的 DNA 落到物证上。一旦样品感染了其他人的 DNA，使物证的 DNA 检验受到干扰，在一个样品中检出两个或两个以上个体的 DNA，就会使检验结果变得复杂，难以判别。污染影响案件 DNA 分析的程度取决于所用检验方法的灵敏度和污染量。比如利用 PCR 分型系统，由于样品中的 DNA 分子可以成千上万倍地复制，因此，即使微量污染 DNA，也能被检出。在结果分析时就很容易出现错误的判断，直接影响判案结果。2003 年在美国的得克萨斯州休斯敦警察局 DNA 实验室的操作人员因不完全具备 DNA 分析能力，再者实验室因漏水可能污染了样本，致使200 多起案件的样本被迫委托其他独立的实验室重新检查，后来表明有数起案件的检测结果错误。

影响 DNA 降解的环境因素很多，主要有时间、温度、光（日光和紫外光）、化学或生物物质。其中以阳光暴晒、紫外线照射、高温、潮湿保存、微生物和某些试剂等对 DNA 降解的影响最大。血斑在夏季白天最高温度 41 ℃ 和最低23 ℃ 条件下暴露于日光 12 天，DNA 发生严重降解，以 37 ℃ 保存 4 年的血斑，

只能检测到小分子的 DNA。潮湿的环境不仅不利于检材自身核酸活性的保持，而且有利于细菌和霉菌的生长，微生物分泌核酸，使细胞的通透性增加，DNA从细胞中释放出来，并且使组蛋白与 DNA 分离，使 DNA 易受各种外力作用而发生降解。物证载体本身和所受污染情况不同，对于 DNA 降解影响也不同。如地毯粘有很多灰尘或泥土和微生物，吸湿性较好，潮湿的瘢痕不易干燥，瘢痕中 DNA 易发生降解。DNA 的降解影响 DNA 分型及结果的利用率，尤其是对需要大片段的 RFLP 多态性分析影响较大，对只需小片段的 PCR，尤其是 STR 分型的影响较小。

（二）等位基因以外的额外峰的分析

无论什么案件，无论采取什么方法，共同关心的问题是案件的结论，如果对分析系统了解不深入，同样的实验结论可能有差异。单一 STR 基因座的 PCR扩增结果一般是：纯合子个体只有一个带或者一个峰，杂合子个体拥有两个大小不同的带或峰。出现第三条带或峰被称为额外带或者峰。荧光标记自动分析结果以荧光峰表示等位基因片段，在实际操作中额外峰主要有以下几类：

第一，Stutter 带，是指在分析结果时出现的比其主带短一个重复位置的带。原因可能是在复制的过程中 TaqDNA 聚合酶的滑动。一些 STR 基因易出现Stutter 带，这与序列有关，复制滑动在二核苷酸 STR 基因座多见。在复合扩增时，由于扩增反应条件不是每个基因座的最佳条件，容易出现 Stutter 带。较大等位基因的 Stutter 带百分比要比较小等位基因的大。例如在同一基因座，等位基因 10 比等位基因 3 更易出现 Stutter 带。Stutter 在混合样品分析时是一个问题，因为有时很难分清和确定一条带是 Stutter 带还是来自另一个个体 DNA 的真正等位基因。Stutter 带阈值为主带的 5%—15%。如果小于主带的 15%，则认为是 Stutter 带，如果超过了主带的 15%，则解释为真正的等位基因。

第二，Pull-up 峰，多色荧光标记检测系统中，由于有机荧光燃料发射光谱较宽，不同荧光之间相互干扰，产生的干扰峰称为 Pull-up 峰。不过这种峰形和真正的等位基因峰不同，且出现的位置与另一颜色的峰位置一致，较易分开。

第三，非产物荧光污染峰，一些具有荧光物质如抗生素、维生素、多环芳香物、荧光素发生体和燃料等在电泳图中出现与 DNA 荧光片段相同的峰，可能会干扰 DNA 分型，影响鉴定结果。以 Chelex 提取法提取的 DNA 为模板的 PCR产物常伴有荧光污染峰。不过干扰峰通常较宽，比较容易与荧光素染料标记的

PCR 产物峰区分开来。

第四，微变异与稀有等位基因，由于碱基插入、缺失或者变化造成等位基因序列差异，一些重复单位碱基数发生变化，等位基因内部有不完全的重复单位存在，这些微变化与完整重复单位的等位基因差异极其微小，而且比较稀有，不包含在分型标准物中，与分型标准物中等位基因只差 1 至 2 个碱基。D18S51、D21S11 和 FGA 基因座出现微变化较多，"1""2""3"很难辨认，很难进行准确命名，如果命名不正确，会导致结果错误。

（三）DNA 实验室质量控制

DNA 分析技术的应用使法医 DNA 分析人员能够对各种生物物证进行个人同一认定或者亲子鉴定，这对案件的侦破和审理起着十分重要的作用。因此，实验结果的高度精确性和可重复性非常重要，为了保证检验结果的可信度，必须制定科学的质量保障体系，对检验程序进行严格的控制，质量保证是个动态的、需要定期检查和不断改进的过程，目前国际标准化组织颁布了实验室 ISO/IEC17025 质量标准，该标准对 DNA 实验室的各个环节都进行了详尽的规定，主要包括以下项目：实验室人员是否有过专业的训练、是否有鉴定人的资质、实施和环境条件、鉴定方法、设备及标准物质、量值溯源、取样和样品处理、结果质量控制、司法鉴定文书以及整个机构的管理。使每个 DNA 实验室所有的工作环节都处于受控状态。

第二章　亲子鉴定法制化的时代背景

第一节　我国亲子鉴定概况

近几年来，在司法实践中，亲子鉴定的运用越来越广泛，这不仅仅体现在刑事案件的侦查过程中亲子鉴定发挥着极为重要的作用，在日常的民事关系领域，亲子鉴定亦越发凸显出其不可或缺的地位，鉴定机构业务日趋繁忙，收到的关于亲子鉴定的委托日益增多，申请亲子鉴定的理由千差万别：办理移民、子女户口登记、失散子女的血缘鉴定、被领养的孩子寻找亲生父母、帮助寻找失散的家庭成员等这些同我们生活息息相关的事项似乎都与亲子鉴定有着千丝万缕的关系；此外，在民事诉讼中需要做亲子鉴定的情况也十分普遍，例如：父亲想求证子女是否为自己亲生；父母怀疑子女曾被调换；帮助妇女从子女生父处获得抚养费用；对试管婴儿进行血缘鉴定，以确认经体外授精获得的试管婴儿有无实验室的差错；帮助父母亲获取亲生子女的探视权和监护权；财产继承纠纷等。

一、亲子鉴定在我国的悠久历史

血亲伦理与文化息息相关，中国深受儒家传统文化影响，注重血缘宗亲和家族，以血缘关系作为社会发展的伦理基础。亲子鉴定在我国有着悠久的历史，历代君王秉承"家天下"的思想，强调"君君臣臣，父父子子"。汉代独尊儒术以后，儒家的亲子观占据了统治地位，这种传统的家庭理论以血缘关系作为伦理的基石，这种"血浓于水"的儒家理念，在中国的文化传统中清晰可见。而有关亲权鉴定则在秦汉时期就曾出现过这类记载。一方面，它可以帮助人们用来确认死者的身份，对于死者一般采用滴血认亲的方式，如三国时代谢承《会稽先贤传》载有"陈业之兄渡海殒命，时同死者五六十人，尸身消烂而不可辨别，业仰天泣曰'吾闻亲者血气相通！'因割臂流血以洒骨上，应时沁入。余人皆效而滴血，苟其至亲，皆沁入无异"，这是以弟血滴兄骨的记载。另一方面，它同样也可以用来确认亲子身份。南宋时，著名法医学家宋慈更是将"滴血认亲"这种解决活人之间亲权的"合血法"收入《洗冤集录》中。①虽然"血相容者为亲"的理论观念曾盛行于中国古代多时，但就现代科学分析，这种方法并不可靠，随着现代科学技术的发展，有关亲子鉴定的方法越来越多，结果也越来越精确。就目前来说，要数 DNA 技术最为成熟，其鉴定结果也最为精确。

二、当代亲子鉴定的现状

近几年来，DNA 亲子鉴定数量猛增，由此也带来了很多社会问题。首先是提出此类鉴定的要求容易伤害到妇女和孩子的感情，若掌握不好还会造成家庭不睦，甚至是侵犯妇女、儿童的基本权益。笔者通过对 2020 年至 2021 年 6 月到笔者所在鉴定机构申请亲子鉴定的 858 位当事人进行问卷调查，人员性别分配平均，男性为427 人，占 51.9%，女性为 431 人，占 48.1%，平均年龄 40 岁。调查内容如下：

（一）启动亲子鉴定的目的

通过统计显示，进行亲子鉴定的目的以申报户口居多，其人数占比 82.7%，个人了解占 10.5%，公证占 5.2%。

表 2-1　亲子鉴定的目的

组　　　别	人　　数	构成比例
个人了解	90	10.5%
申报户口	710	82.7%
公证	45	5.2%
申诉	10	1.2%
其他	3	0.3%
合计	858	100%

① 华仁基因：《从"滴血认亲"到"DNA"亲子鉴定发展史》，载 http://zz.100ye.com/msg/10790567.html，访问日期：2024 年 8 月 1 日。

（二）亲子鉴定中知情权的认知情况

大多数人认为进行亲子鉴定时，应得到对方的同意。其中认为应当同意的有 625 人，占 72.8%，有 10% 的人认为不用征得另一方的同意即可进行亲子鉴定，详见下表：

表 2-2 亲子鉴定中另一方知情同意情况

组　别	人　数	构成比
是	625	72.8%
否	85	10%
两者均可	148	17.2%
合计	858	100%

（三）对子女知情权态度的调查

能如实告诉子女做亲子鉴定目的的仅 41 人，占比 5%，有 18.7% 的父母不会如实告诉孩子情况，详见下表：

表 2-3 亲子鉴定中对子女的知情权的态度

组　别	人　数	构成比
是	41	5.0%
否	154	18.7%
视情况而定	628	76.3%
合计	823	100%

（四）亲子鉴定启动程序情况

通过问卷调查结果显示，有 85.9% 的人认为个人即可申请亲子鉴定，无须相关部门提供介绍信函，详见下表：

表 2-4 亲子鉴定程序启动情况

组　别	人　数	构成比
由个人来委托进行亲子鉴定的	707	85.9%
由相关部门委托	27	3.3%
以上两种都可以	89	10.8%
合计	823	100%

搜狐网曾在网上做过一项关于亲子鉴定方面的社会调查，其调查结果显示，在调查的三千余人中六成以上网友均认为亲子鉴定是婚外情以及婚外性行为泛滥的结果，其中16.17%的网友认为亲子鉴定会威胁到家庭幸福。当被问及鉴定结果显示孩子不是自己亲生的会怎么办时，仅有不到三成的网友会选择挽救婚姻，善待孩子。①

表2-5 "你怎么看待亲子鉴定"

受调查人数 3 308 人		
可供选项	所得票数	所占比例
父权至上观念的表露	253 票	7.65%
威胁到家庭和睦、幸福	535 票	16.17%
道德混乱，婚前性和婚外情泛滥	2 150 票	64.99%
科学技术的进步也让人畏惧	370 票	11.19%

表2-6 "如果孩子不是你亲生的，你会怎么做？"

受调查人数 3 308 人		
可供选项	所得票数	所占比例
马上离婚，离开孩子	2 055 票	62.12%
尽量挽救婚姻，善待孩子	929 票	28.08%
不离婚，看着孩子很尴尬或别扭	324 票	9.79%

总体分析看来，造成当前亲子鉴定不断升温的因素既有其积极的一面，也存在消极的一面，从其实质而言是传统道德与现代法律观念之间的微妙契合。

首先，亲子鉴定技术作为现代分子生物科学发展的产物，对社会进步与发展起到了相当积极的作用。从积极因素看，亲子鉴定可以明确父母与子女之间的血缘关系，打消当事人的疑虑，消除误会和妄测，有利于提高当事人之间的亲情信任度，明晰家庭责任、增进家庭和睦，也有助于揭露与抨击不道德的两性行为。与此同时，亲子鉴定亦为强奸、杀人伤害等犯罪的定罪提供了可靠的

---

① 《2 万例亲子鉴定 28% 非亲生　不忠灾？》，载 http://women.sohu.com/20120824/n351432456.shtml，访问日期：2024 年 8 月 1 日。

证据，维护了社会公平正义。亲子鉴定的升温无疑代表着人们对自身合法权益的维护意识在不断增强，对于提起亲子鉴定一方当事人而言，体现的是对其知情权的维护意识，同时，对于另一方当事人则代表着对其自身名誉权的维护。

其次，从消极因素而言，由于亲子鉴定的启动及鉴定结果往往会涉及现实生活中多方主体的利益，一旦启动亲子鉴定程序，无论结果如何，此鉴定结果往往会在维护了一方主体利益的同时却可能对对方或其他各方主体的身体或心灵造成无法弥补的伤害。归结起来，启动亲子鉴定后，其鉴定结果可能造成的不利影响包括以下几点：

第一，进行亲子鉴定，无论最终结果如何，受到伤害最深的是其中牵涉的未成年子女，鉴定结果往往会对未成年子女的身心健康带来极为不利的影响，从而对其之后的身心健康成长形成障碍，影响其正确价值观以及世界观的形成。一个原本和睦的家庭，其中一人萌生了亲子鉴定的想法，这原本就是对家庭互信互爱的和谐环境的猜忌与不信任，使家庭成员之间的血缘关系处于一种不确定状态，已是对亲密无间的和睦家庭的一种破坏，若一方再采用欺瞒的方式私下哄骗未成年子女去进行亲子鉴定，不管得到的是肯定抑或否定的鉴定结果，都将会给婚姻家庭中另一方精神与心灵造成无法弥补的伤害，亦将为家庭成员之间互信、和睦的关系带来不能修复的裂痕。显然，若亲子鉴定所得出的结论否定了之前法律意义上的亲子关系，那么对上述这样一个信任关系已遭到破坏、感情基础岌岌可危的家庭而言更是雪上加霜。正如前述社会调查中显示的结果那样，面对这样的结果大多数人会选择结束之前的婚姻生活，离开孩子，那么家庭即面临解体，原本拥有幸福家庭的孩子不得不面临失去和睦家庭的残酷现实，并且还要面对社会的舆论。

第二，亲子鉴定往往还会造成对他人隐私权的侵犯，从而进一步影响到亲子鉴定相关当事人在社会生活中原本应当受到的公正对待及评价，进而使其名誉降低，人格尊严亦因此而受到影响。所谓隐私权是指自然人享有的对自己的个人秘密和个人私生活进行支配并排除他人干涉的一种人格权。而作为隐私权客体的隐私则是指仅与特定人的利益或者人身发生联系且是权利人不愿为他人所知晓的私人生活和私人信息。[①]

---

① 袁晓波：《论隐私权与知情权的冲突与调适》，载《黑龙江社会科学》2006年第1期。

由于亲子鉴定的结果系对某种既存的亲子关系的一种肯定或否定，而这种肯定或否定的结果往往会涉及一些相关当事人不愿为他人所知甚至是想经过时间洗礼而随之埋葬的私人生活经历等个人隐私，恰恰这些当事人想隐藏的经历往往会随着亲子鉴定的结果而浮出水面。再者，由于这些被亲子鉴定所揭露的事实往往与社会公众所普遍认可的伦理道德相违背，将使相关当事人受到社会舆论的谴责，无疑是对其现有社会关系及社会生活的一种破坏，从而影响到该主体的人格尊严及个人名誉，使其个人的发展受到不利影响。

第三，同时，进行亲子鉴定往往还会侵害到他人的身体权。身体是人之所以为人并进而成为法律主体的根基。因此自然人之身体权与生命权和健康权一样一直以来受到刑法、民法等法律的严密保护。亲子鉴定需要以采集相关当事人的血液抑或其他身体部分的样本为基础，而进行亲子鉴定往往是一种单方面且不愿被他人所知悉的意愿及行为。也正是基于此种考虑，一方当事人在进行亲子鉴定时通常会采取隐瞒的方式进行，也就是说其在为进行亲子鉴定而采集身体样本时往往不会征得对方相关当事人的同意或是所谓的"同意"。由于对方当事人不知或无法预知其同意会产生怎样事实和法律上的后果，例如向一个无行为能力或不完全行为能力的民事主体身体采集亲子鉴定所需的样本，显然违背了当事人的自愿原则，是对当事人身体权的一种侵害。

第四，亲子鉴定对既有婚姻家庭关系稳定性的影响。在现存的婚姻关系中的家庭成员之间进行亲子鉴定意味着家庭成员当中的一方不确信其与现有某个家庭成员的血缘关系，系对当前亲子关系及对其配偶"忠贞度"甚至可以说是对其基本诚信的一种猜忌和不信任。这种不信任必将对当事人的情感和人格尊严造成极为严重的伤害，是对现有稳定和谐的家庭关系的一种严峻挑战，而这场"战役"势必使双方两败俱伤、无法抽逃，其结果会使原本幸福和睦的家庭关系濒临破裂甚至解体。而当亲子鉴定揭露出子女的法律意义上的父亲与生物性父亲不一致的残酷结果时，这样的鉴定结论则更可能使原有的两个家庭关系的稳定性遭到破坏。

第五，亲子鉴定的频繁适用还可能会引发一部分人利用亲子鉴定产生的道德风险。基于亲子鉴定结果本身所具有的证据属性，一部分人可能利用亲子鉴定结论来实现其相关的个人利益。比如故意在未婚的情况下怀孕生子然后通过亲子鉴定来达到自己个人目的；期望利用亲子鉴定来达到离婚的目的或减少甚至免除离婚后孩子抚养费用等，从而破坏了社会优良家庭伦理传统和善良风俗。①

亲子鉴定以子女的母亲是否有合法配偶为标准，可以分为因夫妻感情变故所引起的"情感型"和认定非婚生子女所引起的"归属型"。若子女的母亲没有合法配偶，一旦发生亲权纷争，"亲子鉴定"不论是从当事人权利保护的角度还是从处理相关善后事宜的角度而言，都将是处理此类亲子关系纷争的主要选择，由此确定的亲子关系事实以及基于此事实而产生的相关当事人的权利义务关系之公平公正性是基本一致的。客观角度而言，"归属型"亲子鉴定有利于维护子女合法权益，亦有利于解决财产继承、子女抚养等法律问题，是社会进步的体现。然而科学是一把双刃剑，与"归属型"亲子鉴定相反，"情感型"亲子鉴定则在很大程度上成了破坏家庭和谐的罪魁祸首。人们对于亲子鉴定结果的关注，主要初衷在于对自己配偶"清白"的关注，同时也是对自己人格权益的关注。尽管当事人对于亲子关系是否真实存在都应当享有知情权，然而，DNA 亲子鉴定破解了生命的奥秘，却对人的意志、情感无能为力。人们即使以亲子鉴定为武器验证了配偶或者自己的"清白"，但夫妻间的感情却往往因相互猜忌而变得伤痕累累。其实，在现实生活中，如果丈夫未经妻子同意带孩子做亲子鉴定，其行为本身就可能对子女及妻子的权利构成侵害。

此外，在前来鉴定中心委托鉴定的形形色色的人、多种多样的案例中，我们发现当前亲子鉴定被滥用的情况并不少见，由此而引发的不良后果更是不言而喻。

追求经济效益是多数社会鉴定机构的立业之本，很难说有多少机构会真正在意委托人拿报告去做何用，这个行业只凭自律是不够的。亲子鉴定使用的是人体生物学样本，本人是否同意鉴定、同意采样，关系到人权问题。鉴定结果更是牵涉很多人的感受和利益，关乎一个或者几个家庭的稳定和孩子的健康成长。国家司法鉴定管理机构应该对此类鉴定工作有指导性的意见或规定。有些鉴定请求比如涉嫌侵犯他人的合法权益的请求，是不可以受理的，具体而言，如某人盗采他人样本要求进行鉴定的，抑或妻子背着丈夫带婚生子与其他男人

---

① 《亲子鉴定及其相关法律制度的完善》，载 http://16577203.blog.hexun.com/65997312_d.html，访问日期：2024 年 8 月 1 日。

进行亲子鉴定的情形笔者认为均不应予以受理。

对于个人委托亲子鉴定，专家们目前的普遍共识是：对于个人而言，是否要做亲子鉴定，一定要经过慎重考虑。尤其是一些民间的纯商业运作的鉴定机构，在鉴定的所谓准确度上，当事人不可以迷信，即使是再低的错误率，对于一个家庭来说，就是100%的打击。

当前，很多人都会被一些民间鉴定机构的虚假、夸大的宣传词所迷惑，误以为亲子关系相对机会（99.99%）是鉴定的准确率。事实上当检验使用的遗传标记数量一定时，得到的亲子关系概率值往往与被鉴定人自身所传递基因的稀有程度有关，这不是鉴定人能够左右的。99.99%和99.9999%的概率在解释鉴定结果时，都是支持被检验父亲与孩子有亲子关系。用几个9作为检验精确度的划档指标是伪科学的宣传，在这个专业里根本不存在这种理论。对于专业的鉴定机构而言，鉴定的可靠性如何、准确率高低要靠实验室质量控制体系来保障。

综上所述，随着现代社会观念的巨变，目前我国亲子鉴定无论是在数量上还是种类上都不断增加，其中个人委托亲子鉴定的比例呈不断上升趋势，而丈夫单独带子（女）前来鉴定的比重较大，婚生子女鉴定结果为否定的比例有所增加，非婚生子女的鉴定委托量有所增加，而鱼龙混杂的鉴定机构及天花乱坠的宣传用语则给当事人的选择带来了难度。

第二节　我国亲子鉴定的成绩

不可否认，我国的DNA技术发展相对国外相关技术的发展是较为缓慢的。但在DNA技术鉴定方面我们也取得了一些成果，这些成果对于刑事案件的侦破发挥了巨大的作用。从1987年起，我国正式立项开始对DNA指纹技术进行研究，经过两年的努力，即至1989年我国便首次把DNA指纹技术应用于办案，标志着我国进入了法医DNA检验的时代。之后，随着DNA指纹技术在司法实践中不断应用，相关技术人员逐渐感到现有的DNA技术不能满足实际工作的需要，尚存在很多不足之处。至"八五"期间，我国毅然把解决法医DNA检验中存在的疑难问题的研究列入了重点攻关计划当中。在DNA指纹技术的研究当中装备了国产化的多位点探针，逐步建立起了用非同位素标记探针的方法检测DNA指纹技术体系，同时，在利用PCR技术进行DNA检验的研究中亦建立了检测 DNA 扩增片段长度多态性的方法，并将此用于一系列多态性位点的分析。而对于在解决指甲、毛发等特殊检材的检验上，我国则建立了测定人类线粒体 DNA 序列多态性的方法。所有上述取得的成果，不仅扩大了 DNA 技术检验应用于各种检材的能力，更加适合于实际检材的需要，尤其是其中 PCR 检验方法的建立，使得我国的 DNA 技术更具生命力，亦更适合推广应用于实践当中。进入"九五"之后，我国 DNA 检验技术又有了新的发展与突破，除了对一些疑难检材如骨骼等进行检验研究外，商品化 DNA 检验试剂盒亦开始出现，这使得 DNA 检验技术更加规范化并标准化，特别是 STR 复合扩增技术的应用将 DNA 检验技术带入了一个新的发展阶段。同时，在 DNA 的检测方法上，也从之前的银染法人工染色、肉眼观察分析结果发展到当时的荧光法自动电泳收集并由计算机分析结果，一次检验分析的 STR 多态性位点亦有明显增加，最多的一次检验已达到 16 个位点，从而大大提高了个体识别率，达到了同一认定的水平。可见，经过上述十余年的刻苦攻关，我国的 DNA 检验技术在这一时期取得了丰硕的成果，之前的 DNA 指纹技术正日趋被淘汰。而随着当前 PCR 多态性系统的大量增加，基于 PCR 方法进行的检验在个体识别率上亦得到显著提高，相应地在我国使用 DNA 指纹进行办案的实验室数量也大幅减少，该方法在司法实践当中已基本被淘汰。STR 是存在于人类基因组 DNA 中的一类具有长度多态性的 DNA 序列，其核心序列一般由 2—6 个碱基构成，不同数目的核心序列呈串联重复排列，而呈现出长度多态性。一般认为，人类基因组 DNA 中平均每 6—10 kb 就有一个 STR 位点，其多态性成为法医物证检验个人识别和亲子鉴定的丰富来源。无可非议的是，与 DNA 指纹技术相比，基于 PCR 技术的 STR 多态性分型在操作上要简便得多，在检验降解 DNA 的能力上要强得多，在灵敏度上要高得多，在结果分析上要标准得多。同时，由于 STR 的扩增片段较短、扩增条件类似，能够在同一体系中进行复合扩增，一次检验就获得较多的多态性信息。分析 STR 位点的多态性是 DNA 检验技术当中的一项新突破，当前已成为法医学上亲子鉴定以及个体识别的主要技术方法。在检测方法上，目前国内的基本情况是根据各自实验室不同的实际情况，分别采用荧光法和银染法进行 STR 的分型。近两年来，荧光法检测技术以其灵敏度高（适合现场提取的微量样品的检验）、快速（一次检验仅需数小时）、检验结果更加准确（每个泳道内都加入内标）以及较易于标准化和建立数据库等优点已逐渐代替了银染法检测技术，同时，我们也看到使用荧光自动分析方法对 STR 位点分型也存在所需仪器设备以及所用消耗试剂昂贵等缺陷问题。

我国自 20 世纪 80 年代中期开始，随着组织相容性抗原（HLA）及血清型检测、酶性技术的发展和应用使得亲子关系认定成为可能。20 世纪 80 年代末，DNA 指纹技术的出现和发展使得亲子鉴定手段从对蛋白质的分析水平提高到对遗传物质本身的检测水平。DNA 技术是 1985 年由美国学者默里斯等发明的，其准确率几近 100%。DNA 是人的遗传物质，其多态性有 200 多种，且终身不变。因此，将有争议的父、母、子女的 DNA 特征进行比较，就可以确定他们之间是否有血缘关系。由于它的高度特异性和稳定性可与指纹相媲美，故称为"人类 DNA 指纹"。可以说，除了同卵孪生外，实际上没有两个人的 DNA 指纹图案是完全相同的。由于 DNA 技术科学、公正、准确，在法医认证、移民公证、计划生育等方面往往起到一锤定音的作用，因此人们把它称作"DNA 判官"。近年来，短串联重复序列（STR）的发现和应用在科学鉴定领域得到飞速发展，有成千上万个遗传标记待开发和利用。

目前，国内外通常进行亲子鉴定的主要手段有血型检验和 DNA 多态性检验。所谓血型检验是指采用血液中各种成分的遗传多态性标志检验。它主要包括红细胞抗原分型、人类白细胞抗原分型、红细胞酶型及血清型。所谓 DNA 多态型检验，主要是指采用指纹分析技术和聚合酶链式反应技术（PCR），应用的检材可以是血液、精液或者毛发等组织。DNA 亲子鉴定是目前最为准确、最为科学的鉴定方式。利用这种鉴定对于非亲子关系的排除率为几近 100%，亲子关系的确认率为 99.99%。[①]这种发生在证明方法上的重大革命，势必对传统社会条件下亲子关系案件所应采行的实体真实主义、职权探知主义等原则产生深刻的影响。

在现代科学技术条件下，亲子鉴定甚至不一定要等小孩出生后才能做。如若想确定胎儿和父亲之间是否存在生物上的亲子关系，可在母亲怀孕满 4 个月时抽取羊水，沉淀胎儿细胞，提取 DNA 进行亲子鉴定，也可在超声波直视下，经母体腹部抽取胎儿的脐带血做鉴定。

---

① 袁立、张俊：《DNA 证据审查初探》，载《中国人民公安大学学报（自然科学版）》2007 年第 2 期。

事实上，亲子鉴定技术的不断进步不仅提高了鉴定意见的准确性，对维护社会和家庭的稳定也具有一定的积极作用。有个与亲子鉴定相关的真实故事：有一位思想固执的父亲，因怀疑小孩不是亲生的，将孩子带到外地一鉴定所进行鉴定。鉴定结果显示孩子是亲生的。但这位父亲却不相信，又带孩子到另一鉴定所进行鉴定，结论显示孩子还是亲生的，但这个父亲依然心存怀疑。第三次，他将小孩带到当地一处鉴定中心再次进行了鉴定，鉴定结果与前两次相同。在高准确率的鉴定意见面前，这位父亲终于打消了疑虑，回归家庭，重新担当起丈夫和父亲的责任。①

有心理专家称，在长期的怀疑和犹豫中，这位父亲实际上患上了抑郁症，三次鉴定之后才相信小孩是亲生，这种固执的思想才随之消失。在笔者所在的鉴定中心，鉴定结果出来之后，仍不相信结果的当事人不在少数。专家称，其实亲子鉴定可以解决当事人心理、法律和社会诸多问题。

此外，不可否认亲子鉴定的发展对相关当事人知情权以及名誉权的维护也起到了一定的积极作用。《民法典》第 1043 条出于人性的考虑，将"夫妻之间负有忠实义务"作为一项原则加以规定。妻子的不轨行为不仅违反了夫妻之间的忠实义务，而且严重侵害了丈夫的人格权、知情权、生育权，作为受害者一方如能获得支持己方的证据，尚可在精神、物质方面获得一定的安慰，亲子鉴定作为法医物证鉴定的一种得到了展示的舞台。

再者，亲子鉴定问题的提出折射出家庭关系产生危机，妻子若是受到无端猜疑必定是满腹委屈，而亲子鉴定技术的不断完善和发展对她们而言无疑是证明自己的最好途径，通过公众认可的科学技术手段得出的鉴定意见维护自身的名誉权，无论从法律角度而言还是公众舆论而言均是无可厚非的。

第三节　我国亲子鉴定的司法应用现状

一、亲子鉴定在刑事侦查中的应用

其一，也是最为典型的在刑事侦查中的应用是在拐卖妇女、儿童案件。当

---

① 《三次鉴定"治"好固执父亲》，载于中华基因网，http://www.cy-gy.cn/，访问日期：2024 年 8 月 1 日。

警察将被拐卖的儿童从犯罪分子手中抑或远在千里的他乡解救出来后，随即面临的问题就是要尽快为被拐卖儿童找到他们的亲生父母。但由于绝大部分被拐儿童离开亲生父母时年龄尚小，被拐后与父母分离时间过长，根本无法回忆和描述自己亲生父母的样子，更无法说清自己家乡的详细地址。还有部分被拐儿童经过了多次转手贩卖，连人贩子也无法清晰回忆起初是从谁家、从哪里拐来的孩子，这时就必须依靠高科技手段即亲子鉴定来甄别被拐儿童与丢失儿童父母是否具有亲子关系，从而帮助他们寻找到各自的家人。

其二，亲子鉴定亦应用于其他刑事案件例如强奸案。由于强奸案当中大多数都仅有当事人，没有其他的目击证人，证据上相对比较薄弱，犯罪嫌疑人往往又拒不承认，并且容易翻供，因此，公安部门在侦查过程中都希望能在案发现场提取到犯罪嫌疑人留下的精液、毛发等物证进行 DNA 鉴定，从而让其难逃法网。又如故意杀人案，特别是杀人碎尸或尸体腐烂，已经无法辨认被害人，此时也应尽量依靠亲子鉴定，通过被害人尸体与失踪人家属的 DNA 比对，确定被害人，最后通过被害人的社会关系进一步侦查，将犯罪分子绳之以法。

二、亲子鉴定在民事审判中的应用

亲子鉴定在民事审判中的应用一般发生在离婚、追索抚养费、遗产继承案件中，主要表现为：

首先是在离婚纠纷案件中，男方和女方均有可能提出进行亲子鉴定的要求：第一类，男方要求做亲子鉴定的情形。这种情形往往出现在法院受理的男方起诉要求离婚，而女方不同意离婚的离婚案件当中，而恰恰这时，男方通常会提出"婚生子（或女）"不是其亲生，并以此作为夫妻感情破裂的依据，从而达到离婚的目的，若女方对此不予认可，男方则即向法庭提出亲子鉴定之申请，要求以此为依据确认亲子关系不存在，这种情形在婚姻家庭纠纷案中已变得越来越普遍。第二类，女方要求做亲子鉴定的情形。这种情形往往出现在法院受理的女方起诉要求离婚，而男方不同意离婚抑或双方均同意离婚，但对子女的抚养权发生争执的离婚案件当中，此时，女方通常会提出子女并非男方亲生，孩子生父另有他人，若男方对此不予认可，女方则即提出进行亲子鉴定的申请，当然，这种情形相对比较少，往往都是出于子女父亲之要求，女方才会提出这种要求。

其次，在追索抚养费案件中亲子鉴定的应用，通常均发生在未婚先孕情形中，真正谈婚论嫁时，男方却反悔，甚至同时否认孩子与其存在血缘关系，基于此女方提出进行亲子鉴定的申请。有的女性则是为了自证"清白"，要求做亲子鉴定。而往往大多数都是因为女方自身已无力抚养小孩，为了孩子追索抚养费，在协商无果的情况下，不得不向法院起诉孩子的生父要求其承担抚养义务，而男方则提出小孩不是其亲生，拒绝支付孩子的抚养费，继而女方向法院提出进行亲子鉴定的要求，以确定该男性系孩子的亲生父亲。2011年8月，浙江经视的《有请陪审团》栏目中播出了此种典型案例，王女士有一段不幸的婚姻，令王女士觉得幸运的是认识了徐先生，交往一段时间之后，在徐先生的苦苦追求下，两人打算私奔，"生米煮成熟饭"，可当王女士把小孩生下来后，徐先生突然躲避不见，拒绝与王女士结婚，否认小孩是其亲生的，拒付小孩的抚养费。王女士没有稳定的工作，一人无力抚养小孩，无奈之下，寻求新闻媒体帮助，准备将徐先生起诉至法院，要求确定小孩和徐先生存在亲子关系，请求判决徐先生承担小孩的抚养费。

再次，即是在遗产继承案件中亲子鉴定之应用，根据我国现行相关法律规定，非婚生子女与婚生子女享有同等的继承权利，非婚生子女可据此得到其相应的遗产份额，而在类似继承案件中非婚生子女往往因其血缘关系遭到怀疑而被拒绝其应得的遗产份额，导致其提出亲子鉴定申请，要求法院确认该非婚生子女与被继承人之间存在血缘关系。

第四节　与我国亲子鉴定发展相关的若干问题

尽管近年来随着科学技术的不断发展，我国的亲子鉴定在技术上取得了可喜成绩，为相关亲子关系纷争提供了高准确率的辨认依据，也为法院作出适当判决奠定了一定基础，然而不可否认的是由于相关制度的缺失，我国亲子鉴定的长远发展受到了一定的制约。

在没有相关技术支持的过去，证明亲子关系是否存在主要依循民法上的思维模式，即一方面依据事实的盖然性；另一方面则有赖于婚姻道德、亲子生活等社会事实。在这种思维模式下，比较注重从外在因素上来考量亲子关系，即除了满足真实性的要求外，还要考虑到身份关系的安定性。自从将DNA技术运用至亲子鉴定当中后，我们便将这种高准确率的鉴定意见视为判断亲子关系是否存在的主要证据，如此，是否会造成法律上的亲子关系与事实上的亲子关系的矛盾？是否有利于保护未成年人的利益？是否有利于原有家庭关系的安定性？由此引发的一系列问题均是我们要考虑的。

一、亲子鉴定启动程序

亲子鉴定的启动程序过于随意，父母任何一方到鉴定中心即可申请，此类情况也时有发生，并不是个别现象。另外有些申请人出于自己的一些考虑，会自行带样本前来申请鉴定，还有委托朋友带着样本来申请鉴定，这势必会侵犯到一部分人的合法权益。另外，对鉴定程序的认知较少。前来做亲子鉴定的申请人中，81.5%的申请人是由有关部门推荐来的，所以鉴定申请人一般持有较为信任的心理，同时申请人对鉴定的相关法律法规也不甚了解，99%的申请人不会主动要求鉴定机构出示相应的资质。且由于前来鉴定的申请人都是抱着一定的目的而来，往往会忽视关于鉴定机构以及鉴定人申请的资格问题。[①]

现如今，普遍存在的情况是，个人到鉴定中心即可申请亲子鉴定。亲子鉴定的结果关系到个体身份确定所产生的各种权利义务，同时也关系到公共利益，应当根据个案的具体情形审慎对待。因此，通过法律法规对亲子鉴定的启动程序加以限制是十分必要的。而我国《民事诉讼法》和有关鉴定制度的法律和行政法规中，对亲子鉴定启动程序都没有相关规定。

二、亲子鉴定与隐私权保护

亲子鉴定表面上看是一项医学鉴定技术，实际上却涵盖了法律、伦理和家庭等多方问题，操作上如有失误，有可能摧毁一个家庭甚至产生法律纠纷，因此笔者是不建议亲子鉴定市场放开的。但也有人表示，人们享有了解事情真相的知情权，亲子鉴定市场不应受到限制，[②]主要理由有：第一，父亲有权知道自己的孩子是否属于亲生；第二，孩子有权知道自己的亲生父母；第三，能给家庭带来潜在的好处，可以消除疑虑，明晰亲子关系，亲生的结果可以使父亲给予孩子安全感，使家庭更加紧密地联系在一起；第四，可以将伤害最小化；如

---

① 吴昇：《亲子鉴定程序现状及相关法律问题研究》，吉林大学2017年硕士论文。
② 陈慧珍：《亲子鉴定中知情同意》，载《牡丹江师范学院学报》2006年第3期。

果母亲（父亲）、孩子都知情并参与到作决定这一过程中来，可能会导致夫妻间信任关系和父子关系的破坏；第五，可以揭开事实的真相，可以使双方都保持诚实。显然这就涉及知情权与隐私权或其他权利冲突的问题。近年来，随着人们维权意识的不断增强，权利冲突已不可避免地成为法学界的一个热门话题。人们在充分感到权利的神圣的同时，在行使各自的权利时却往往忽略了任何权利都有一定的范围，若不越过边界，冲突自然也就不会发生。我们要认识到法律规定的各种权利都有各自的边界，这种边界有的会被立法者明确标出，有的则被法理统摄，有的甚至仅为情理所昭示。不论是哪种边界，只要我们细心探究，就可以守住权利不予逾越，从而有效地避免权利冲突的发生。同时，我们还必须认识到任何权利的行使还需要具备一定的条件，如果不顾条件地过分强调权利的行使，势必会在行使权利的同时，侵犯到他人的合法权益。实际上，在现实生活中，很多权利的冲突都是由于忽视权利行使的条件而引起的。以知情权为例，知情权的行使，必须以不侵犯他人的合法权益和不得强迫无法定义务的他人配合为条件；公民有知情权，但涉及国家机密的信息有关机关可以拒绝发布；患者家属有对患者手术状况的知情权，但不得擅自进入手术室，污染手术环境，影响手术进程，侵犯其他病人的隐私权；在亲子鉴定过程中，公民无可置疑地享有知悉孩子是不是自己所生育的权利，但却不得强迫配偶配合检查，也不得侵犯孩子的自主决定权……因此，以知情权为由而要求放开亲子鉴定市场，显然是片面而错误的想法。

　　此外，DNA 作为承载个人遗传基因及个体特性的独特信息终生不变，也因此成为识别个体的必要信息，它包括了个人的最核心私密信息，若不加以完善管理，隐私权将受到严重侵害。①而以 DNA 鉴定技术为基础的亲子鉴定，除了必要性和正当性，还涉及个人身体的完整性及个人信息的自我决定权。我国宪法对于保护隐私权及个人人格尊严的规定不但消极地禁止他人侵犯，更是积极地赋予了个人相关权利，我们每个人均具有控制自己个人信息的权利，享有不受他人不当干预、介入而自主决定的自由。因此，笔者认为当收集、保存、利用乃至公开个人相关信息与个人基本权益发生冲突时，在目的上它必须是必要且不可或缺的，在手段上，它必须是以达成目的必要且以最小限度为界限，而且

---

① 魏振瀛主编：《民法》，北京大学出版社 2002 年版。

要以此为要求的基准。

从功利的角度看，放开亲子鉴定的市场也潜在地具有较大的伤害性：从鉴定的结果看，如果是亲生的，即使能消除已存在的疑虑，心中也会愧疚，只是用一种永久的心神不安代替了是真是假的疑虑，如果事后被妻子发现，也会是一种无情的打击，最终可能导致家庭的解体。如果孩子不是亲生的，也会给孩子的成长留下阴影，而对当事人自己来说，因长期生活而建立起来的父子感情，对孩子的爱、关心、抚养也许并不会因生物学关系的中断而自发中断。

如果不让孩子知情并参与到作决定过程中来，是否能将伤害化为最小？从全国亲子鉴定的结果来看，至少80%的孩子是属于亲生的。可以看出，大多数是出于个人怀疑，甚至是无端的猜疑，这表明夫妻的信任关系已经被潜在地破坏了。夫妻的信任关系是双方长期关系基础上的人格确认，它是婚姻关系的实质基础和保障，也是家庭关系存在的"伦理底线"。这层"伦理底线"破坏以后，家庭关系的维持也是矛盾重重，而新的信任关系的建立也是举步维艰。

当然，若亲子关系纷争进入诉讼阶段，根据我国现有的相关规定，情况又会有所不同。有这样一个案例：乙女与甲男于1996年5月登记结婚，后因感情不和，于2000年11月24日离婚。2003年5月，乙女生育一子丙，其户口簿常住人口登记卡注明其系乙女之侄子。2004年8月，丙以其系乙女与甲男所生为由诉至原审法院，请求依法确认甲男与丙系亲生父子关系。一审诉讼期间，甲男拒绝配合做亲子鉴定，也不承认丙是其亲生子。

一审法院认为，丙系2003年5月11日出生的事实清楚，丙提出其系乙女与甲男所生的主张，因与丙常住人口登记卡上所载"丙系乙女侄子"的内容相悖，且庭审中，丙未能提供有效证据证明丙系乙女与甲男所生之子，故应承担举证不能的责任，对其相关诉讼请求不予支持。依照2001年最高人民法院《关于民事诉讼证据的若干规定》，判决驳回丙的诉讼请求。丙不服原判上诉称，原判认定事实不清。2003年之前，乙女一直与甲男共同生活，因此才生育了丙，请求撤销原判，确认丙是甲男的亲生儿子。①

本案中涉及这样一个问题：如果硬性规定甲男配合做亲子鉴定，是否会对

---

① 孟晓春：《从一起案件谈亲子鉴定案件相关问题》，载中国法院网 http://www.chinacourt.org/，访问日期：2024年8月1日。

甲男的个人隐私权构成侵犯。笔者认为，首先，从权利的行使方面来看，丙向法院申请做亲子鉴定是其私权利，在法院同意后，法院依据法律上的公权力要求甲男配合做亲子鉴定，甲男拒绝配合则是其法律上的私权利。在两者发生冲突时，依据我国相关法律规定，私权利应当向公权力让步。也就是说，个人隐私权的保护是有限制的，它应当符合法律所保护的公共利益。其次，从鉴定的目的来看，法院要求丙、甲男做亲子鉴定，是为了解决案件双方当事人争议的亲子关系是否成立，而不是为了公开甲的隐私，使其名誉下降。再次，从侵权案件的构成要件来看，通过做亲子鉴定，法院查明了案件事实，澄清了案件双方当事人争议的问题，但并没有因为亲子鉴定而给甲男造成任何法律上的损害结果，因而也不构成侵权。最后，从法院的审理方式上来看，这类案件通常是以不公开的方式审理的，公众也不会知道甲男的相关隐私。一言以蔽之，在本案中即使硬性要求甲男配合亲子鉴定检查也不涉及侵犯其隐私权。

由此可见，就DNA亲子鉴定对于家庭爱情范畴所起的作用我们要辩证地看待，如何应用它，并妥善处理知情权与隐私权冲突是一个比较棘手的问题。在目前亲子鉴定开放的市场环境下，笔者所在的鉴定中心不乏丈夫瞒着妻子单方面带着子女前来鉴定的案例，这不但给我们的鉴定工作带来了一定难度，对于是否侵害到未成年子女及作为母亲一方的隐私权，作为鉴定机构也难以界定，且感觉难以操作，究竟是接收还是拒绝，大多凭借鉴定人员的主观臆断。两利相较取其重，两弊相较取其轻，看待亲子鉴定也该如此。我们并不否认亲子鉴定的合理性和必要性，但是法律应该尽快对亲子鉴定的适用范围和程序管理加以严格界定，这样，才能使之最大程度地趋利避害。由此，笔者对于提起亲子鉴定的主体还是倾向于由法律予以明确。

三、亲子鉴定的检查协助义务

就目前的实际情况而言，当事人在对亲子关系是否存在发生争执时，往往有赖于DNA亲子鉴定加以辨别，在确认亲子关系的诉讼纷争审判实务中引用科学的鉴定意见可以避免双方当事人争议焦点的事实情况出现真伪不明的状态，也可有效减少乃至避免法官因滥用自由裁量权及不当推定作出错误的裁判而对当事人以及相关案外第三人造成不必要的伤害。因此，在亲子关系纷争当中，亲子鉴定的申请件数呈逐年上升趋势，法院亦强烈要求诉讼关系人对于法院责令的亲子鉴定要求务必遵照执行。然而,对于被要求协助检查的对方当事人及诉讼当事人而言,随着亲子鉴定技术的不断发展,鉴定结果的准确性亦日益精准,因此鉴定意见无疑越来越成为亲子关系是否存在的决定性、关键性证据,因此,他们拒绝协助检查的情形也时常发生。如前所述,在亲子鉴定过程当中,DNA样本提取和分析与人的隐私权等基本权利息息相关。在相关当事人自愿提供DNA样本的前提下,其正当性毋庸置疑。但是,在相关当事人不愿意提供样本时,法院命令其提供样本的正当性基础是什么?由此,法院在审理亲子关系纷争时,是否可以为查明生物性亲子关系采取强制手段以及运用何种强制手段对相关关系人进行抽血检查即成为我们在研究亲子鉴定问题过程中亟待解决的课题。

法院责令当事人或第三人配合采取或提供血液以进行亲子鉴定时,当事人或诉讼当事人由此所产生的义务,我们称它为"检查协助义务",就诉讼程序上对于亲子关系血缘事项,以鉴定人基于其特有的知识所陈述的意见作为证据而言,该项义务的性质理应属于证据方法中的鉴定;但就当事人或诉讼当事人接受法院的命令前去鉴定机构为检验提供血液而言,则应属于勘验。有学者认为,亲子鉴定中的检查协助义务与文书提出的义务有所不同,并非限定性义务,应等同于证人义务,即只要无正当理由就不能拒绝,而对于当事人或诉讼当事人在诉讼当中的检验究竟负一般性协助义务还是限定性义务在现有法律规范中亦无明文规定。因此,亲子关系纷争当中的检查协助义务究竟属于什么性质尚有待推敲。虽然,目前大多数观点均倾向于该义务性应高于限定性义务,但其本质是否属于一般性义务,从而在程序法上可以证言拒绝权作为排除一般性义务的例外尚值得商榷。鉴于其确定身份关系的高度公益性,以及保护未成年人子女利益的强烈要求,笔者倾向于协助亲子鉴定的义务性应高于一般性义务,当事人或诉讼当事人不得援引诉讼中关于拒绝勘验的正当事由拒绝协助亲子关系血缘鉴定。

我国现行法律规范并未对亲子关系当中的强制检查予以明确,在审判实务当中若遇到当事人拒绝协助检查时,法院可适当予以推定作出裁判。从1987年最高人民法院的批复来看,我国的司法实践对亲子案中的亲子鉴定是持一种保守的态度,亲子鉴定关系到原、被告双方的名誉权、隐私权,尤其是妇女、儿童弱势群体的利益,因此民事诉讼在一般情况下不主张进行亲子鉴定。现行法律并没有就亲子鉴定类型案件的举证责任作出特殊规定，故仍应适用"谁主张，谁举证"的一般民事举证原则。民事诉讼中的原告对于亲子鉴定要求被告予以配合，被告不负举证责任，无协助取证的义务，对于亲子鉴定，被告的隐私权、名誉权也同样应该得到保护，不能要求被告"自证其罪"。同时，在亲子鉴定相关案件的举证行为中，单纯的鉴定结果只是作为案件审理的依据之一，审理过程需要法官综合考量所有的证据材料，对于原告所提出的除鉴定结果以外的其他证据，能证明一定的因果关系，在被告方拒绝协助做亲子鉴定之时，审理法官可依据相关证据进行推定，以确定亲子关系是否成立，从而达到实现维护双方当事人权利的目的。同时，最高人民法院《关于民事诉讼证据的若干规定》第95条规定：一方当事人控制证据无正当理由拒不提交，对待证事实负有举证责任的当事人主张该证据的内容不利于控制人的，人民法院可以认定该主张成立。如若在亲子鉴定纷争中适用该法条之规定，我们可以明确虽然在亲子关系纷争中相对一方当事人没有协助检查的义务，但很有可能由于不协助亲子鉴定检查而承担诉讼的不利结果。

有这样一起特殊的亲子关系确认案，王某与崔某（女）婚后生育双胞胎女儿，因感情不和于1999年协议离婚，6岁女儿由崔某抚养。2003年，王某怀疑女儿非亲生而起诉，其申请进行亲子鉴定被崔某拒绝。一审法院认为，强制做亲子鉴定会侵犯其女儿隐私权，不利于其女儿身心健康和成长，故判决驳回王某诉讼请求。王某上诉，二审法院认为崔某"持有证据拒不提供"，推定王某主张成立，遂撤销一审判决，并判决王某与其女儿为"非血亲关系"。与女儿建立了难以割舍的亲情的王某陷入痛苦中：两女儿从此没有了爸爸……①该案涉及婚内父母子女亲子关系纷争在事实无法确认的情形下如何裁判的问题。在事实无法证实的情形下，诉讼程序不可能无休止地进行下去，法官必须也只能依据现有的客观证据材料对事实予以推定并以此解决争议。因父母子女亲子关系的建立往往以事实层面的血缘关系为基础，对"血缘关系"是否真实存在的事实判断直接关系到当事人在法律层面权利义务关系。本案一、二审法官在没有如"亲子鉴定"结论的必要证据的前提下，却作出了两种截然相反的事实推定。说

---

① 毕玉谦：《从一起案件婚生婴儿亲权及其价值基础》，载110法律咨询网，www.110.com/falv/minfa/renshenquan/，访问日期：2024年8月1日。

明法官在案件的审理过程中将抽象法律条文适用于具体案件的整个过程，司法理念起着至关重要的作用。司法理念差异可使得同样的案件，法院与法院之间甚至是同一法院的不同法官之间作出完全不同的两种判决。

从本案的处理可以看出，尽管亲子关系诉讼中采用职权探知主义，但法院若已完成其审判职能，对案件中的争议焦点之事实仍无法达到确定的证明程度时，负有举证责任的一方仍将承担败诉的不利结果。因此，提高证明程度与依职权调查事实，不但不能真正还原事实，反而可能造成对一方当事人的不公平后果。此时，笔者认为应当从对方当事人也同样负有证明事实义务的观点出发，不但要求当事人与法院垂直间的协助义务，更应强调当事人之间横向的协助义务，以此达到还原事实及维护公平的目的。而因此引出的协助义务问题又成为应当如何赋予亲子鉴定中的检查协助义务以强制力的问题。

综上所述，有关亲子关系诉讼中的亲子鉴定之协助义务的强制性，与亲子关系事件的公益性特征以及在亲子鉴定保障、维护家庭生活与社会人伦等秩序的安定上有着千丝万缕的关系；在鉴定时需要考虑亲子关系诉讼所涉及的当事人及关系人的隐私权，却又无法避免因进行亲子鉴定而暴露出的不为外人所知的隐私从而遭受人格权的剥离，甚至还可能损害到同当事人隐私权相关的经济权益。而我国现行法律法规对这一问题并未涉及，由此无论对于鉴定机构的实际操作还是法院对于亲子关系诉讼中的实务问题的处理都带来了一定困难。笔者认为，无论是何种类型的亲子关系纷争均应将贯彻子女最佳利益保护原则作为"裁定执行亲子鉴定"的最根本原则，这是我们不可忽略，也是最终的决定性因素；因此，无论是基于当事人申请还是法官依职权进行的亲子鉴定，也无论是适用直接强制执行或者是采取承担相应不利法律后果的"间接强制"，法官作出是否强制执行的裁定，以及以何种方式强制当事人承担法律后果，都需要法官立足诉讼上真实的发现与裁判公正等要求，并基于个案的具体情况，比较权衡其中各种价值与利益，仔细斟酌亲子鉴定之必要性与重要性，以及是否有以其他证据取代亲子鉴定的可能性等各种因素后再慎重作出判定。

四、鉴定机构本身缺乏规范性

如前所述，从我国亲子鉴定的现状反映出如今社会上普遍存在亲子鉴定的泛滥性、任意性以及注重商业利益等现象，已经对婚姻家庭关系甚至是社会秩序造成了严重不利影响。长期以来，我国从事亲子鉴定的机构及人员配置条件均存在较大悬殊，由此不免会产生亲子鉴定质量难以保证的情况，不但降低了亲子鉴定的证据效力，还极有可能会导致案件的误判。有相关资料显示，目前我国受理亲子鉴定业务的鉴定机构大体分为几类：第一类是得到司法行政管理机关审批的鉴定机构，这些鉴定机构配备有高端的实验室设备及技术条件，并追求鉴定结果的客观公正以及精确；第二类是与高校或科研单位合作，公司承接业务后转交由相应高校或科研单位进行鉴定；第三类则是一些不具备相应资质的民间鉴定机构，甚至还包括一些收到邮寄样本后根本不予鉴定检验，而是在经过一定合理时间后直接填写检验报告单后寄给委托人，其所填结果几乎都是与样本一致的所谓"皮包公司"。在这些鱼龙混杂的民间鉴定机构当中，有些"鉴定机构"基于其硬件及软件条件的限制，不敢明目张胆地承接业务，仅在暗中与鉴定委托人约定不出具鉴定报告仅仅告知其鉴定结果。还有的甚至自己没有实验室也在大张旗鼓地受理亲子鉴定，它们承接业务并收取大量鉴定费用后均转给其他实验室进行鉴定。以上种种均是经济效益在起作用，对金钱的过分注重，使得鉴定的水准不免令人担忧。

笔者曾在网上看到一位被亲子鉴定搞得精神几近崩溃的陈女士深有感触的发帖："亲子鉴定是该好好管管了。"这位陈女士说，几年前她下岗了，跟丈夫离婚后，一个人带着7岁的儿子生活。前夫每月给孩子一点抚养费，可根本不够用，她就找到前夫想让他多给孩子点儿。这时，前夫却对孩子是不是亲生的提出了质疑。"我觉得这简直是一种侮辱，为了证实清白，我同意去做亲子鉴定。亲子鉴定起初是到一个科研机构的实验室做的，结果说孩子不是前夫的，前夫理所当然地停了每月的抚养费，邻居更是说什么的都有。我差点儿走上绝路，冷静下来后，我到另外一家鉴定机构又做了鉴定，结果确认孩子就是前夫的。"①由此可见对委托当事人的不负责任抑或本身水平及设备的欠缺所导致的错误鉴定意见有可能造成无法挽回的不利后果，为此，对鉴定机构及鉴定人员的规范亟待加强。

随着当前亲子鉴定市场需求的日益扩大，在利益的驱动下民间亲子鉴定机

---

① 《亲子鉴定"民间市场"令人堪忧混乱状况亟待规整》，载 http://www.chinalawinfo.com，访问日期：2024年8月1日。

构、中介机构应运而生。目前市场上做 DNA 亲子鉴定的机构不计其数，有合法的也有不合法的黑机构，乱定价、虚假宣传等现象普遍存在。笔者随意在网上百度一下"亲子鉴定机构"几个字，仅上海市就有 781 000 条信息。"高达 20 个位点基因检测""精确档 99.99%，高精确档 99.999 99%""秉承专业精确、公正保密的工作态度，为您提供亲子鉴定服务""多年的 DNA 检测实验室运营经历和多项国际权威认证铸就了我们在国内外 DNA 检测行业的重要地位"等诸如此类的广告语五花八门，还有很多都标称自己的鉴定结果具有国际标准。而令笔者吃惊及不安的是，发达的网络竟然是大多数人选择亲子鉴定机构的首选。

"想知道孩子是不是自己的，只要送检一方和孩子两个人的样本，就可以做鉴定吗？"有记者在一家亲子鉴定网上留言。网站工作人员回复："完全可以。只要邮寄血痕样本（擦拭在纱布上三颗黄豆大小的血印）至我公司即可。"但当该记者电话打过去，表示希望亲自到他们那里去做，该公司的工作人员却拒绝了，"由于公司搬迁，亲子鉴定业务暂行停止"。①

如前所述，随着市场需求的扩大，各地进行亲子鉴定的机构也纷纷成立，除了司法部批准成立的面向社会服务的专业鉴定机构外，地市级医院、大专院校，甚至血站等很多机构都可以进行亲子鉴定。这些民间亲子鉴定机构，大多打着"生物技术公司"的旗号，暗地里开展亲子鉴定业务。由于它们没有经过法院或者司法行政部门的核准登记，根本不具备法律意义上的鉴定主体资格，其所做的亲子鉴定当然也不具备法律效力。同时这种民间亲子鉴定机构所配备的从业人员和技术设备均未经由相关部门的核准，鉴定过程得不到应有的司法监督，鉴定错误亦没有相应的责任追究措施，因此，这样的鉴定机构所出具的鉴定意见其真实性和科学性都无从考证。一些民间亲子鉴定机构为了承揽业务、抢占市场，甚至搞起了"促销"活动，已经把每份样本的费用从 3 000 元降至 1 500 元。一位促销机构的从业人员宣称："我们收取的费用比司法部门指定检验机构的收费便宜许多，如果不是用来打官司，来我们这里做鉴定要划算多了。"②

---

① 《DNA 亲子鉴定流程》，载 http://q.sports.sina.com.cn，访问日期：2024 年 8 月 1 日。

② 《民间亲子鉴定损害妻儿合法权益亟待法律疏导》，载 http://www.xinhuanet.com/，访问日期：2024 年 8 月 1 日。

但是，鉴定者是否考虑过在经济上"划算"的同时，拿到的鉴定结果又有多少科学性呢？一位曾在某民间鉴定公司工作过的业务员透露，他们根本就不对样本进行鉴定，收到样本后的两个星期，就填写检测报告单寄出去，"为了避免不必要的麻烦，鉴定结果几乎都是'两个样本一致'，这样双方都受益"。

"即使有司法鉴定资格的机构也不一定具备亲子鉴定资质，而现状是不少鉴定机构为了营利，什么案子都收，这是亲子鉴定市场混乱的主要原因之一。"中国人民大学法学院教授何家弘认为，必须严格规范亲子鉴定机构、人员资格的审批制度。同时，由于亲子鉴定是一个复杂的过程，受人的知识、技能、经验的影响很大，而鉴定检材又有容易受污染、难保管等特性，通过邮寄等方式极易导致检材、样本来源不可靠，易影响鉴定意见的正确性，所以应当明确规定个人鉴定的受理程序，规范亲子鉴定的检验方法、检验标准等。

李先生不久前通过某亲子鉴定网做了亲子鉴定。"我儿子 10 岁了，但他的长相和性格没有一点儿像我，而且他妈在怀他的时候也有一些疑点。"说起他决定做亲子鉴定的原因，李先生一脸无奈，"其实我并没有其他的想法，只是这些问题已经困扰了我很多年，我真的很想知道儿子到底是不是我亲生的"。李先生是背着妻子来做亲子鉴定的，在现实生活中，这种情况不在少数。笔者所在的鉴定中心在 2011 年所做的亲子鉴定案例中个人委托亲子鉴定的基本占到了一半。在诉讼活动中，用作认定亲缘关系的亲子鉴定一般由司法机关委托具有资质的鉴定机构进行鉴定，并且被鉴定人包括父亲、母亲、孩子一般都必须到场，并提供相关身份证明，才能进行鉴定。我国法律目前没有禁止个人委托亲子鉴定，许多民营的鉴定机构往往觊觎的就是这块市场。

对于鉴定机构而言，在 100 次亲子鉴定中，如果有 1 次失败了，这对一个家庭而言可能将会带来很严重的后果，因此，亲子鉴定对设备、实验室、从业人员以及鉴定的过程都应当有一套严格的规定，不能也不应当允许存在丝毫差错。假如鉴定机构在一方当事人不同意做鉴定或完全不知情的情况下接受另一方当事人的亲子鉴定委托进行了鉴定，必然会引起对方当事人的不满，从而引发的投诉甚至诉讼，均会给鉴定机构的工作、声誉等带来不必要的麻烦。有这样一个案例，某省公安厅就因为接受单方委托的个人亲子鉴定申请，成了被告：杨先生与宋女士离婚，儿子随杨先生一起生活。因怀疑儿子不是自己亲生，他自行带着孩子去了某省公安厅鉴定中心，该鉴定中心对杨先生与孩子的父子关系进行了鉴定，结论证实杨先生不是孩子的生物学父亲。杨先生以此为由要求孩子由宋女士来抚养。宋女士认为，杨先生提出亲子鉴定未经其同意，遂以该鉴定侵犯了其合法权益为由，将鉴定机构——某省公安厅告上了法庭。虽然法院终审判决认定省公安厅的鉴定科学、合法、有效，不存在侵权，由此所引发的诉讼仍然应当使其他鉴定机构引以为鉴。其实，在亲子鉴定过程中对鉴定机构而言还存在多种侵权可能的风险，如不注意保密，将载有隐私信息的鉴定文书透露给与案件无关的第三方，则侵犯了有关当事人的合法权益，又如在鉴定过程中对一方私自搜集的另一方的血样作检测，并提示另一方的遗传学信息，鉴定机构就可能侵犯了另一方合法权益。因此，笔者认为要规范亲子鉴定市场，就有必要明确鉴定机构的法律责任。

总体而言，目前我国鉴定机构普遍存在的问题包括：

1. 实验室缺乏规范化管理

不可否认，目前，大多具备资质的鉴定机构都拥有严格完善的实验室管理规范，甚至有许多实验室为开展亲子鉴定业务还专门制定了相应的程序规则。但在鉴定取材上却仍普遍存在漏洞，什么人送的检材都做，什么情况的委托都收，不对被采血人姓名进行严格核实或是核实不严谨，也不管检材在获取程序上是否合法；有的鉴定甚至不做编号，也不存档；有的检验结果没有复核制度，对排除的案例样本是否可能调错、记录是否读串行等均没有建立合理及有效的核查制度；有的没有样本保存制度或用于结果分析的基础资料不全等。这些问题都是可能导致错误鉴定的隐患。其实，总结以往出现问题的鉴定，多是由于试验、核查程序不严格，判定尺度掌握不当或是检验人的疏漏所致。

2. 方法和材料各不相同，质量难以控制

目前，我国亲子鉴定应用较多的手段是 STR 位点多态性检测、血清学和DNA指纹方法（红细胞血型、HLA分型、血清型、酶型检测等）。其中，STR位点多态信息含量较高，在亲子鉴定中极有应用价值，但目前我国在 STR 位点的选择、检测手段以及检测试剂方面均没有统一的标准，实验室之间结果的比对也十分不便，使得鉴定质量难以控制。而更令人担心的是，有些省市司法机关自身没有一定规模的实验室，并且没有条件开展亲子鉴定，而是转为委托当地的医院、研究所或血站等单位进行检验。而这些受委托进行鉴定的单位或是采用本所开发的几个有限的位点进行检测，或是买别人的血清板或探针做实验，由于其试剂质量的不稳定性，致使对其鉴定结果的可靠性大大降低。若将这样的鉴定结果用于审判，是存在潜在风险的。[①]

3. 结果判定标准不统一

这种情况多见于排除亲权的误判。到底有多少遗传标记不相符或出现多少条陌生带才可以排除亲权目前并没有统一的行业标准。有的实验室充分考虑到实验误差和突变可能产生的影响，要求必须有两个以上的遗传标记排除方可否定父权。有的实验室则仅依据一个遗传标记不匹配，便出具否定的结果，使个别案件的当事人尤其是妇女蒙受屈辱，四处申诉，造成了较大影响。对于亲权的认定也存在同样的问题。一般而言，应用 STR、PCR 方法的实验室 PCR 下限参照 99.5%，而一些实验室则参照 99.73%。有的实验室甚至在条件、方法均受到限制的情况下，勉强认定亲子关系，造成有些案件，尤其是强奸等刑事案件存在着误判的可能性。

4. 没有实验室的质量监测体系

目前，我国法医生物学实验室在内部一直没有建立统一的对人员、试剂、操作和结果等进行定期核查的体系。实验室间受不同体制的影响，也缺乏相互间的沟通联系。而实验室间检测结果的一致性恰恰是评价检测质量的重要指标。国外各实验室都非常重视对这项指标的监测，并积极主动地参与到地区或国际间的一致性监测当中。我国个别实验室也加入了 CTS（Collaborative Testing Services）组织的发样检测，但国内目前尚没有自己的实验室检测网。某大学实验室曾做过类似的尝试，把样本、试剂发到一些实验室，但多数没有信息反馈。之所以如此，一方面与鉴定机构较分散、统一行动比较困难有关；另一方面，也反映出我们的法医生物学实验室对检测的重要性认识不足，行业技术管理严重滞后。

综上所述，我国亲子鉴定立法的严重滞后，使得亲子鉴定机构在设置条件、程序、资格认定、标准以及鉴定机构和鉴定人的法律责任等一系列问题上，都缺乏明确统一的规范，从而造成了我国当前亲子鉴定的无序管理局面。而这些现象都严重影响了司法鉴定的客观性、科学性及其准确性，并在一定程度上对司法公正造成影响。

---

① 《从亲子鉴定问题看规范化标准化管理的重要性》，载 http://www.tianya.cn/，访问日期：2024 年 8 月 1 日。

因此，要规范亲子鉴定机构，首先亲子鉴定机构必须归口到一个机构进行统一管理。笔者认为，按照《司法鉴定机构登记管理办法》规定，亲子鉴定机构统一由司法行政部门审批管理。对于社会司法鉴定机构，近几年一些司法部门审批程序并不严格，有许多乡级医院竟被司法行政部门批准可以开展法医鉴定，而乡级医院根本就没有具备法医鉴定资格的人员。所以，司法行政部门在批准社会亲子鉴定机构设立的时候，要严格审查从业人员的技术力量和仪器设备，宁缺毋滥。

对于亲子鉴定的程序，参照当前对于司法鉴定程序的相关规定，一方面任何个人均可委托进行亲子鉴定，另一方面诉讼中的亲子鉴定必须得到法院的许可和委托，当然，这样的规定一方面充分考虑到了对知情权的保护，另一方面又有效防止了亲子鉴定启动的随意性。但从实践来看，这样操作也不尽合理。笔者认为，对于个人委托亲子鉴定的行为应当适当予以规范，若亲子关系纷争双方虽然同意做亲子鉴定，但出于对各自隐私权的考虑并不想通过诉讼程序解决纷争，此时，不如变堵为疏，基于双方当事人都同意做亲子鉴定的情况，可以由民调组织或者妇联等单位来委托，这样更有利于及时化解家庭矛盾，节约司法成本。

综上，相关法律规范及统一管理的缺失，造成了我国当前亲子鉴定处于无序管理的混乱局面，这种现状不但会对委托当事人的相关权益造成威胁，对于越来越倚重亲子鉴定意见作出事实认定的亲子关系诉讼亦将产生误判的不利影响。面对如此现状，笔者认为，规范对亲子鉴定机构的管理已经迫在眉睫，首先，要进一步明确亲子鉴定的管理机构；其次，对于亲子鉴定机构的设置及人员配备的条件及动态管理予以进一步规范；①最后，对于亲子鉴定机构的操作流程及工作程序也要予以相应规范。总之，要切实对当前亲子鉴定机构存在的混乱状态进行整顿，这样才能更好地维护鉴定各方的合法权益，也才能使亲子鉴定健康有序地发展。

五、亲子鉴定意见在亲子关系诉讼当中的应用

亲子关系纷争基本包含以下两种体系：第一种是在婚姻关系当中，引起亲

---

① 伍鑫：《论我国亲子鉴定法律适用》，华中科技大学 2011 年硕士论文。

子关系的形成与消灭的途径；第二种则是在非婚姻关系当中，子女与亲生父亲之间法律意义上的亲子关系之形成与消灭的途径。这两种体系当中，前一种是基于婚姻关系产生的亲子关系的确认，以及婚生子女之地位的形成，同时也对此设置了否认程序，即在一定时间期限内，存在婚姻关系的一方均可通过诉讼程序来否定现存的被默认的亲子关系。而我们所说的第二种体系往往是在现有的抚养关系当中，有血缘关系的生父对子女的认领，对此也同样设置有确定亲子关系认领无效抑或不存在之诉使不真实的亲子关系归于消灭。总体来说，亲子关系诉讼可以分为否认之诉与确认之诉，如下表所示：

表 2-7

亲子关系诉讼		
亲子关系确认之诉	亲子关系否认之诉	
婚生子女	婚生子女	非婚生子女

所谓亲子关系确认之诉是指确认生父母与非婚生子女之间的亲子关系的诉讼，亲子关系否认之诉则是指有关当事人依法否认亲生血缘的父母子女关系，从而否定相应法律上的权利和义务。下面我们通过一个案例来了解一下亲子关系确认之诉以及亲子鉴定在该种诉讼中所起的作用：

夏某某的法定代理人张敏（化名）与夏雷（化名）原系男女朋友关系，2001 年 9 月两人相识相恋，张敏于 2002 年 6 月至 2003 年 3 月曾居住在夏雷家，2006 年 7 月，张敏怀孕时在外租房居住。后张敏与夏雷因张敏怀孕问题发生矛盾，夏雷及其家人曾要求张敏堕胎，遭张敏拒绝。2007 年 3 月 19 日，张敏生育了夏某某，在夏某某的出生证明父亲一栏上由张敏填写了夏雷的名字。2007 年 7 月 21 日，张敏曾带夏某某至夏雷家，与夏雷及其家人发生纠纷。后夏某某诉至法院，要求夏雷作为其父亲承担自 2007 年 3 月起每月 2 000 元的抚养费至其 18 周岁时止。

为证明张敏与夏雷之间的亲密关系以及夏某某系夏雷女儿的事实，夏某某向法院提供了以下证据：（1）照片一组，证明张敏与夏雷系男女朋友关系；（2）邮件整理稿一份，证明 2006 年 8 月 23 日夏雷发邮件给张敏，要求张敏堕胎；（3）派出所询问笔录一份，证明张敏因夏某某抚养费问题与夏雷的家人发生纠纷，夏雷的妹妹在笔录上证实张敏与夏雷曾是男女朋友，且张敏生了一个婴儿；（4）居委会证明一份，证明张敏在 2002 年 6 月至 2003 年 3 月期间居住在夏雷家中；（5）租赁协议两份，证明张敏与夏雷曾在外租房共同生活；（6）证人张某某的证言，证明张敏在 2006 年 7 月至 10 月租赁其房屋居住，其间夏雷与其母亲曾来找张敏要求其堕胎；（7）居委会干部出具的情况说明，证明居委会在张敏怀孕期间曾应夏雷母亲的请求为张敏未婚怀孕一事做过张敏的工作，要求张敏进行人工流产。①

在法院一审和二审期间，夏雷经合法传唤，均未到庭应诉，也未发表书面辩论意见。

上海市闵行区人民法院经审理认为，夏某某提供的上述证据真实有效，但对夏某某与夏雷间存在亲子关系的证明力不强。根据“谁主张、谁举证”原则，夏某某应当提供相当证据证实其与夏雷的关系。现夏某某未能举证证实张敏与夏雷在 2003 年 3 月之后至 2006 年 7 月亦存在同居关系或两性关系，因此也无法证明夏某某与夏雷存在亲子关系。据此，依照原《民法通则》第 5 条的规定，判决驳回夏某某要求夏雷支付抚养费的诉讼请求。

宣判后，夏某某不服一审判决，向上海市第一中级人民法院提起上诉，认为其举证责任已完成，现夏雷拒绝到庭，无法做亲子鉴定，本案应推定自己与夏雷之间存在父女关系，请求二审法院依法改判。

上海市第一中级人民法院经审理认为，现有证据表明夏某某的母亲张敏与夏雷曾经谈过恋爱，并曾同居，双方关系密切。张敏怀孕后夏雷及其家人曾要求其堕胎，遭张敏拒绝，双方为此产生矛盾。对此，夏某某提供了相应证据证明上述事实，并以其与夏雷之间存在亲子关系为由，提出了要求夏雷支付抚养费的诉请。而夏雷对反驳夏某某的诉讼请求所依据的事实应承担举证责任。现夏雷不到庭应诉，应视为放弃自己的抗辩权利，并承担对其不利的法律后果。鉴于夏某某对自己与夏雷之间存在亲子关系的举证已初步完成，夏某某在本案诉讼过程中申请亲子鉴定，由于夏雷不到庭应诉，本案无法做亲子鉴定，目前夏某某尚年幼，亟需抚养，据此推定夏某某与夏雷之间的亲子关系成立，夏某某为张敏与夏雷所生。根据法律规定非婚生子女享有与婚生子女同等的权利，

① 陆文奕：《亲子关系诉讼中推定规则的适用》，载 http://china.findlaw.cn，访问日期：2024 年 8 月 1 日。

不直接抚养的生父或生母，应当负担子女的生活费和教育费，直至子女独立生活为止。据此，依照《民事诉讼法》第 130 条、第 153 条第 1 款第（三）项、第 25 条和 2001 年最高人民法院《关于民事诉讼证据的若干规定》第 2 条之规定，判决：撤销一审判决主文；夏雷自 2009 年 3 月起按月支付夏某某抚养费 300 元，至夏某某 18 周岁时止；夏雷于本判决生效之日起补付夏某某自 2007 年 3 月至 2009 年 2 月的抚养费 7 200 元。

本案的主要争议焦点在于夏某某与夏雷之间是否存在亲子关系。一般而言，确认亲子关系存在与否的最直接证据就是亲子鉴定意见。而本案中夏雷在一审和二审诉讼期间均未到庭应诉，客观上无法进行亲子鉴定。在一方拒绝配合亲子鉴定检查或缺失亲子鉴定意见的情况下，法院能否依据其他间接证据推定亲子关系成立是本案的审理难点。

对于亲子关系确认之诉中一方当事人拒绝配合亲子鉴定检查即没有亲子鉴定意见予以参考的情况下能否适用推定规则，在之前的司法实践中对此有两种观点：第一种观点主张应严格遵循"谁主张、谁举证"的民事诉讼规则，当事人必须提供充分证据证实存在亲子关系。本案的一审判决即采纳了这一观点。鉴于夏某某仅提供了一些间接证据证明张敏与夏雷曾经存在亲密关系和双方曾为张敏怀孕一事发生矛盾，而未能提供直接证据证实其与夏雷之间存在亲子关系，因此这些间接证据对存在亲子关系的证明力不强，且本案没有条件做亲子鉴定，因此无法认定夏某某与夏雷之间存在亲子关系。而第二种观点则认为涉及亲子关系的诉讼应当有别于一般的民事诉讼，在特定条件下可以适用推定规则确认亲子关系。本案的二审判决即采纳了第二种观点。在夏雷拒不到庭应诉无法进行亲子鉴定的情况下，二审法院依据夏某某提供的间接证据，认定夏某某已初步完成对其与夏雷间存在亲子关系的举证，并结合夏某某尚年幼、亟需抚养的客观条件，推定夏某某与夏雷间存在亲子关系，以此判定夏雷应负抚养之责。

笔者认为，在一方当事人拒绝配合亲子鉴定的情况下，法院在一定条件下可以适用推定规则。在最高人民法院《关于适用〈中华人民共和国民法典〉婚姻家庭编的解释（一）》第 39 条明确，父或者母以及成年子女起诉请求确认亲子关系，并提供必要证据予以证明，另一方没有相反证据又拒绝做亲子鉴定的，人民法院可以认定确认亲子关系一方的主张成立。

从法理学的角度而言，首先，亲子关系证明责任的高标准和亲子关系确认纠纷中直接证据的缺乏，决定了适用推定规则的必然性。亲子关系的确定若单纯依靠一方当事人的举证基本是无法完成的，若法院一味要求承担举证责任的一方当事人提供确实、充分的证据来证明亲子关系的存在，则意味着对这方当事人而言将几乎没有胜诉的机会，这就违背了公平原则；其次，启动亲子鉴定程序须遵循当事人自愿原则。实践中拒绝配合亲子鉴定检查的情况时有发生，这就决定了适用推定规则的必要性。亲子鉴定涉及当事人及关系人的人身权利，须当事人自愿方能进行，由此，如果当事人拒绝鉴定，法院无法直接强制进行。而司法实务中经常碰到当事人因害怕承担败诉后果而拒绝做亲子鉴定的情形，因此有条件地适用推定规则将避免一方当事人为逃避责任而拒绝做亲子鉴定。最后，从保护未成年人利益角度看，如果一味强求一方当事人对存在亲子关系进行举证，在对方当事人不配合亲子鉴定检查的情况下轻易判决否认亲子关系，而忽视未成年子女的实际需要，那么将不利于未成年子女的健康成长。

在亲子关系否认之诉当中又包括两种情况，对于婚生子女否认之诉，如果女方不同意亲子鉴定检查，则代表女方事实上不承认存在婚外受孕的情况；而在非婚生子女认领之诉中，若非婚生子女生母所指认的生父拒绝认领该子女，但又不同意配合亲子鉴定检查的，实际上就表示他否认该子女与自己存在血缘关系。由此可以看出，亲子关系否认之诉中所争议的焦点其实就是子女的真实血缘关系，而对于真实血缘关系的发现与确认，DNA 亲子鉴定无疑是最好的方法。但若遇到对方当事人不愿配合亲子鉴定检查时，笔者认为推定规则应当同样适用。在婚生子女否认之诉中，有一种观点认为：婚姻关系是推定婚生子女的事实基础，凡是婚姻关系存续期间生育的子女，对方不同意鉴定的，都应推定为婚生子女。①这实际上是将传统的婚生子女推定规则作为婚生子女推定的唯一规则，即凡在婚姻关系存续期间受胎或生育的子女，如果丈夫没有法定的否定事由则应推定为婚生的子女。然而在现代科学技术下，由于依传统规则推定不能成为最终结果，依传统规则推定可能会带来极大的危害性和后遗症。比如丈夫提出亲子否定之诉，妻子不同意鉴定时，即作婚生子女认定，但由于这种推定不能成为终局推定，将来可能有三种情况发生：（1）子女懂事或成年后为寻找自己的真实血缘，要求做亲子鉴定，其鉴定结果证明子女与婚姻关系中的

---

① 李木贵：《民事诉讼法（下）》，台湾元照出版有限公司 2007 年版，第 880—881 页。

父亲没有血缘关系；（2）子女的母亲与子女真正的生父共谋，将抚养负担转嫁给婚内丈夫，在子女成年后，没有抚养负担时，则公开子女的真正生父；（3）子女的真正生父要求做亲子鉴定，认领自己的子女。上述情况对男方可能造成如下不利后果：（1）男方因不当抚养子女遭受巨大的经济损失；（2）男方可能因为已有"子女"，再生育的权利受到限制，但当得知子女与自己没有血缘关系的时候，由于年事已高，已丧失了生育的能力；（3）男方可能因此而终身没有子女，即在得知真实血缘后解除了原来婚姻关系中的父子（女）关系，或者虽然在法律上勉强维持父子（女）关系，但终因没有真实血缘关系，而致使父子（女）关系不和，从而造成男方感情上终身的痛苦。

从证据学的角度来看，亲子鉴定意见的特殊性在于它是作为意见证据规则的例外存在的。[①]所谓意见证据是英美证据法的一个规则，是指证人只应就他曾经亲身感知的事实提供证言，而不得就这些事实进行推论。如果证人提供的只是一种分析推理，或者说是一种经验感受，将此作为证据使用便会对法官的判断造成干扰。而亲子鉴定意见是专家借助其专门知识和技术手段所作出的分析，是可以作为证据使用的。当然，并不是所有的鉴定意见都具有证据能力，都可以进入诉讼程序。亲子鉴定意见可以分为诉讼亲子鉴定和非诉讼亲子鉴定。社会亲子鉴定多半是一种非诉讼亲子鉴定，不能产生法律效力。

然而，从当前的审判实务来看，我国目前法律并未禁止社会亲子鉴定机构的设立，其作出的鉴定结论在一定条件下也可能在诉讼中出现。最高人民法院《关于民事诉讼证据的若干规定》第 32 条指出，当事人申请鉴定经人民法院准许后，由双方当事人协商确定有鉴定资格的鉴定人，协商不成的，可以在询问当事人意见后由人民法院指定。这说明只要双方当事人认可，是可以委托具备相应资格的社会亲子鉴定机构进行鉴定的。这也就使得社会亲子鉴定机构作出的结论作为诉讼当中的证据出现成为可能。

从上述多方面的论述可以使我们对鉴定意见，当然包括亲子关系鉴定意见得出如下结论：首先，鉴定是意见证据的例外；其次，鉴定意见解决的是事实问题，而不是法律问题，鉴定人不是法律专家。比如是否患有精神病是事实问

---

① 晏向华：《亲子鉴定热：鉴定制度该如何应对?》，载 http://www.jcrb.com/n1/jcrb1102/ca559044.htm，访问日期：2024 年 8 月 1 日。

题，是否有承担法律责任的能力则是法律问题。因此在鉴定意见中，就不能出现"某人患有精神分裂症，应当承担法律责任"的表述，是否需要承担法律责任不是鉴定机构应当考虑的问题；最后，鉴定意见解决的是某一专业领域的事实，而不是普通事实，必须有专业知识与技能的鉴定人才能解决。

那么，当前精准率如此之高的亲子鉴定意见，是否就可以当之无愧地成为我们判定亲子关系纷争的唯一依据呢？最高人民法院在《关于人民法院在审判工作中能否采用人类白细胞抗原作亲子鉴定问题的批复》（以下简称《批复》）中规定："人民法院对于亲子关系的确认，要进行调查研究，尽力收集其他证据，对亲子鉴定意见，仅作为鉴别亲子关系的证据之一，应当与本案其他证据相印证，综合分析，作出正确的判断。"有人以此否认亲子鉴定的作用。而笔者认为，《批复》的时间是 1987 年，《批复》的内容主要是针对当时利用人类白细胞抗原（HLA）做亲子关系鉴定而言，具有特定性。因而，《批复》对现在的亲子鉴定技术并不完全适用。亲子鉴定的过程大概经历了四个时代：古代通过滴血认亲、现代 A、B、O 血型、白细胞酶型以及现在的 DNA 技术。"滴血相容"毫无科学道理，也就谈不上准确率。而 A、B、O 血型的准确率在 60%—70%，白细胞酶型准确率达 90%。这就是说，利用人类白细胞抗原（HLA）做亲子关系鉴定，准确率只有 90%，尚未达到非常精确的程度。因而，《批复》规定不能将其作为认定亲子关系的唯一证据。而现在利用 DNA 技术鉴定则不同，准确率几乎达到 100%。DNA 鉴定是目前亲子鉴定中最准确的一种，较以往的血型分析和 HLA 分型鉴定方法可靠性高出 10 到 100 倍。如果小孩和被测男子的 DNA 模式在一个或多个 STR 位点不吻合，被测试男子便被 100% 排除他是亲生父亲的可能性。DNA 鉴定肯定概率可达 99.99% 以上。有人质疑：这 99.99%的准确率是实验得来的？还是实践得来的？导致剩下的 0.01% 不准确的原因又是什么呢？中科院北京基因组研究所北京华大方瑞司法物证鉴定中心主任、首席科学家邓亚军博士在回答这个问题时说，99.99% 的准确率是通过概率计算得到的，因为使用的 STR 标记首先是要有一个人群统计学的数据，比如我的 STR在某一个位点的分型，比如是 10 或者 11，而另外一个人在这一点的分型和我一样的概率是多少？然后综合多少个位点得出来的一个统计学数据。因此，根据统计学数据来定，它不可能是一个 100% 的数据，只可能是无限接近 100%。可以精确到 99.999%，一直是 9 的循环，这个 0.01% 的不准确性只是跟概率有关。

概率统计上不可能有 100%。DNA 鉴定是目前国际公认的能够以 99.99% 的准确率进行亲子鉴定的唯一手段。因而，笔者认为在没有需要特殊考虑因素的情况下 DNA 鉴定意见是可以直接作为定案根据的。

　　而所谓的需要特殊考虑的因素则是我们下面要提到的未成年子女的最佳利益原则所导致的相关因素。如前所述，无论是确认亲子关系之诉抑或否认亲子关系之诉，均是以生物学上父子（女）关系是否存在的事实为其证明对象的，这种事实真相的发现，最终所要裁判的是法律上父子（女）关系的存在与否。在诉讼上，通过证据调查如能认定有关亲子关系之间生物学上的自然血缘关系并且能以此作为裁判的基础，将会导致如下结果，即在确认亲子关系之诉中使非婚生子女取得法律上的父子（女）关系，而在亲子关系否认之诉中则使得婚生子女沦为非婚生子女。在审理亲子关系诉讼案件中，我们除了要依据科学的 DNA 亲子鉴定所揭示的生物性血缘关系外，还应当注重考虑平衡血统的真实性与以社会秩序、身份关系的安定性等为重心的公益上的事项和理由，即充分考虑到各方尤其是未成年子女的最佳利益。

　　有这样一个案例：原告邢某与被告崔某某经人介绍相识，1989 年 11 月双方按农村风俗举行了结婚仪式。1990 年 1 月，被告生育一子取名邢某某。近年来，双方因怀疑对方有婚外情而发生矛盾，原告对邢某某是否是自己亲生产生怀疑。2005 年 9 月法院在审理原、被告离婚纠纷一案的过程中，原告向法庭提供了2005 年 8 月哈尔滨市公安局刑事技术检验报告一份，该报告结论为原告邢某与邢某某的亲缘关系不成立。原告请求与被告离婚，因邢某某非其亲生，要求被告崔某某支付 15 万元子女抚养费及精神损害赔偿费 5 万元。被告则称，哈尔滨市公安局出具的亲缘关系鉴定书非法院指定或委托，未征得双方的同意，鉴定的程序不合法。庭审中，原告要求法院再行委托鉴定，被告以原告单方的鉴定行为已经对孩子之健康造成了严重伤害，表示不同意再次进行亲子鉴定。本案主要的争议焦点是：原告单方委托的亲子鉴定报告能否作为认定本案事实的证据，原告邢某与邢某某之间是否存在亲缘关系。

　　本案处理有两种意见：第一种意见认为，该亲子鉴定报告结论应作为认定本案事实的依据，原告与邢某某之间不存在亲缘关系，被告应当支付原告相应的子女抚养费及精神损害赔偿费；第二种意见则认为，根据《批复》的规定，亲子鉴定原则上应当征得双方当事人的同意，现被告及邢某某不同意做亲子鉴定，重新进行鉴定不可能，原告一方委托的鉴定报告不具有合法性，不能作为否定双方亲缘关系的证据，原告的主张不予支持。

法院审理认为，原告邢某未征得被告崔某某及子邢某某的同意，单方委托有关机关进行亲子鉴定，不符合最高人民法院《批复》的规定，鉴定程序不合法，该鉴定报告不能作为定案的依据。另，邢某某已满16岁，即便本案原、被告均同意做亲子鉴定，但因亲子鉴定除涉及原、被告的人身权之外，还涉及邢某某的人身权，根据子女最佳利益原则，理应征求邢某某的意见。同时，即便原告与邢某某之间无血缘关系，考虑到双方存在16年亲子生活的事实与意思，借鉴我国类似判例，认定原告与邢某某之间亲缘关系成立，驳回原告要求被告支付15万元子女抚养费及精神损害赔偿费5万元的诉讼请求。

由此，我们看到亲子关系诉讼案件也并非一味地以追求实质的真实为要务，应当允许法律制度的目的与自然真实之间存在一定的差异和空间。过分地强调亲子鉴定意见在亲子关系纷争当中所起的作用，将亲子鉴定的证明作用神圣化在一定程度上会造成对相关当事人及相关者利益的损害，从而制约亲子鉴定的发展。

第三章　我国亲子鉴定立法概况

第一节　现行亲子鉴定法律、法规及政策

一、最高人民法院 1987 年《关于人民法院在审判工作中能否采用人类白细胞抗原作亲子鉴定问题的批复》关于亲子鉴定的相关规定

最高人民法院 1987 年 6 月 15 日发布的《关于人民法院在审判工作中能否采用人类白细胞抗原作亲子鉴定问题的批复》明确了：鉴于亲子鉴定关系到夫妻双方、子女和他人的人身关系和财产关系，是一项严肃的工作。因此，对要求作亲子鉴定的案件，应从保护妇女、儿童的合法权益，有利于增进团结和防止矛盾激化出发，区别情况，慎重对待。

首先，《批复》明确："对于双方当事人同意作亲子鉴定的，一般应予准许。"该条批复体现了当事人自愿原则。亲子鉴定是公民的一种人身权，受《宪法》和法律的保护，是否做亲子鉴定，是公民对人身权的一种处分；亲子鉴定还涉及社会的稳定与婚姻家庭的稳定和人们之间亲情关系的变化，对双方自愿要求做亲子鉴定的，一般允许。

其次，《批复》明确："一方当事人要求作亲子鉴定的，或者子女已超过三岁的，应视具体情况，从严掌握"，该条体现了对亲子鉴定的从严掌握的原则。亲子鉴定涉及婚姻家庭、财产、名誉等多方面问题，应从有利于建设和睦家庭，有利于社会稳定，有利于子女成长的方面出发，从严掌握。

再次，《批复》明确："对其中必须作亲子鉴定的，也要做好当事人及有关人员的思想工作。"该条体现了保护妇女儿童利益，从维护家庭和谐稳定的原则出发，区别对待。

最后，《批复》还明确："人民法院对亲子关系的确认，要进行调查研究，

尽力收集其他证据。对亲子鉴定意见，仅作为鉴别亲子关系的证据之一，一定要与其他证据相印证，综合分析，作出正确的判断。"该条要求法院在审理亲子纠纷案件时要充分将亲子鉴定结果与其他证据相印证，综合判断作出适当判决。

该《批复》发布于 1987 年，其积极作用不言而喻，具体表现在以下几方面：第一，《批复》注重对未成年子女利益的保护，尽可能使亲子关系纷争当中的子女尤其是未成年子女的利益不受到社会上及法律上的损害。第二，《批复》强调法院的职权探知主义，尽力收集其他证据；第三，《批复》坚持区别情况、慎重对待的原则。体现了原则性与灵活性的统一，对法院就亲子鉴定的必要性所实行的司法审查具有高度的指导意义。然而，在当今角度看来该《批复》尚具有一定的局限性。主要表现在：第一，《批复》坚持当事人自愿原则，规定对于双方当事人同意做亲子鉴定的，一般应予准许。但是，亲子关系纠纷案件属于身份关系案件的范畴，由于这类案件大多涉及社会公益，原则上，这类案件应当实行法院职权探知主义审判方式，而不实行辩论主义审判方式，因此，对当事人之间的意思自治要予以一定限制。可见，最高人民法院在《批复》中所确定的进行亲子鉴定应征得双方当事人同意的原则与此相抵触。也就是说，对于亲子关系纠纷案件是否采用亲子鉴定的方式，不能根据当事人的意思自治，而应当根据个案的具体情形；第二，从总体上来看，《批复》所规定的内容在相当层面上显得过于笼统、含糊其词，对于当前纷繁复杂、类型多样的亲子关系纠纷案件而言缺乏可操作性；第三，目前，利用 DNA 鉴定技术使得肯定生物学父子关系的准确率在 99.99% 以上，否定生物学父子关系的准确率则更高，几近100%。而《批复》所规定的有关亲子鉴定意见的证明效力与准确率如此之高的鉴定意见相差甚远。在审判实务上，在许多情形下，只要依据鉴定意见即可对相应待证事实予以确认，倘若有其他可替代性的证据方法，采用亲子鉴定的必要性就不存在了。事实上，在具体的纷争当中，只有当申请亲子鉴定的一方当事人提出初步表面性证据之后，法院才有可能据此作出进行亲子鉴定的决定，以防止当事人通过采取促使法院进行亲子鉴定的方式来从事证据摸索。①

为适应审判实务上的迫切需要，最高人民法院有关民事审判难点的指导性

---

① 毕玉谦：《对我国目前在亲子鉴定问题上基本取态的反思》，载《中国司法》2011 年第9 期。

意见传承了《批复》的基本精神，对亲子关系纠纷案件中请求确认亲子关系之诉架构下构成证明妨碍的条件加以确定，具有一定的积极意义。但其存在的不足和欠妥之处也是显而易见的，主要表现在：

第一，因亲子关系纠纷案件涉及当事人及关系人各方尤其是未成年子女的利益以及社会公益，因此，实行以法院职权探知主义为主导的诉讼模式。在具体案件当中，是否有必要进行亲子鉴定，在当事人提出申请后即便是取得了对方当事人的同意，也应由法院权衡各方利益后作出判定。鉴于此，在是否进行亲子鉴定问题上，该指导性意见继续无条件地贯彻最高人民法院上述《批复》所确立以双方自愿为原则的做法是有欠妥当的。

第二，如果将其中所表述的"有相当证据证明被告为非婚生子女的生父或者生母"，理解为已达到"足以使法官产生内心确信"被告为非婚生子女的生父或者生母的程度，那在这种情形下也就没有进行亲子鉴定的必要，因为法院在司法审查当中对亲子鉴定必要性的审查涉及采用这种证明方法是否具有可替代性，或者说是否具有唯一性。因为采用亲子鉴定应坚持严格、慎重的原则，因此，在法院依职权进行证据调查时认为即使不采取亲子鉴定也可以对待证事实形成内心确信时，就应当作出不准许进行亲子鉴定的决定。

第三，因亲子关系纠纷案件涉及人的身份关系的安定性及社会公益、社会秩序的重大利害，因此，实行以法院职权探知主义为主导与以辩论主义为补充的诉讼模式。非负证明责任一方当事人拒不履行鉴定的证明协助义务，首先侵害的客体是法院依职权调查证据所依赖的司法秩序与司法权威，其次才涉及侵害对方当事人证明权的问题。因此，不宜单纯从证明责任分配法则的角度来加以衡量，从而使得形成该指导性意见的第二条理由显得不甚恰当。

第四，该指导性意见主要涉及请求确认亲子关系之诉的案件类型，在法院以职权探知名义作出进行亲子鉴定的决定之前，不宜对作为原告的举证人提供的证据提出过于苛刻的要求。

第五，该指导性意见在表述上亦存在一定的逻辑缺陷，例如，所谓"如果被告不能提供足以推翻亲子关系的证据，又拒绝作亲子鉴定的，应当推定其亲子关系成立"，我们知道在亲子关系纷争中，所谓的"亲子关系"，本来就是需要通过充分的证据来加以证明并经法院确认的待证事实，在未经证明并经法院确认之前，这种"亲子关系"尚不存在，因此，不能出现"提供证据足以推翻"

之说。

在审判实务上，请求确认亲子关系之诉与请求否认亲子关系之诉属于亲子关系纠纷案件中的两大基本类型。在亲子关系否认之诉的案件类型中，除了向法院申请以亲子鉴定的手段作为获取证据的方法之外，作为原告方的举证责任人还会提供其他证据材料对相关需要确认的事实使法官获得内心确信，例如，作为原告的举证人所提供的证据能够证明如下事实：在该非婚生子女的生母受胎的合理期间内，其在某一监狱服刑，或者旅居海外，或者服兵役、无生殖能力，或者自身存在生理缺陷而不能发生性关系、已实施男性结扎术等情形。在亲子关系否认之诉中，作为原告的举证人只要提供能证明上述情况的证据材料，在审判上就很有可能具有排他性的证明效力，便于法官就原告与被告之间不存在生物学上的亲子关系形成内心确信而作出相应的事实认定，这样就使得亲子鉴定在作为一种证明方法时具有可替代性而非唯一的，此时，即便是在亲子鉴定意见缺失的条件下同样可以实现实体真实主义。值得注意的是，在亲子关系否认之诉中，作为原告的举证人所提供的证据是用来推翻法律上有关亲子关系的推定，即我们通常所说的婚生子女推定制度，因此它具有较高的证明要求。另外，应当注意的是，在审判实务上，即便是在亲子关系否认之诉中，在总体上而言，作为原告的举证人能够提出上述证据的情形仍居于少数。相比之下，在亲子关系确认之诉中所遇到的情形则不然，这是因为在这种类型案件的诉讼中，作为原告，主要是指非婚生子女的举证人在根本上很难提供充分的证据来直接证明其与被告之间具有亲子血缘关系的事实。即便原告历经周折最终能够提供证据来证明被告在其生母合理的受胎期间内与其生母发生过性关系，但是在法官看来，这一证据仍不足以排他性地证明其与被告之间存在真实的亲子血缘关系，由此使得亲子鉴定作为证明方法在亲子关系确认之诉中具有唯一性和不可替代性。在这种情形下，为了保护非婚生子女的合法权益例如受教育权、抚养权、享有财产继承权以及知悉其出身的权利等，以避免其生父逃避这种社会责任与义务，只要原告能够提供一些初步证据或必要线索，使得法官认为具有某种可能性时，法官就应当以证据调查为由向被告发出要求其协助亲子鉴定检查的指令。因此，为了防止被告进行证据摸索而动辄向他人提出确认亲子关系之诉，虽然法院可以事先要求原告提供有关初步证据材料，但却不宜提出过于苛刻的要求，只要构成必要的线索而非无端猜测即可。在上述指导性意见中，将原告即非婚生子女以及他（她）共同生活的父母即"一方有相当证据证明被告为非婚生子女的生父或者生母"作为被告拒绝配合亲子鉴定检查而推定其亲子关系成立的重要前提条件之一是欠妥当的，原因在于这一规定存在一定的偏差，即因亲子关系纠纷案件受法院的职权探知主义所主导，在原告申请法院进行亲子鉴定的情形下，原告提供有关证据是为了促使法院批准其鉴定申请并向被告发出协助鉴定的指令，这种举证行为及其证明效果与法院是否应当推定亲子关系的成立无关。

后来，随着涉及非婚生子女案件的大量出现，最高人民法院在 1998 年作出了针对非婚生子女确认之诉案件的专门批复，即《关于在确认非婚生子女生父中男方拒作亲子鉴定如何处理的答复》，指出："在确认非婚生子女案件中，应当由原告承担举证责任。被告（男方）如果否认原告证明的结论，应提供相应的证据；若其不能证明自己不是非婚生子女的生父，法庭认为有必要的，可以要求其进行亲子鉴定。被告如果拒绝做鉴定的，法庭可根据查证属实并排除第三人为非婚生子女生父的证据，推定原告的诉讼请求成立。"该批复对于法院审理非婚生子女的确认之诉案件中所涉及的亲子鉴定问题提供了一定的参考，但因为其专门针对非婚生子女，适用范围有限。

二、《全国人民代表大会常务委员会关于司法鉴定管理问题的决定》

2005 年 2 月 28 日，第十届全国人大常委会第 14 次会议高票通过了《全国人民代表大会常务委员会关于司法鉴定管理问题的决定》（以下简称《决定》），并于当年 10 月 1 日起实施。《决定》虽然仅有 18 条，却在社会上引起了很大的反响。《决定》旨在建立统一的司法鉴定管理体制，对鉴定机构的设置、鉴定人员的职责、义务以及鉴定人和鉴定机构从事司法鉴定业务的行为准则等作了较为系统的规范，具体反映在以下几个方面：

首先，基于鉴定机构的中立性、公益性的性质，《决定》排除了侦查机关根据侦查工作的需要设立的鉴定机构面向社会接受委托从事有偿鉴定服务及法院和司法行政机构部门自设鉴定机构的情况，明确了司法鉴定这种服务行为既不属于行政行为，也并非检察和审判职权范畴，司法鉴定机构不依附于任何一个司法机关，更加强调了鉴定机构的中立性。

其次，对于鉴定机构的设立及鉴定从业人员的执业准入条件，《决定》第 4、

5 条予以了明确规定，申请设立司法鉴定机构的，《决定》规定了四个条件，其中着重强调"有在业务范围内进行司法鉴定所必需的依法通过计量认证或者实验室认可的检测实验室"为必备的条件之一。《决定》第 4 条则明确规定了作为司法鉴定人所需具备的职称、学历及所学专业的限定、从事相关工作的年限等。《决定》出台之前，我国对鉴定机构实验室及设施的相关规定一直处于空白状态，对于从事鉴定的从业人员要求也过于宽松，就《决定》中相关规定看来，对于实验室要求必须依法经过计量认证，对于鉴定从业人员亦从各方面提高了准入标准，这对于司法鉴定（包括亲子鉴定）而言无疑是一种进步。

再次，《决定》对于鉴定人员的职责和义务作了明确规定，《决定》明确：司法鉴定实行鉴定人负责制度；鉴定人应当独立进行鉴定，对鉴定意见负责并在鉴定书上签名或盖章；多数人参加的鉴定，对鉴定意见有不同意见的，应当注明。同时，基于上述规定的鉴定人负责制，《决定》还规定了鉴定人的出庭作证义务，即"当事人对鉴定意见有异议的，经法院依法通知，鉴定人有出庭作证的义务"。

最后，鉴于司法鉴定的管理属于司法行政工作的范畴，对于鉴定机构主管部门，《决定》明确规定：国务院司法行政部门主管全国鉴定人和鉴定机构的登记管理工作；省级司法行政部门负责对鉴定人和鉴定机构的登记、名册编制和公告。对于鉴定人及鉴定机构的违规操作行为由当地的司法行政部门予以处罚。当然，《决定》对于司法行政部门管理工作的行为准则也作出了相应的规定。

笔者认为一项政策或制度的出台，其对于该领域健康发展的积极推动作用是不可否认的，就《决定》而言，在对鉴定人员负责制度上是一项很大的进步，在该项规定未出台之前，我国对于鉴定机构出具的鉴定意见采用的是鉴定机构负责制，但只要稍作分析便不难发现，所谓的鉴定机构负责其实就等同于无人对鉴定意见负责，这种机制很可能导致司法鉴定意见不够客观或公正的不利后果。而《决定》明确了鉴定意见的个人负责制度，这不仅促使鉴定人员不断提升自身的业务水平，工作责任心亦会随之增强，因为这将涉及自己的名誉乃至执业资格的维持，同时，此项规定对于鉴定意见公正及客观性的提高也起到了很好的促进作用。以上仅是该《决定》所起到的积极作用之一，在除此之外的很多方面，《决定》的积极作用都不容忽视。

当然，现在看来《决定》还存在一定的缺陷，它对于司法鉴定的启动没有予以明确规定，我国目前司法鉴定的启动其实分为三种方式：第一种是由侦查或者检察机关启动的指定相关鉴定机构进行的鉴定，第二种是在诉讼审判过程中由法院启动的委托有资质的鉴定机构进行的鉴定，第三种则是由当事人启动的自行前往鉴定机构进行的鉴定。在这三种鉴定的启动模式当中，当事人自行委托是程序正义的应有之义。但对于亲子鉴定而言，它具有与其他鉴定不同的特点，所以在个人委托方面应适当加以限制。

三、《民法典》及其相关解释对亲子鉴定的规定

亲子关系主要表现为一种身份，身份的确定是父母子女之间形成权利义务关系的必要条件。因此，世界各国普遍规定了亲子关系推定规则，使得子女自出生之时就能被确定其法律意义上的父母，及时得到抚养、照料和保护。然而，通过考察我国自 1950 年《婚姻法》至现行《民法典》的相关规定可知，我国并没有对亲子关系的推定规则明确规定。但通过观察 2001 年《婚姻法》第 25 条和现行我国《民法典》第 1071 条规定可以发现，我国《民法典》第 1071 条对"子女"的表述继续沿用"婚生子女"和"非婚生子女"，且与 2001 年《婚姻法》第 25 条一样，强调非婚生子女享有与婚生子女同等的权利。由此可见，即使在"一元论"模式盛行，国际社会强调贯彻消除子女身份歧视的立法理念的浪潮下，我国依然以关系作为区分子女身份的依据，父母的婚姻关系依然是影响亲子关系确定的因素之一。

与国外相比，我国在亲子关系认定方面的制度建设起步较慢，我国 2001 年《婚姻法》没有对亲子关系确认或否认的法律问题作出规定，直到 2011 年 8 月《最高人民法院关于适用〈中华人民共和国婚姻法〉若干问题的解释（三）》（以下简称原《婚姻法解释（三）》）发布才对亲子关系否认或确认的法律问题有所涉及。原《婚姻法解释（三）》第 2 条规定了在亲子关系否认之诉或确认之诉中，当一方当事人已提供必要证据，另一方当事人没有相反证据又拒绝进行亲子鉴定时的亲子关系推定规则。该条主要适用于因自然血亲形成的亲子关系，其立法目的在于解决在审判过程中因一方当事人没有直接证据证明案件事实，另一方当事人又拒绝进行亲子鉴定时形成的诉讼僵局。当待证事实真伪不明时，通过法律推定使得法官所认定的案件事实与案件真相在最大程度上相符。与此同时，该条也肯定了有关当事人可以通过诉讼请求确认或否认亲子关系。

虽然该条为如何在诉讼中推定亲子关系提供了法律依据，但与亲子关系确认或否认相关的实体性规范依然缺位。

我国《民法典》亲子关系制度的建立，弥补了原《婚姻法》中亲子关系的缺漏，成为《民法典》婚姻家庭编的亮点之一。亲子法律制度包括亲子关系的确认和否认，《民法典》及其相关解释对该制度予以规定的条文有二。其一，《民法典》第 1073 条规定："对亲子关系有异议且有正当理由的，父或者母可以向人民法院提起诉讼，请求确认或者否认亲子关系。对亲子关系有异议且有正当理由的，成年子女可以向人民法院提起诉讼，请求确认亲子关系。"其二，2021 年起施行的《最高人民法院关于适用〈中华人民共和国民法典〉婚姻家庭编的解释（一）》（以下简称《民法典婚姻家庭编解释（一）》），其中第 39 条规定："父或者母向人民法院起诉请求否认亲子关系，并已提供必要证据予以证明，另一方没有相反证据又拒绝做亲子鉴定的，人民法院可以认定否认亲子关系一方的主张成立。父或者母以及成年子女起诉请求确认亲子关系，并提供必要证据予以证明，另一方没有相反证据又拒绝做亲子鉴定的，人民法院可以认定确认亲子关系一方的主张成立。"这是对原《婚姻法解释（三）》的规则的延续。

我国《民法典婚姻家庭编解释（一）》中，对诉讼当中亲子关系的认定制定了相应的规则，从立法目的上而言，是为了通过亲子鉴定这一可采信的证据来解决在婚姻家庭诉讼中亲子关系的认定问题。具体而言，该规则在进行亲子关系认定时，把其和亲子鉴定的行为结合起来，并设定了一个亲子关系推定模式。这样的设定体现了我国科学技术的发展，以及婚姻家庭司法诉讼的实践发展，凸显了我国在法律实践上和理论上的进步，开始逐步与世界上其他国家的先进立法部分相呼应。[1]

自我国《民法典》生效之后，2001 年《婚姻法》的相关法律规定成为《民法典·婚姻家庭编》的一部分。其中，我国《民法典》第 1073 条首次在法律层面对亲子关系否认或确认作出了相关规定。该条肯定了父、母或成年子女在亲子关系否认或确认方面的诉权。但是，我国《民法典》对亲子关系否认或确认的法律规定仅此一条，且该条规定的表述较为简单，可以视为亲子关系否认或

---

[1] 顾继云：《民法框架下亲子鉴定研究》，载《法制博览》2022 年第 7 期。

确认的原则性规定，其他与亲子关系否认或确认相关的内容仍然缺位，并未能形成系统的亲子关系认定制度。因此，该条还有很多细节需要进一步完善。此外，原《婚姻法解释（三）》第 2 条的内容被我国《民法典婚姻家庭编解释（一）》第 39 条所吸收。第 39 条规定的请求主体为"父、母或成年子女"，与我国《民法典》第 1073 条规定的主体保持一致，该条为亲子关系否认或确认之诉的推定规则。

四、其他关于亲子鉴定的立法

首先，目前与人工辅助生殖技术有关的法律规范主要集中在行政法领域，具体如我国原卫生部于 2001 年发布的《人类辅助生殖技术管理办法》《人类辅助生殖技术规范》和 2003 年修订的《人类辅助生殖技术和人类精子库伦理原则》。这几部行政规章的出台是为了对人工辅助生殖技术进行规制，规制的内容主要侧重于人工辅助生殖技术的运用以及技术安全方面，如规定禁止买卖配子、合子和胚胎；禁止医疗机构及人员实施代孕技术等，对于因人工辅助生殖技术形成亲子关系的法律问题并没有涉及。其中，我国原卫生部于 2003 年修订的《人类辅助生殖技术和人类精子库伦理原则》中规定了接受人工辅助生殖技术的夫妻，必须自愿且术前签署同意书。并且肯定了人工辅助生殖子女享有与自然生殖子女同等的法律权利和义务。但由于我国原卫生部所发布的这几部法律规范为行政规章，相对于法律、行政法规，其立法的效力层级较低，因此在实践中能够发挥的作用十分有限。

其次，随着社会人口老龄化趋势明显，为刺激人口增长，我国决定对实行多年的"独孩"政策进行调整，全面放开二孩政策，并对《人口与计划生育法》进行修订。其中，2015 年《人口与计划生育法（草案）》（以下简称《草案》）曾对买卖生殖细胞、胚胎以及实施代孕技术作出了禁止性规定，但在《人口与计划生育法》正式通过时却取消了这一规定。这一做法无疑让社会民众产生了猜测。不少民众以及学者认为我国取消"禁止代孕"的规定是间接地承认了代孕的合法性，因"法无禁止即自由"。取消禁止代孕的规定亦不等于间接地承认代孕合法。基于现有的立法现状而言，只能说我国目前在法律层面上尚未对代孕及其形成的亲子关系有具体的态度。

再次，虽然人工辅助生殖技术出现已久，但我国在私法上一直未对人工辅助生殖技术带来的法律问题进行调整。在我国《民法典》颁布前，最高人民法院曾在 1991 年 7 月 8 日《关于夫妻关系存续期间以人工授精所生子女的法律地位的复函》（以下简称《复函》）中提到，在婚姻关系存续期间，当事人一致同意以人工辅助生殖技术所生的子女为其婚生子女。虽然该《复函》的法律拘束力仅涉及个案本身，但对于如何认定人工辅助生殖技术所形成的亲子关系具有指导意义。然而，在我国《民法典》正式实施后，我国《民法典婚姻家庭编解释（一）》第 40 条吸收了《复函》的内容，即我国正式确立了人工辅助生殖子女的法律地位。

最后，由于全球化趋势不断发展，世界各国间的交往、合作更为紧密，涉外婚姻和涉外同居的现象较为常见，随之而来的是涉外亲子关系的普遍化。为了应对涉外亲子关系带来的法律问题，《涉外民事关系法律适用法》（以下简称《法律适用法》）第 25 条规定了父母子女关系的法律适用，但该条规定仅针对亲子之间的人身和财产关系。除此之外，该法没有其他与亲子关系认定有关的规定。然而，在《法律适用法》通过之前，我国曾在 2002 年《民法（草案）》第九编"涉外民事关系法律适用法"中的第 65 条至第 67 条对亲子关系的法律适用进行了规定。①其中，《民法（草案）》第 65 条和第 66 条与现行《法律适用法》第 25 条规定的内容大致相同，都是关于父母子女的人身关系和财产关系的冲突规范；第 67 条则规定了非婚生子女认领的冲突规范。虽然第 67 条针对的对象是非婚生子女，且使用"非婚生子女"的表述过于陈旧，未能迎合现代亲子法倡导的消除子女身份歧视、维护子女最大利益的立法潮流，但至少第 67 条是一条有关亲子关系确认的规定，可惜的是该条规定在《法律适用法》制定时并未予以采纳，因此，关于亲子关系认定的法律适用规则依然缺位。

第二节　地方亲子鉴定法律文件概述

近年来，全国各地法院民事审判庭受理的关于亲子关系纷争的案件数量不断增加，加之部分省市在对未成年子女随父母落户，甚至是出具《出生医学证明》等在我国具有法律效力的重要医学文书时均需要提供亲子鉴定证明，例如

---

① 何祥：《涉外亲子关系推定与否认法律适用研究》，载《政法学刊》2015 年第 1 期。

北京市卫生局2010年2月8日发布了《关于进一步加强出生医学证明管理的通知》，规定凡是在助产医疗机构外出生的婴儿，其《出生医学证明》由北京妇产医院负责签发。从2010年7月1日起，办理助产机构外出生的《出生医学证明》时，领证人须提供法定鉴定机构有关亲子鉴定的证明、身份证和户口本原件及复印件，并填写助产机构外《出生医学证明》首次签发登记表。暂且不论各地诸如此类之规定是否合理合法，不可否认的是这些规定更加使得与亲子鉴定密切相关的纷争数量急剧增加，而各地对于亲子关系纷争的处理方式亦有所差别，应运而生的是各地关于亲子关系及亲子鉴定的各不相同的相关法律文件规定，接下来我们对几个较具代表性的地方性法律文件稍作解读分析。

一、江苏省法院在审理亲子关系纷争案件过程中形成的思考意见

《江苏省高级人民法院民一庭民事审判指导与参考2007年第3集（总第31集）》对于婚姻家庭案件审理中若干问题的思考当中关于亲子鉴定部分表述如下：

亲子鉴定在医学上并非难事。但由于鉴定涉及婚姻、家庭、子女人身权利和财产权益，涉及当事人的隐私，故在诉讼中应当慎用。对于一方提出申请，对方也同意的，人民法院一般应当予以准许；对于一方提出鉴定申请，而对方不同意或拒绝配合鉴定的，人民法院能否运用证据规定进行亲子关系推定的，则应慎重。我们认为，可将实践中发生的亲子关系认定分为两类，针对不同的类型采取不同的处理方法：

1. 有合法婚姻关系的父母与子女的亲子关系认定

我们认为，只要是婚姻关系存续期间出生的子女，均应当推定为亲子关系，除非否认方提出了确切的证据。只有在否认方（申请人）完成了行为意义上的举证责任，提供了足够的基础证据，如对方与他人通奸、子女血型与己不符等证据，足以使法官产生内心确信的基础上，方可准许否认方的亲子鉴定申请。如果相对方（被申请人）拒绝配合亲子鉴定，依照最高人民法院《关于民事诉讼证据的若干规定》第75条"有证据证明一方当事人持有证据无正当理由拒不提供，如果对方当事人主张该证据的内容不利于证据持有者，可以推定该主张成立"的规定，相对方（被申请人）无正当理由拒不配合鉴定，属于法律上规定的证据持有者拒不举证的情形，依法应当承担不利于己的法律后果，可以推定不存在亲子关系。

2. 无合法婚姻关系的男女与子女的亲子关系认定

男女双方有过同居生活，女方以所生子女与男方有亲子关系为由要求进行亲子鉴定的。我们认为，如果女方能够提供足够的基础证据，人民法院应当准许其鉴定申请。如果男方拒不同意鉴定，构成了证据持有者妨碍举证的情形，应当承担不利于己的后果。在此，鉴定亲子关系的实质，不是为了保护男女双方的利益，而是为了维护子女的合法权益。因此，男方拒绝进行亲子鉴定即应当由其承担该项事实不证明的不利后果，推定子女与男方存在亲子关系。

江苏省高级人民法院 2005 年 10 月 17 日关于适用《中华人民共和国婚姻法及司法解释若干问题的讨论纪要（征求意见稿）》当中对于亲子鉴定方面的规定主要体现在以下几条：

一是亲子鉴定应当以双方自愿为原则。

二是申请亲子鉴定的一方应当完成相当的证明义务。在一方拒绝做亲子鉴定的案件中，提出亲子鉴定主张的一方应当承担与其主张相适应的证明责任。只有申请人完成了行为意义上的举证责任，足以使法官产生内心确信的基础上，才能够请求进行亲子鉴定。在司法实践中，要正确掌握申请亲子鉴定一方的证明责任，合理及时把握行为意义上举证责任转换的时机，是判定亲子鉴定中举证妨碍的重要条件。既不能过分强调申请一方的证明责任，也不能轻视或忽略申请一方的证明责任。总之，要避免亲子鉴定的随意化。

三是举证妨碍的认定条件应当从严掌握。如果被申请人拒绝做亲子鉴定，导致亲子关系无法确认的，在同时具备以下条件时，应当推定对其不利的事实成立：（1）提出申请的一方应当是亟待抚养和教育的非婚生子女或与非婚生子女共同生活的父母一方；（2）提出申请的一方已经完成了与其请求相当的证明责任；（3）被申请人提不出足以推翻亲子关系存在的证据；（4）被申请人拒绝做亲子鉴定。

从江苏省上述关于亲子鉴定方面的思考意见我们不难看出，早在 2005 年江苏省对于亲子关系纷争当中关于亲子鉴定的举证妨碍制度的适用便提出了较为深入透彻的分析和建议，这对于后来全国各省市在审理类似案件的实务操作上有着很好的借鉴作用，对于之后出台的原《婚姻法解释（三）》的相关规定亦发挥了重要作用。

二、深圳市中级人民法院关于审理婚姻案件的指导意见（试行）

在深圳市中级人民法院 2007 年 6 月出台的《深圳市中级人民法院关于审理婚姻案件的指导意见（试行）》当中有两条与亲子鉴定有关的规定，具体如下：

第 22 条：亲子鉴定应当以双方自愿为原则，婚生子女原则上应推定亲子关系成立，但另一方有相反证据足以推翻亲子关系的除外。非婚生子女以及与其共同生活的父母一方有相当证据证明另一方为非婚生子女的生父或生母，且非婚生子女本人尚未成年，亟需抚养和教育的，如果另一方不能提供足以推翻亲子关系的证据，又拒绝做亲子鉴定的，应当推定其亲子关系成立。

第 23 条：婚姻关系存续期间，一方与他人发生性关系而生育子女并隐瞒真相，另一方受骗而抚养了非亲生子女，其中离婚后给付的抚养费，受骗方要求返还的，可酌情返还；在夫妻关系存续期间受骗方支出的抚养费用应当返还，根据具体情况而定。

对于形成上述指导意见的原因，深圳市中级人民法院专门在《关于〈审理婚姻案件的指导意见（试行）〉的说明》（以下简称《说明》）当中予以了阐述：

首先，《说明》表示，第 22 条是对亲子鉴定能否强制以及如何适用推定的规定。本条解决的是在请求确认或者否认亲子关系的诉讼中，一方要求做亲子鉴定，另一方不予配合，应当如何处理问题。实践中主要有两种观点：一种观点认为，亲子鉴定涉及人身，不能强制；但是如果一方申请做亲子鉴定，另一方无正当理由拒不同意做亲子鉴定的，依据 2001 年最高人民法院《关于民事诉讼证据的若干规定》第 73 条第 2 款、第 75 条，可以推定对其不利的事实成立。另一种观点认为，最高人民法院《关于人民法院在审判工作中能否采用人类白细胞抗原作亲子鉴定问题的批复》中规定亲子鉴定应采用人类白细胞抗原作亲子鉴定不能强制，而且不能根据 2001 年最高人民法院《关于民事诉讼证据的若干规定》第 75 条的规定进行推定。因为适用推定，事实上就是强迫另一方必须接受亲子鉴定，违反了自愿的原则，有可能侵犯人权。最高人民法院民一庭经集体讨论形成的倾向性意见是：亲子鉴定时，在一定条件下可以推定亲子关系成立。亲子鉴定中举证妨碍的认定条件应当从严掌握。

另外，对于第 23 之规定，《说明》表示该条是对男方受欺骗抚养非亲生子女离婚后可否向女方追索抚养费的规定。最高人民法院在 1992 年 4 月 2 日《关于夫妻关系存续期间男方受欺骗抚养非亲生子女离婚后可否向女方追索抚养费的复函》中认为"在夫妻关系存续期间，一方与他人通奸生育子女，隐瞒真情，另一方受欺骗而抚养了非亲生子女，其中离婚后给付的抚育费，受欺骗方要求返还的，可酌情返还；至于在夫妻关系存续期间受欺骗方支出的抚育费用应否返还，因涉及的问题比较复杂，尚需进一步研究"。

通过对《深圳市中级人民法院关于审理婚姻案件的指导意见（试行）》及相关《说明》的研读分析，不难看出深圳作为我国最早的经济开发区在经过了多年与亲子鉴定相关的婚姻家庭案件审判实务的积累，在相关案件的实际审理过程中形成了颇具操作性的指导意见，即举证妨碍情况下的推定制度。同时，对于亲子关系否认之诉当中，非生物学意义上的父亲所支付的抚养费的追诉问题也形成了相关指导意见，这无疑是以经济补偿的方式对于在亲子关系否认之诉中受欺骗的男方当事人遭受感情伤害后的一丝安慰。

三、山东省高级人民法院关于印发全省民事审判工作座谈会纪要的通知之相关规定

山东省高级人民法院 2005 年 11 月 23 日《关于印发全省民事审判工作座谈会纪要的通知》对于亲子关系纠纷当中推定制度的适用也予以了表述，即关于亲子关系案件的认定与处理问题。近几年，随着我国社会主义市场经济的发展和人民生活水平的提高，婚姻家庭中父母子女之间的关系发生了一系列动态变化，造成确认子女与父母之间血缘关系的案件有所上升。由于父母与子女之间的血亲关系仅靠法官的知识和经验是很难判断的，因此，涉及亲子关系的案件多数需要通过鉴定加以解决，但亲子鉴定因涉及身份关系，必须稳妥慎重，原则上应以双方自愿为原则。但是如果非婚生子女以及与其共同生活的父母一方有相当充分的证据证明未与非婚生子女共同生活的父或母为非婚生子女的生父或者生母，且非婚生子女尚未成年，需要抚养和教育的，如果未与非婚生子女共同生活的父或母不能提供足以推翻亲子关系的证据，又拒绝做亲子鉴定的，应当推定其亲子关系成立。

为获取我国各省市关于亲子鉴定方面的法律文件，笔者翻阅了大量的资料，然而最终也仅仅查找到上述寥寥几条，且均系数年前之意见，可见相关规定缺失之严重。综观上述几地之相关表述，笔者发现大都集中在对于相关案件中遭

遇举证妨碍时推定制度的适用问题，对于其他有关亲子鉴定的规定并未涉及，作为一名从事司法鉴定工作多年的人员，笔者不免感觉有些失落，也不免反思在亲子鉴定技术飞速发展的同时，与其相关的法律制度为何迟迟得不到完善，那么指导法院裁判相关案件的依据何在，怎样能确保此类案件裁决的客观公正呢？

第四章 境外国家在亲子鉴定方面的法律制度及启示

第一节 概 说

在亲子关系问题甚至是更为具体的亲子鉴定问题上，发达国家已形成了一套较为完善的法律体系，且各具特色，有许多值得我国借鉴的优秀经验。就亲子关系当中的法律推定制度而言，许多国家均设定了相关制度，随着现代社会的不断发展，亲子关系的推定制度除了可以维护身份关系的安定性以及家庭关系和睦，有助于及时确定子女与生父间的身份关系等这些传统上的功能与目的之外，在必要的现实情况下，这种制度还有利于有关当事人隐私权及子女的最佳利益的保护，并且可有助于避免因追求自然血缘关系所造成的社会成本。

无法避免的是当一项制度在维护一部分人利益的同时，必将会对另一部分人的利益产生影响，就亲子关系推定制度而言，由于是采取推定来确认法律意义上的亲子关系就有可能出现与事实真相不相符的情况，这也就导致了法律意义上与生物学意义上的亲子关系不一致的现象，由此便导致相关当事人以诉讼方式希望通过法律途径推翻之前的推定结论，即我们通常所说的亲子关系否认之诉，而用于规范亲子关系否认之诉的相关法律制度中的亲子关系否认制度恰恰与之前所述的推定制度相对应，很多国家均通过立法赋予利害关系人否认权，即允许当事人通过提起否认之诉的方式来决定是否在司法上能够推翻之前的法律推定。然而，相关当事人否认权的滥用，不但会对家庭关系的和谐与稳定造成不利后果，还会严重影响业已存在的（经法律所推定的）亲子之间身份关系的安定性，甚至损害到子女的最佳利益。因此，各国对于相关利害关系人提起的亲子关系否认之诉的案件，大都予以了一定限制，并在实务中采取审慎的态度。

而对于亲子鉴定意见在亲子关系诉讼当中的运用问题，各国法律规定各异，部分国家从保护子女的最佳利益和有关当事人的隐私权出发，注重维护身份关系稳定性，允许在审判实践中根据个案具体情形，淡化亲子鉴定作为证据的证明作用，作出与生物学亲子关系不同的法律意义亲子关系的认定。其实，无论是亲子关系确认之诉，还是亲子关系否认之诉，都是以生物学上或父母子女关系存在与否的事实作为证明对象的，即最终所要裁判的是法律上父母子女关系是否存在。在诉讼过程中，若能通过调查取证如亲子鉴定技术认定有关亲子之间生物学上的自然血缘关系并将此作为裁判的基础，在亲子关系否认之诉中其结果将会使婚生子女沦为非婚生子女，而在亲子关系确认之诉中其结果将会导致非婚生子女取得法律上父母子（女）关系。从许多国家的审判实务来看，在亲子关系纷争案件中，实行的是一种有限的实体真实发现主义，此有限性来源于司法审查所作出的限制性判断，实质而言，此有限性会受到以实体法为基础的社会公共政策及司法原则的限制。也就是说，在诉讼实践中，亲子关系的确认并非完全以血缘关系事实即生物学意义上的父母子女关系来作出判断，而是允许生物学上的父母子女关系与法律意义上的父母子女关系存在一定的距离，这种做法的目的在于维护未成年子女的最佳利益以及婚姻家庭的和谐与稳定。对这种案件事实真相的认知，也可将其界定为信赖真实主义的体现。笔者也倾向于在审理亲子关系诉讼案件中，应当注重综合考虑身份关系的安定、社会秩序的稳定与血统的真实性等为重心的公益上的事项和理由。亲子关系纷争案件应当允许法律制度的目的与自然真实之间存在一定的差异与空间，并非一味以追求实质的真实为要务。

另外，对于在亲子关系纷争当中一方当事人拒绝配合亲子鉴定检查时的强制检查义务问题，很多国家在相关法律中亦予以规范。当然，各国对于亲子鉴定的强制检查义务的法律规定各有不同，有些国家采取直接强制的方式，有些国家则采取间接强制，部分国家更倾向于强调自由主义的诉讼观念，对于拒绝检查的一方当事人采取不利推论的方式，既使得申请一方当事人的利益得到了保障，也充分保障了被申请一方当事人在诉讼中的自由权。

鉴于我国目前有关亲子鉴定法律制度的缺失状态，笔者认为诸多发达国家关于亲子关系的法律规定已相对较为成熟，对相关国家此类法律规范的认真研析，必定会对我国形成亲子鉴定法律体系起到很好的借鉴作用。接下来笔者想从几个方面对当今部分发达国家的有关法律规范作一些比较分析，期盼能对我国的相关立法提供略微参考。

第二节　境外国家关于亲子鉴定法律规范形成的背景与发展过程

任何国家法律体系的形成与发展都与其历史文化背景息息相关，亲子鉴定法律规范在各国的形成与发展过程亦各不相同，从而催生出了原则、程序以及实体各具差异的相关法律规范，下面我们分别对美国、英国、日本以及德国相关法律规范的形成与发展过程稍加解读分析，以便随后对上述各国关于亲子鉴定的各项法律制度能有更为深入的认识和了解。

一、美国关于亲子关系法律规范的形成与发展

美国关于亲子法的基本原则经历了从之前所谓的"家庭安定性"或者说是"父母之利益"为优先考虑的法学理念转变为以"子女的最佳利益"为中心的理念。这种法学理念的改变，我们可以通过以下两个方面分析得知：首先，在立法方面，联邦为维护子女之利益，制定了亲子关系的统一法律作为各州家族立法确定亲生父亲的标准；其次，从近年来美国的判例倾向分析，确立了在处理亲子关系纷争时子女（不论是否为婚生）所拥有的权利包括：亲生父母之知情权、亲子关系之否认权以及要求父母切实履行由亲子关系而须承担的一系列义务等。实际上自1970年以来，美国联邦及各州议会亦是通过修正法律以彻底保护子女利益，并强化父母对子女之义务。1973年，州法律全国统一委员会公布了《统一亲子法》（Uniform Parentage Act 1973），确立了"法律上无婚生或非婚生子女之别，婚外子女权利应予以同等法律保护"的指导原则。①

如果从法律政策的观点来理解分析并确定亲子关系问题，我们可以发现美国所面临的非婚生子女急速增加的社会现象与其他发达国家基本相同，随着此

① 邓学仁、严祖照、高一书：《DNA鉴定亲子关系争端之解决》，台湾元照出版社2007年版。

种非婚生子女人数及与之相关的离婚案例的增加，单亲家庭，尤其是未婚妈妈的单亲家庭享受社会福利的援助之比例也急速增加。对于这种现象，美国联邦议会以及各州的议会为了达成彻底的保护"子女利益"及强化责任的目的，再加之财政预算等方面的因素，迫于削减社会福利的支出的压力，各州政府纷纷修正相关法律以加强父母子女关系是否存在的确定力度。

另外，美国在判例对于推翻婚生推定的反证方面，不但采取"证据优越性"的标准，更是通过积极采取科学证据，建立确认亲子血缘的科学标准，使得婚生推定从难以推翻的强力推定改变为以科学鉴定意见推翻的事实推定。[①]

基于上述立法原则的转变以及 1994 年批准的《联合国儿童权利条约》，美国对国内法予以了修正，尤其是在对亲子关系的相关法律的修正上，切实贯彻了"子女最佳利益"的基本原则，将过去法律上的"婚生"概念彻底删除，取而代之的则是"亲子关系推定"之相关规定，即不再以父母的婚姻关系为推定父母子女关系的唯一依据，而是积极运用 DNA 亲子鉴定的科学手段得出的结论证明亲子关系的存在与否。

二、英国关于亲子关系法律规范的形成与发展

随着英国亲子关系事件的日趋递增，使英国政府面临着越来越多棘手又亟待解决的社会问题。为此，英国政府对于相关亲子关系法令的制定与修正向来就不曾懈怠。早在 1969 年英国即颁行《家庭法改革法令》（Family Law Reform Act 1969）对亲子关系纷争予以规定：只要是关涉亲子关系、父母身份确定的诉讼案件，不论是亲子关系否认之诉还是确认之诉，不管哪一方当事人提出申请，法院即可以此申请发出指令而进行亲子鉴定；但遵照指令提取附属于一方当事人身体的血液、毛发等鉴定样本必须以其本人同意为前提，且该指令仅以适用于亲子关系诉讼为限；若遇被鉴定人不遵法院指令时，法院得依该拒绝遵守指示之行为进行适当的事实推定。

英国 1969 年《家庭法改革法令》之理念是对遗传学、生物学进步成果表示信赖，倾向于真实的血统主义，并以消除婚生子女与非婚生子女间的差别待遇、尊重子女知悉真实的重要性以及血缘上之父母而应担负的抚养义务的认识，并

---

① 陈苇主编：《外国婚姻家庭法比较研究》，群众出版社 2006 年版，第 308 页。

以此作为该法的基本立场。

自 1985 年 DNA 鉴定发明之后，司法审判中对于由 DNA 技术的发展所出现的新问题又引发了英国 1987 年在关于亲子关系纷争处理上的法律修正。将《家庭法改革法令》中所谓"血型鉴定"改为"科学鉴定"，而 DNA 技术则成为"科学鉴定"的方式之一。这也是英国司法应现代科技发展而进步的表现。早在 1987 年英国即已制定有关利用 DNA 确定亲子关系之法律，该法不但承认 DNA 鉴定的证据能力，还认为 DNA 鉴定对于确认生父比之前的血液鉴定更为正确且有效。

1989 年英国颁布的《儿童法》中，对于亲子关系纷争方面的规范则有了更多方面的修正，并在之前基础上增加了更多内容。《儿童法》中除了再次明确在亲子关系诉讼中，法官可以基于当事人申请，抑或根据审判需要直接依其职权发出指令，要求在规定期限内，从被指令者的身上提取一定的身体样本，进行能够为"生物学或遗传性特征之真实确定"的科学鉴定。

对于法院以什么为依据来签发鉴定的指令，英国在学理和实务上均倾向于以"子女最佳利益保护"原则作为第一序位的衡量基准。即是说，即使在法院依职权指令的亲子关系鉴定时，虽然没有争议双方当事人的申请，但法院出于虑及子女最佳利益的保护，便可裁处执行科学鉴定。比如，在"请求确认亲子关系之诉"中，生物学意义上的亲生父亲提起诉讼，要求认领与之有真实血缘关系的子女。若其血缘亲生子女现在所处的家庭生活祥和、安定，且该子女当前法律上的父亲不仅对其进行着无微不至的抚育、良好的教育，将之视为己出，甚至在今后亦会一如既往。此等情状下，法院便可不许可此血缘父亲提出的科学鉴定之申请。由此可以认为，子女最佳利益自是凌驾于真实主义或血统主义之上。在 1996 年颁布的《英国家庭法》中，对子女最佳利益保护原则更是作出了倾向性的特别规定——对子女来说，知悉亲生父母为谁之真相甚为重要，可避免因其怀疑自身血统而致无可预测的重大不利后果。因此，在子女为原告提起的生父确认之诉中，法官随时可以发出指令而实行强制性的科学鉴定。

三、德国关于亲子关系法律规范的形成与发展

德国在第二次世界大战前的纳粹时期，实施阿利安人的种族净化政策，有关血统争执的场合，为确定子女的血统，于《血统、民族调查及血液检查法》

中采取强制性验证的特别规定。不过，这个于 1938 年颁布的特别时期之法律对于现今德国亲子关系方面的影响已不得而知，现行德国法的背景是否与纳粹时期有关，各学说上至今仍尚有争议。

依据瑞士的相关文献记载，联邦德国在 1950 年后便开始在亲子关系诉讼中倾向承认强制的检查协助义务，而当前德国民事诉讼法律当中关于亲子鉴定的协助义务是依据 1969 年 8 月 19 日《非婚生子女法律地位法》修正而成。对德国关于亲子关系法律制度稍作解读便不难发现，在科学鉴定技术的不断发展进步下，德国立法注重追求血统主义以及客观主义的立场，重视人事诉讼程序上有关实体真实之发现。

四、日本关于亲子关系法律规范的形成与发展

有日本学者在对日本昭和 31 年最高法院的判例予以评价的过程中便指出："法医学对于亲子血缘，虽有可能百分之百地证明其不存在，但却无法百分之百地证明其存在。因此，不能仅仅依赖医学上的鉴定方法，而需要综合其他主客观的事实间接推断亲子关系的存在与否。须知形成法律上的亲子关系，尚应考虑对于家庭、家族乃至社会的影响，加以法律上目的性的价值判断。从保护非婚生子女的立场与维持生父名誉及家庭和平的立场，对于亲子关系存在与否有不同的价值判断。"因此"亲子关系的认定，在法律上应加以何种程度的证明为必要，是一个极为困难的问题，一方面须借助医学上的技术，另一方面则须有判例的累积方可构建明确的基准"。[①]虽然上述评述主要针对的是过去亲子关系鉴定意见的准确度不足的问题，却也意识到法律价值判断与科学上真实的冲突点。日本最高法院之判例在保护未成年子女福祉及女性（非婚生子女之生母）上固然迈进了一大步，但依据间接事实与间接证据推认主要事实的方式，在"真实的尊重"上却难免令人有不足之感。

现行日本法制就国家公权力介入家事纷争及子女监护的领域，在制定家事审判法时将过去许多必须遵循民事诉讼或人事诉讼处理的案件，均改为依家事审判案件处理即非诉化处理，并采取调解前置主义，要求所有关于家庭的纠纷在起诉前必须先经过家事法院的调解，这种调解制度以非公开的方式进行，

---

① 张晓如：《日本家事法院及其对我国的启示》，载《比较法研究》2008 年第 3 期。

采取职权主义加以简化，有利于迅速且灵活地处理相关家庭纠纷。①在日本采用此制度处理亲子关系纠纷的情况下，委托进行亲子鉴定的比例仅占到纠纷数量的十分之一，可见这一解决亲子关系纷争的制度是值得我们思考和借鉴的。

第三节　境外国家就亲子鉴定在程序上的法律规定与启示

一、亲子关系纷争中亲子鉴定启动的法律规定与启示

谈到亲子鉴定的启动，在各国法律的相关规定中不可不提到的便是法国法律对于亲子鉴定启动主体及途径方面的规定。

法国法院为调查证据而命令相关人员进行亲子鉴定时，由法官依职权裁量鉴定的方法，然而若要进行 DNA 鉴定，则必须遵从法国 1994 年制定之《生命伦理法》中极为严格的规定。

法国《民法典》第 16 条第 12 款规定："实施 DNA 鉴定，应限于裁判程序中紧急调查、证据调查，或是科学研究、医学等目的。"②因此，在法国进行DNA 鉴定必须受到目的性的限制，不得任意实施。在民事纠纷中，DNA 鉴定仅限于确定亲子关系纷争以及诉请抚养费的纠纷当中。更有甚者，DNA 鉴定在法国不仅只能在调查证据时使用，而且在使用时还必须事前得到利害关系人的明确同意。由此，我们假设在法国一丈夫怀疑妻子出轨，若想通过合法的 DNA 鉴定来确认亲子关系的真实性，只能通过亲子关系之诉，由法官依职权发出命令方可实施，若该男子通过审判外的途径自行实施 DNA 鉴定，则会受到刑事上的处罚。

就 DNA 亲子鉴定在亲子血缘关系的证明力而言，法官可以自由心证依据鉴定结果认定事实，作出其认为正确的判决。当然，以当前亲子鉴定意见的高度精确性，很难想象法官会违背鉴定意见的结果而作出判决。因此，即使法官依法享有裁量权，但事实上，诉讼的结果仍常常受 DNA 鉴定结果左右。

就 DNA 亲子鉴定的实施而言，为确保其高度专业性的分析品质，且尊重个

---

① ［日］梶村太市：《家事审判制度研究》，有斐阁 2007 年版，第 56 页。
② 《法国民法典》（上），罗结珍译，法律出版社 2005 年版，第 280 页。

人隐私以及人体不可分的原则，DNA 鉴定的实施限于数个研究中心方可为之。再者，依据法国《民法典》第 16 条之规定，得实施鉴定的人仅限于受到认可或者登录进鉴定人员名册当中的人，否则即构成违反法律规定进行 DNA 鉴定，不但要受到刑事处罚，有鉴定资格的人员还会从登录名册中予以除名。①

从上述规定可以看出，在法国个人是不可以自行委托进行 DNA 亲子鉴定，而且未经许可的机关和个人也不得进行鉴定，只有法官在调查证据时，才有权实施。

与法国的相关规定不同，根据日本的相关法律规定，在日本可以启动亲子鉴定的途径包括三个，分别为：（1）当事人个人委托；（2）法官根据案件调查的需要发出指示或依一方当事人申请而发起；（3）依调查官的意见而进行 DNA 亲子鉴定。

法国对于 DNA 鉴定虽然始终坚持谨慎的态度，但从中可以充分体会到其作为证据上所具备的价值，因此，与其说法国对于 DNA 鉴定进行了严格甚至说是苛刻的规制，不如说是对 DNA 鉴定作为现代科技手段的一种肯定，而且在实务上亦积极建立了关于 DNA 鉴定的运用规则。相较之下，不管是在日本或是我国，个人均有权委托进行 DNA 亲子鉴定，完全放任 DNA 鉴定的实施，反而会造成许多不必要的家庭纷争，甚至增加人伦悲剧的发生概率，因此，笔者认为，在亲子鉴定的启动主体及途径的规定上，法国是相当值得我们思考和借鉴的。

二、亲子关系纷争处理程序的法律规定、实务及启示

亲子关系事件应依照什么程序处理，取决于一国身份关系特性的重要立法政策问题。亲子身份关系的本质绝非简单的结合，其核心要素在于自身目的的结合。且亲子关系未被表现于法律的部分，毋庸是全体亲子法的基础。

日本《家事审判法》特别规定亲子关系的纷争必须先经过人事调解程序，导入强化国家监护职务的思想，进行人际关系的调整。调解前置的设计，不但是达成妥善解决纷争的必要手段，同时也能发挥调解程序的司法功能，促进迅速及简易解决亲子关系事件的纷争，适度减轻法院的负担。日本家事法院中实

---

① 《法国民法典》（上），罗结珍译，法律出版社 2005 年版，第 280 页。

施 DNA 鉴定的案件，大部分属于《家事审判法》第 23 条的审判案件。从东京家事法院平成 3 年至平成 7 年（1991 年至 1995 年）就亲子关系事件中实施亲子鉴定的统计情况可以看出以当事人合意作为前提的第 23 条审判时，实施亲子鉴定的比例约为 10%。

日本家事审判程序中的调解程序之所以能发挥司法及人际关系重整的功能，在于把握身份关系的本质。经过家事法院调查必要事实，并听取调解委员会的意见，经法院调查证据，认为当事人间的合意为正当时即告成立。从保护利害关系人的诉讼权利而言，上述审判程序限于未经申明异议，始生与确定判决同一之效力。若调解程序中当事人未达成合意，或者该审判因申明异议而失效时当事人仍可以根据《家事审判法》之规定通过人事诉讼程序进行解决。

可以看到目前各国在关于亲子关系纷争的处理程序上仅有日本引进了调解前置程序，这种解决程序一方面可以有效调整当事人之间的人际关系，另一方面又发挥了司法功能，能更圆满地达到在实体法上所追求的保护未成年子女及维持家庭稳定的目的。在减轻法院审理负担的同时，对司法鉴定将会引发的相关问题也起到了很好的缓解作用。这对于我国在探索有关亲子鉴定的法制问题有着很大的借鉴作用。

第四节　境外国家在亲子鉴定强制检查义务方面的法律规定与启示

亲子关系问题既然是以人类社会生活基本身份的确定为目的，为赋予相关审判的权威性就必须尽可能地基于客观资料尤其是科学结论来还原事实，即采取真实发现主义。由此，DNA 亲子鉴定意见作为亲子关系纷争裁判的证据之一，在审判实践中的作用越来越受到重视，而随着鉴定技术的不断发展进步，精确性亦不断得到认可，相关当事人为避免因亲子鉴定结果而承担不利于自己的责任，逃避检查义务的事件屡有发生，由此便产生了亲子鉴定强制检查义务之规定。对此各国法律规定各有不同，但基本可以分为"直接强制""间接强制"以及"不予强制"三种。下面我们对较有代表性的几个国家的相关法律规定予以解析。

一、德国关于亲子鉴定强制检查义务的法律规定

德国关于亲子鉴定强制检查义务规定于德国《民事诉讼法》第 372 条 a 项，即《民法典》第 1591 条及第 1600 条的规定，符合下列四项要件时，得直接强制当事人或第三人进行血液检查：（1）血液检查仅限于血统确认的必要，即检查的必要性；（2）根据科学上承认的相关原理，该项血液检查可以使事实亲子关系予以明朗，即证明事实的可能性；（3）血液检查的方法和结果要充分考虑被检查人对于检查所期待和承受的可能性，即承受期待的可能性；（4）血液检查的方法不能伤害被检查人的健康，即方法的适当性。①

从上述德国法律的相关规定可以看出其在对于亲子鉴定强制检查义务所采取的是直接强制的观点，从比较法的角度而言这属于较为极端的立法。其立法旨意系基于对血液检查重要性的高度强调，出于对事实血缘关系的确定之必要，被检查者没有正当理由是不能拒绝协助检查的。对于负有协助检查的主体则涉及法律所规定的"任何人"，具体包括当事人或相关当事人，在不同案件中由法院依职权确定。而对于所谓"拒绝协助检查的正当事由"则包括：（1）采用的非科学上所承认的检查方法；（2）检查的结果将导致超出被检查人所期待的可能性；（3）协助检查有害于被检查人的健康。下面我们通过德国法兰克福高院所判决的案例对于上述理由第二点予以解析：原告 D 请求确认被告 C 男系自己的亲生父亲。C 男否认在 S 女受孕期间曾与其发生过两性关系，法院遂命 C 男的弟弟 A 男协助进行血液检查。A 男以若协助血液检查将会产生 C 男受到刑事责任追诉的结果为理由拒绝协助此次血液检查的要求。法院最终判决：即使存在上述可能性，证人 A 男也不得拒绝协助血液检查。原因在于 A 男的血液检查结果仅仅会起到提高或是减少 C 男生父可能的盖然性，并不能直接得出 C 男生父一定成立的结论，因此从 A 男的检查结果无法直接导致 C 男受刑事责任追诉的结果，故两者不存在直接的因果关系，在此种情况下不构成拒绝协助检查的正当理由。

二、日本关于亲子鉴定强制检查义务的法律规定及实务

日本在其人事诉讼程序上明文限制辩论主义，采取的是严格的职权探知主

---

① 《德意志联邦民事诉讼法》，谢怀栻译，中国法制出版社 2000 年版，第 91—92 页。

义，根据日本相关法律规定：当事人的自述不发生法律效力，并且同时排除了有关拒绝提出文书、勘验物时所拟制的真实规定的适用。因此，在相关当事人拒绝协助检查时，根据日本法律规定非但不可以对其实施直接强制，甚至连间接强制的行为也不得实施。在日本，法院根据当事人申请而指令"当事人或者是相关第三人提供血液、毛发等用于检验"被定性为：该接受指令者应当履行的"协助勘验义务"，该义务不仅包括了内容上的"提供血液、毛发等检证物"和"接受并协助勘验"两个层面；而且，这种"义务"属于法定的一般义务属性，且此种"协助勘验义务"并不是完全地适用于亲子关系事件。正如日本新《人事诉讼法》所规定的，包括亲子关系事件在内的人事诉讼中仍采行职权探知主义，对于勘验或勘验物提出之一般义务履行并不受制于一般民事事件上的第224条、第229条之4款、第240条等规定。也就是说，在亲子关系诉讼中，法官不能因为一方当事人拒绝检查或拒绝提供检查所需要的检验物而推定另一方当事人所主张的事实为真实，而对于"提供检证物及协助进行勘验的义务"的拒绝履行行为，仅能以辩论旨趣而作为法官自由心证的参考，更不得以举证规则或事实推定而作出不利于拒绝义务履行当事人的事实认定或判决。

然而，在日本的实务审判中，各法院的做法与上述立法及法律诠释并不完全一致。如在请求认领子女的诉讼中，法官由于亲子鉴定结果的缺失而难成内心的心证确认，而义务相对人又不予配合、协助的情况下，法官常常会作出不利于协助义务人的事实推定，即使此种推定对被鉴定者略显不当，也会依此而作出判决；这种做法虽然会有违背真实情况之嫌，但同"因其不协助检证而缺失科学根据而无以判决"相比较，这种事实推定的做法似乎也并无不当。值得注意的是，同样的推定情形在日本的审判实务中对于亲子关系否认之诉的纷争的处理却不能适用。即在婚生子女的亲子关系否认之诉中遇到被检查者拒不履行协助义务的情况，法院则不能以举证责任进行事实推定，也不能因此而发生举证责任的置换。如此操作的理由在于否认婚生子女之诉其根本意欲在于推翻法律上的婚生子女推定，即使主张者已经提供了足以被任何人所信赖，又不为任何人所怀疑的事实证据材料，且法官也能依据所有的证据材料达到内心的确信心证，还是不能以此作出亲子关系存在与否的事实推定，而是要依托运用科学技术手段得出的鉴定意见所最终确认的事实才能作出最后的判决。由此，法官依职权或当事人申请，指令提供检验物以及协助并接受鉴定的检查义务之履行则成为日本下级法院在处理该类型亲子关系纷争的最后依赖。

总体而言，不管是什么类型的亲子关系纠纷，当前日本学界的普遍观点认为：根据日本现行立法精神，无论是亲子关系的否认之诉还是亲子关系的确认之诉，出于最大限度地获取该亲子关系是否真实存在的"事实真相"的目的，法官若基于当前已有的证据材料已经能形成一定确认心证之判断，则可以经当事人申请或依职权而努力促使被申请者协助鉴定检查之义务的切实履行；如若遇到检查义务相对人无正当理由的情况下拒绝履行其检查协助义务，则法官可以作出不利于被检证者的事实推定，或者以证明妨碍或违反告知义务而作举证责任置换处理。

三、对于境外国家强制检查义务相关法律制度的比较

对于亲子鉴定中强制检查义务的法律规定除了上述两种较为极端的立法，即德国之直接强制与日本的完全自由意志之外，还存在如瑞士采取间接强制立法的相关规定，对于拒绝履行强制检查义务的，其诉讼法规定可处以罚款，并且依据瑞士《刑法》第292条关于"命令不服从罚"之规定可以对拒不履行上述义务实施拘留措施，或实施将检查义务人带至检查室等刑事上的拘传方式。但瑞士不承认以抽血为目的的直接强制。

再看英、美、法等国关于强制检查义务之立法，均比较强调自由主义的诉讼观念，认为亲子鉴定等需要通过抽血等手段予以鉴定的行为，经义务人同意方可实施，义务人作为当事人在诉讼上的自由应当受到保障，DNA等科学性鉴定涉及相关当事人身体的完整性，如果采取直接强制的方式，无疑是对其人身自由的一种侵害，尤其是法国1994年制定了《生命伦理法》后，在对DNA鉴定的使用上便呈现了加强限制的趋势。而对于检查义务人无正当理由拒绝履行检查义务的情况，上述国家则采取不利益推定的方式，即义务相对人无正当理由拒绝配合法院之DNA鉴定指令的，法院可以依其拒绝履行义务之行为，推定出不利于义务当事人的事实。

下面，我们通过下表对德国、瑞士、英国以及日本关于强制鉴定义务予以比较：

表4-1

规定项目\国家	相对义务人	鉴定的内容	必须配合鉴定的情况	拒绝配合鉴定的正当事由	无正当理由拒绝鉴定的处罚	法条依据
德国	所有人均有义务，具体人由法院依职权对义务人决定	血液型鉴定为主，兼顾其他	为确定血统所必须时，如亲子关系确认之诉、亲子关系否认之诉及其他情况	1.非科学上所承认的检查方法；2.超出检查期待的可能性；3.鉴定有害于义务人健康	对于没有正当理由拒绝鉴定的可采取直接强制措施，甚至可以强制到场	《民事诉讼法》第372条a项（1969年修订）
瑞士	当事人及第三人	亲子鉴定	仅限于为确定子女血统之必要时	鉴定会对义务人健康产生危害时	1.不服从配合检查义务的，可拘留或罚金；2.不得实施直接强制；3.对于没有理由逃避的，须负损害赔偿义务	《民法典》第254条第2款（1976年）
英国	诉讼当事人	血液等科学性鉴定（包括DNA鉴定）	确认诉讼当事人之间亲子关系存在与否	1.会危害义务人健康；2.违反子女利益的情形；3.输血后三个月；4.抽血无意义时	1.拒绝履行义务时法院可作出不利的推论；2.法院强制检查的命令无强制性；3.对于妨害鉴定者可以处以拘留	《亲属法》修正法第20条至第25条（1969年法及1987年、1989年修正）
日本	诉讼当事人	血缘鉴定（包括DNA鉴定）	亲子关系确认及否认之诉	当事人自由意志	不得采取直接强制，甚至不可采取间接强制	《人事诉讼法》第10条、31条、32条；《民事诉讼法》第316条及317条

综上，各国关于强制鉴定的法律制度各有不同：德国《民事诉讼法》采取最为严格的直接强制方式；相反地，日本在其《人事诉讼法》上则特别明文规定排除有关拒绝提出文书、勘验物时所设拟制的真实规定的适用。因此，日本在实务判决中遇当事人拒绝协助亲子鉴定之检查义务时，非但不得对之直接强制，甚至不可实施间接强制。除了上述两种极端的相关立法外，亦有像瑞士立法采取秩序罚及拘留、传讯等间接强制方式。比较各国有关相关立法，笔者认为英、美、法等国的立法最值得我国参考。即义务相对人没有正当理由拒绝配合法院要求配合鉴定之义务时，法院得依职权就其拒绝履行义务的行为，作出对义务人不利的事实推断。

第五节　境外国家法律对亲子鉴定
在亲子关系事件中的地位之规定

亲子关系纷争如何公平、妥善地解决，原则上固然是事实的问题，但同样也是证据的问题。因此，解决亲子关系纷争的基准便同各国法律对于科学性证据如何评价息息相关。

一、美国法律关于亲子鉴定在亲子关系纷争中作用的相关规定及实务

基于《联合国儿童权利条约》而修正的美国国内法，特别是民法与民事诉讼法，在立法上注重贯彻"子女最佳利益"的基本原则，将之前民法上的"婚生"概念予以删除，取而代之的则是"亲子关系推定"之规定，即父母婚姻关系的存续不再作为亲子关系推定的唯一因素，而是积极运用科学技术鉴定手段对亲子关系予以证明。

在美国亲子关系审判实务中，过去大多数州的普通法采取曼斯菲德的（Lord Mansfield's）原则，不得推翻婚生子女的推定，以此来强化婚生推定，从而达到维护家庭安定性的作用。相反，依据美国当前的判例理论，子女有知悉其出生，并从父母处获得亲情的权利，认为从"子女最佳利益"原则出发，通过科学鉴定所得之证据的运用，子女的利益比父、母或者受推定的父亲之利益更为优先。即在亲子关系纷争中，由法官根据个案的类型来决定是否发出血缘鉴定的指令，以丈夫提起的否认婚生子女之诉为例，"否认婚生子女之诉"即是

要推翻如下婚生子女的法律推定情形：（1）子女在父母结合的婚姻存续期间出生；（2）子女在父母婚姻关系中止的合理期间内出生；（3）婚前受孕、婚后出生的子女，且经该婚姻中的父亲所认领的；（4）亲生父母各自婚姻，但已经被生父认领的。上述几种情况系普通法规定的婚生子女强制性推定情形，如果要推翻，必须及时提出否认婚生子女之诉讼请求，否则便会受到"禁反言（estopped）"之拘束；同时，在提出上述诉请时还必须提供真实可靠、足以令人信服的证据。如果当事人在诉讼中向法院提出进行血液或遗传基因等鉴定申请，法官则可以"无可置疑、令人信服的证据"还不能形成内心确信，指令进行血缘鉴定，但不得强制执行。

另外，在确认亲子关系的诉讼中，对于采用证据的标准，美国联邦最高法院认为不以"明白且确实的证明"为必要，而是应当以上述"证据优越性"为标准，由双方当事人所提出的证据加以判断，例如在由子女提起的请求认领之诉中，原则上应依靠亲子鉴定等科学方式使谁系该子女之血亲的事实真相明朗化，由于大多数情况下，亲生父母的抚养对于子女的成长最为有利，无论其智慧或愚钝、贫穷或富有，只要对子女的身心健康不会造成伤害，均希望由子女之血亲与其共同生活，这是子女享有的亲权、知情权的最基本前提。从法理上而言，这也是遵从子女最佳利益保护理念，即认定子女的利益优先于被检查当事人的利益。因此现今美国各州法规对于亲子关系的存在与否以"证据优越性"为基准的规定是符合美国宪法修正案的相关规定的。

基于美国上述审判实务动向，可以看出美国确立了积极运用DNA亲子鉴定作为解决亲子关系纷争的原则。对于DNA鉴定结果作为证据的容许性及信赖性，美国相关法院在处理亲子关系纷争案件时判示：在确定亲子关系纷争的程序中，DNA鉴定是被允许并且可信赖的证据方法。

此外，从上述美国法院的见解观察，类似于英国，美国也规定有禁止亲子关系诉讼的情形——依照衡平法上的亲等（equitable parent）原理，即在确认亲子关系是否存在的纷争中，若生父结果的揭晓符合子女最佳利益原则，受诉法院则承认DNA鉴定结果作为证据资料。相反，若在亲子关系纷争中，子女不愿知悉生物学上的父亲，或者揭晓其生物学上的父亲会对子女的现有利益造成不利影响，即不符合子女的最佳利益原则，例如，子女与当前法律上父母间虽无血缘关系，但却具有亲子生活的事实及意思表示，且现今的父母切实履行了其作为监护人的抚养义务，给予子女良好的生活环境及教育，则法院可运用衡平法理，承认"衡平法上的双亲"，而拒绝采用科学证据解决纷争，在法律上维持该婚生子女的地位，且不得变更。据统计资料显示，1993 年，全美随单身母亲生活的子女中有三分之二处于"官方划定的贫困状态"，而同期与双亲生活的仅有 10%；比较糟糕的是，1983 至 1993 年的 10 年间，未婚妇女的生育率增长了70%；还有糟糕的情况则是，全美疾病控制中心在 1994 年的一份报告中指出的——在 1992 年，尽管 13 至 19 岁女性的生育率有所下降，但 1986 至 1992 年间的未婚妇女的生育率还是净增了 27%。以上是造成美国儿童贫困并令人担忧的主要原因所在，若虽非血统上的亲生父亲，却能给予子女良好的抚养和教育，出于子女最佳利益原则考虑，法官则可禁止没有抚养能力的亲子关系认领纷争进入诉讼程序，并对其申请亲子鉴定的请求不予支持。①

二、日本关于亲子鉴定在亲子关系纷争中作用的相关学说及实务

日本审判实务及学界对于亲子鉴定在处理亲子关系纷争时的地位，基本可以归纳为三种不同的见解。

第一种观点为绝对必要说。东京高等法院（东京高判平成 7 年 1 月 30 日）的裁判认为：通过对婚生子女的否认之诉来否定法律上的亲子关系，必须提供能使所有人都认可并且信赖的科学性证据，如果仅仅依靠供述证据等相关间接证据及间接事实作出亲子关系是否存在的推定，即便是上述间接证据及事实已达到确信程度的心证，还是无法排除婚生推定。以上判决所采取的科学证据绝对必要之见解在日本法学界引起了不小的争议，科学证据绝对必要的学说是以DNA 亲子鉴定技术的不断发展进步为背景的，赞成该学说的学者认为应当以DNA 亲子鉴定的科学结论作为亲子关系纷争案件的裁判依据，从而从根本上取代之前以供述心证为证据中心的审理方式。因此，采取科学鉴定意见作为证据是婚生推定否认制度以及认领制度改革中不可缺少的重要过程。

第二种观点为诉讼类型说。日本学者水野教授认为亲子关系纷争在法院的诉讼过程中，指令亲子鉴定具有侵害当事人隐私权的危险，由此主张"遗传基

① Gilding，M.（2004）. DNA Paternity testing without the knowledge of the mother：New technology. new choice，new debates，Family matters：68.

因的咨询，是个人隐私中的隐私，必须谨慎看待这个问题，即使是子女的父母亲，要求子女进行遗传基因的鉴定也应当严格加以限制，亲子鉴定应仅限于解决亲子关系纷争所必须的最小限度内方可以实施"。由此观点所指导的审判实务，即在亲子关系纷争的处理过程中对于科学鉴定在裁判上的运用，要取决于亲子关系纷争之类型，并且要求 DNA 亲子鉴定不能有损子女的利益。实质上就是，实务中必须以亲子关系纠纷发生的阶段为标准，明确限定可以利用科学鉴定意见进行裁判的纷争类型，完全杜绝当事人自己主张进行的亲子鉴定要求。

第三种观点为具体事由说。该观点认为在亲子关系纷争中，负有举证责任的一方当事人已完成了其举证义务，尚不能达到证据信赖性之确定心证时，法院才可以指令对方当事人配合进行亲子鉴定检查。

三、上述规范及实务带来的启示

通过对美国法院对于 DNA 亲子鉴定在亲子关系纷争中所起作用的见解来看，在确认亲子关系是否存在的纷争中，若揭示血亲父母符合子女的最佳利益时，受诉法院即承认 DNA 鉴定意见作为证据资料的作用。相反，若在亲子关系纷争中，子女不愿知悉血亲父母，或是揭示血亲父母并不符合子女的最佳利益，则对于亲子鉴定作为证据资料的作用不予认可。该法例可谓是在处理亲子关系纷争时排除血缘亲子关系的限制性及救济性的法理。笔者认为，自然血缘是亲子关系的要素无疑，但亲子关系的确认还需建立在子女尤其是未成年子女的最佳利益之上。美国除了积极运用 DNA 科学鉴定技术作为亲子关系纷争处理的证据方法，同时也运用衡平法则追求子女的最佳利益，这是我国在相关立法及实务审判中应当注意并可予以借鉴的。

而对于日本的上述三种学说观点及实务操作，笔者认为三种观点都有其相应的理论基础，但根据当前实质推定婚生效力的亲子法理念以及适当平衡双方当事人利益的观点，第三种观点更值得我们参考。

第五章　对我国亲子鉴定法制化的初步构想

随着亲子关系纷争的日益增多加之 DNA 鉴定技术的不断发展进步，作为依托于 DNA 科学鉴定技术之上的亲子鉴定越来越得到广泛认可及信赖，从当前的诉讼实务上分析，不论是当事人或是法院对于 DNA 亲子鉴定作为辨明亲子关系真实情况的有效性作用也都予以了普遍的认可。由此，亲子鉴定在亲子关系纷争当中的关键性角色已是不言而喻。然而，对于已得到如此普遍性运用的科学技术鉴定，目前社会上却存在众多的法律问题争议，其中较为普遍的争议包括：法律没有明确规定什么情况下什么人可以或不可以启动亲子鉴定程序；对于亲子鉴定可能会造成影响家庭和社会的稳定不利后果，亦有可能损害到子女的利益，法律制度怎么保障子女的利益不受侵害等诸如此类的问题均直指我国对于亲子鉴定法律规定的空白。

从法理学的角度来看亲子关系纠纷案件属于涉及自然人之间的身份关系案件，而这种身份关系案件则系人事诉讼的范畴，所谓人事诉讼是指因涉及人的身份的确定所产生的权利义务关系的诉讼。对于亲子关系纠纷案件与人事诉讼两者之间的关系，有学者指出，人事诉讼是指作为处理涉及婚姻案件、亲子关系案件、死亡宣告案件以及禁治产案件等有关的基本身份关系及能力关系的特别民事诉讼程序。其中的亲子关系、婚姻关系属于最基本的身份关系，因此将其特别规定在人事诉讼程序当中是无可非议的。

从民事诉讼案件的性质上来划分可将民事诉讼分为财产关系案件诉讼与身份关系案件诉讼。在整体结构上，人事诉讼程序则属于民事诉讼程序中的一个分支性程序，其仅涉及诸如婚姻案件、收养案件以及亲子关系等类型的身份关系案件，并不涉及单纯的财产关系案件。有学者指出，人事诉讼是以身份关系与能力关系为其标的，这种身份关系与能力关系不仅涉及双方当事人作为诉讼主体的利益，还会涉及许多相关人的利益，甚至会对社会秩序及国家公益造成一定影响。同时，人事诉讼的裁判结果不仅影响诉讼当事人个人的权益，也会影响到社会秩序与国家公益。由此，对于其所涉及的利益关系应当禁止当事人自由处分。

中国人民大学法学院何家弘教授认为，DNA 亲子鉴定增多作为一种社会现象并不奇怪，随着人们观念的开放，市场需求量增加是必然的结果。政府应该加强对行业的管理，比如提高准入门槛，加强资质审核等，但高科技是把双刃剑，免不了有可能被人利用，对个人的"知情权"政府不宜作强制管理。为此设立专门的法律也不现实。

对此，笔者则认为，当前的国际、国内环境下，我国法制化社会的进程正在不断加大步伐，而作为处理亲子关系纷争中发挥重要证据材料作用的亲子鉴定方面的法律缺失与当前我国之法制化建设步伐不相一致，且对于我国关于亲子关系纠纷案件的审判实务操作亦十分不利，启动亲子鉴定的条件、主体，是否可以强制进行亲子鉴定，拒绝做亲子鉴定的结果等司法实践面临的各种问题已经严重影响法院审案的权威性，因此，尽快在立法环节上取得突破，是解决矛盾、稳定家庭乃至社会的迫切要求。

下面，笔者从以下几个方面阐述对于我国亲子鉴定法制化建设方面的构想与建议。

第一节　关于亲子鉴定的基本原则

亲子鉴定作为亲子关系纷争处理中还原事实真相的一项重要科学技术手段，与当事人、子女以及相关关系人的身份、名誉等权利息息相关，它的无序操作甚至会影响整个社会的安定，《关于人民法院在审判工作中能否采用人类白细胞抗原作亲子鉴定问题的批复》是最高人民法院于二十多年前作出的，且也仅仅是一个笼统的、指导性的意见。然而，《批复》中强调将"保护妇女、儿童的合法权益，有利于增进团结和防止矛盾激化出发"作为处理亲子关系诉讼的原则，给予妇女儿童以优先保护利益的地位，注意对安定团结的维护，这对于我国亲子鉴定方面的立法原则具有一定的指导意义。

此外，为了解决审判实务当中所遇到的有关亲子鉴定的疑难问题，最高人民法院民事审判业务庭经过集体讨论曾经形成过如下指导性意见，即亲子鉴定因涉及身份关系，原则上应当以双方自愿为原则。但若遇非婚生子女以及与其共同生活的父母一方有充分的证据证明被告为非婚生子女的生父或者生母，且非婚生子女本人尚未成年，亟需抚养和教育的，如果被告不能提供足以推翻亲子关系的证据，又拒绝配合亲子鉴定检查的，应当推定其亲子关系成立。而对于如何确定亲子关系纷争中双方当事人的举证责任以及如何适用亲子关系推定规则，均需有适当的法律原则予以指导。

结合当前我国亲子关系纷争的实际情况以及相关法律规范的现状，笔者认为利益衡量应当作为各方面权利协调的一般性原则，所谓的利益衡量指的是当法律所确认的利益之间发生冲突时，由法官对发生冲突的利益进行权衡与取舍从而确定其轻重的活动。它作为一种法律适用方法在 20 世纪 60 年代慢慢兴起。根据此原则，法官在审理案件的过程中，案情事实查清后，不是急于去翻阅法规大全及审判工作手册，以此去寻找法律适用的规则，而是注重综合把握案件的实质，结合经济状况、社会环境以及价值观念等，对双方当事人的利益关系予以比较衡量，以此为基础作出案件当事人中哪一方利益更应当得到保护的判断。在利益衡量指导下解决亲子关系纷争应当遵循如下原则。

一、妇女、儿童利益优先保护原则

从亲子关系纷争的审判实务不难看出凡是涉及亲子鉴定的案件，往往都存在包括子女的相关权利、父母对子女的知情权、各方的隐私权以及婚姻自主权等多种权利间的冲突，从我国《宪法》确定的原则而言，当事人包括利害关系人的合法权利均应得到法律的保护，然而基于上述利益衡量的角度考虑，各国法律均秉承保护弱者的基本精神作为处理相关亲子关系纷争的基本出发点，由于儿童的年龄因素的限制，心理发育尚未成熟，一旦受到伤害，这种负面影响在他们的成长历程中将是不可逆转的，而儿童作为社会的一个特殊群体，他们的健康成长对于家庭、社会，乃至整个国家都有着不同寻常的重要意义，如果因为没有法律的优先保护，而对这个群体造成伤害，由此对整个社会将造成的不良影响也是无法估量的。因此，世界上大多数国家在处理亲子关系案件时，都把优先保护儿童利益原则作为一个基本准则。基于此原则，父母及其他关系人的权利在子女利益面前均应当作出让步。1959 年出台的《儿童权利宣言》更是将"子女最佳利益原则"确认为保护儿童权利的一项国际性指导原则。

我国现行《民法典》规定了保护妇女、儿童和老人的合法权益，从审判实务而言，虽然没有引进"子女最佳利益原则"作为审理涉及未成年子女的婚姻家庭案件的最高指导原则，①但优先保护儿童利益原则却始终是法官在审理相关案件时务必要考虑的一个重要因素。现实生活中，许多复杂的原因均会导致法律意义上的父母与子女之间的血缘关系实际不存在的问题，不可否认在某些情况下，确实是由于女方违背了婚姻的忠实义务而生育了与丈夫没有血缘关系的子女，但也存在女方并非真正想背叛家庭，而是因为一时的错误，或者其他主观意志之外原因所导致上述现象的发生，更有女性是因为婚前遭受性侵害而怀孕或许自己都不知道孩子不是丈夫的特殊情况下发生上述问题。而人们对于亲子鉴定结果的关注，恰恰更多的是对配偶所谓"清白"的关注。随着 DNA 鉴定技术的不断发展进步，亲子鉴定的结果的精准率也在不断提高，显然它可以为我们判定孩子与父母是否存在血缘关系提供足以信赖的证据材料，但由此来断定一个人的忠贞则不尽合理。涉及亲子关系纷争中的人格、名誉等问题的根本的解决之道，只能依赖于社会、舆论和道德的约束，而绝不是一次亲子鉴定所能承载的。

基于上述各方利益的综合考虑，在男方提出的否认婚生子女的亲子关系纠纷中，若女方拒绝亲子鉴定的要求，而法官已能凭借其他的间接证据形成心证认为男方与孩子确实没有血缘关系，直接推定女方承担不利后果或是支持男方亲子鉴定申请，认定孩子非亲生，也许客观上确实保护了男方的相关权利，但是对于孩子或是母亲来说，却是毁灭性的打击，非亲生结果的认定不仅给孩子身心发育带来重大的影响，其原本正常的学习生活也因此受到了影响，子女在亲子关系纠纷中是无辜的受害者，一个以亲子鉴定为依据而产生的不幸结论甚至可能改变其一生的发展方向，本可以健康成长的孩子也许会因为由此而产生的家庭变故一步步走向犯罪的深渊。②这样的案例在现实生活中屡见不鲜，因

---

① 陈苇、谢京杰：《论"儿童最大利益优先原则"在我国的确立——兼论〈婚姻法〉等相关法律的不足及其完善》，载《法商研究》2005 年第 5 期。

② 任学强：《论亲子鉴定中的未成年权利保障》，载《青年研究》2007 年第 8 期。

此，在这种情况下，若女方拒绝配合亲子鉴定检查，法官可依据谁主张、谁举证的原则，要求男方进一步补强证据，如若不能，则不能轻易推翻原有的亲子关系。为此，很有可能使男方的一些权利，比如对子女的知情权等受到侵害，但这种侵害是在实现了儿童利益最大化的基础上作出的牺牲，从社会利益衡量的角度，这种牺牲是有必要，也是有意义的。

二、当事人申请加自愿为主，法院依职权决定为例外的亲子鉴定启动原则

关于我国的亲子鉴定启动程序，根据最高人民法院于 1987 年 6 月 15 日所作的《关于人民法院在审判工作中能否采用人类白细胞抗原作亲子鉴定问题的批复》，在民事案件审理中启动亲子鉴定程序应当由主张确认或否认亲子关系的当事人提出鉴定申请，由法院在诉讼过程中为当事人委托法定鉴定机构进行鉴定，但法院作为中立者不能为任何一方主动采集对一方有利的证据，因此，在相关案件的审理过程中，当事人未提出亲子鉴定申请的，法院不能依职权进行鉴定。这一批复精神也符合我国现行一般民事案件中鉴定的程序。同时，《批复》中启动亲子鉴定的另一个必要条件系被鉴定人同意鉴定。依现行《民事诉讼法》之规定，不能强制不愿进行鉴定检查的当事人进行亲子鉴定，并且作为诉讼一方当事人无义务协助对方当事人获得不利于自己之证据，被鉴定人通过拒绝配合鉴定检查而避免可能产生的不利于自己之诉讼后果，这也是被鉴定人正当权利的行使。因此，根据我国现行法律及相关规定，如果在亲子关系纷争过程中被鉴定人一方不同意进行亲子鉴定检查，法院作为中立的裁判者，一般不得强制进行。综上所述，当事人申请加上对方自愿配合系我国当前亲子鉴定程序启动的条件，笔者认为，这也应成为我国亲子鉴定程序启动的基本原则。当前关于婚姻家庭的纠纷纷繁复杂，一些纷争不仅仅关系双方当事人的利益，还会涉及一些当事人之外的利害关系人，甚至需要相关第三人配合亲子鉴定检查才能还原事实真相的情况也不在少数，既然亲子鉴定涉及的相对方已经突破了纠纷中双方当事人的范围，那么就势必要严格遵循自愿的原则，即只要被鉴定人不同意，法官则不能依职权启动鉴定程序，而且也不能适用推定规则来认定被鉴定方与纠纷当事人一方之间的血缘关系。原因很简单，从利益衡量的角度分析，此类纷争中，不仅仅涉及当事人双方权利问题，同时也涉及对第三人的利益保

护问题，其中既有对子女的相关权益需要优先保护、相关当事人的隐私权需要保护，同时，对于第三人现有家庭的稳定性亦需要保护。当事人双方的诉讼行为不应该也不能侵害到第三人之利益，因此，对于上述第三人的相关权利，笔者认为应当优先于诉讼过程中一方当事人为了证明对方当事人过错而主张的损害赔偿请求权。

作为当事人申请加自愿的亲子鉴定程序启动原则的例外，在一些特定条件下，应当允许法院根据案件的特殊情况依职权启动亲子鉴定程序。上述特定条件应当包括：（1）亲子鉴定意见对于查明案件事实、解决纠纷起着至关重要的作用；（2）亲子鉴定检查对被检查人身体不会造成损害；（3）亲子鉴定程序的启动更有利于实现子女的利益。以上条件应当同时具备。例如在抚养费追索的纠纷中，若仅因为被申请的鉴定义务人不配合亲子鉴定的行为即推定其承担不利后果，而不考虑其拒绝配合鉴定检查的具体原因，很有可能造成没有从根本上解决纠纷的情况，由此，就很难确保当事人能自觉自愿地去履行法院裁判所确定的义务，从而形成对之后执行的障碍。由此，笔者认为在上述情况下法官应当依职权启动亲子鉴定程序，原因在于亲子关系的客观存在一旦得以确定，相关当事人心理上必定会产生微妙的变化，不可否认，受中国传统观念的长久影响，亲子血缘的观念已经在国人心中根深蒂固，很多人看待血亲的角度大都带有某种神圣和崇高的色彩，认为父母与子女间的血缘关系具有不可替代和不可侵犯的价值内涵，当然，这其中涉及传统心理、社会伦理等多方面的因素。综上，笔者认为在某些类型的特殊案件中法官依职权启动亲子鉴定，可以更有效地解决纠纷。虽然目前此种启动亲子鉴定程序的途径还没有相关法律规定的支持，但却是值得我们思考的。

三、合理适用推定制度的原则

关于证据的推定适用规则，我国最高人民法院《关于民事诉讼证据的若干规定》第95条作出了相应规定，所谓的证据的推定适用规则即法院或相关司法机构在处理纠纷的过程中借助现有的事实，并据以推断出另一相关事实存在的一定假设。诚然，证据推定的适用不可采取放任的态度，要适用推定规则必须具备一定的条件，首先，两种事实之间要具有共存关系；其次，其中前一个事实须为已知并且已得到大家共同认可的事实；最后，后一事实是在前述已知事实之基础上求得的未知事实。当然，在司法审判实务当中，无论是当事人还是司法机关均希望能彻底查清一个关系纷争的事实真相，由此得出使双方当事人都信服的客观、公正的裁判结果，然而实际情况是，许多案情纷繁复杂，时常会出现一些无法通过现实证据材料予以证实的悬疑情况，这时，客观、合理的推定即显现了其在案件处理上的特殊价值。

目前，许多国家均已经在法律中明确引入了证据的推定适用规则，而推定规则在亲子鉴定相关案件当中的合理适用亦被部分国家作为法律制度予以规定，我国原《婚姻法解释（三）》中对于婚姻家庭案件当中的推定适用也首次作出了规定。实质上，推定规则在关于亲子鉴定相关纷争当中的合理适用主要表现在两种情况：第一种情况，对于婚姻期间出生的子女我们即推定其为婚生子女，这一推定规则在目前已经得到了学术界及实务界的广泛认可，已俨然成了普遍公认的经验法则，根据此推定规则，只要是在双方夫妻关系存续期间受胎所生育的子女当然推定为婚生子女，若由此引发婚姻家庭纷争，一方当事人提起婚生子女否认之诉的，则要求其必须提供充分的证据材料证明婚生子女与其之间不存在事实上的血缘关系。而法院在审理婚生子女否认之诉的案件是不能仅以对方当事人拒绝接受亲子鉴定检查为由否认该婚生子女的原有地位。该推定规则其实是一种法律上的血缘关系推定，它也可能是一种对于不确定的血缘关系的推定，然而现实生活中人们却予以了高度的默认，世界上大多数国家对这种推定规则也都是被认可并遵循的。这一推定规则同子女利益最大化原则也是息息相关的，它对于社会生活秩序的安定性有着无法替代的价值。

在科技进步日新月异的今天，对于婚生子女推定规则的合理适用显得尤为必要。就以现在越来越为人们所熟悉的人工授精或试管婴儿养育下一代的情况为例，若甲（男）乙（女）夫妻二人在婚姻关系存续期间通过试管婴儿的方式生育一子丙，后甲起诉离婚，并以丙并非其亲生为由申请亲子鉴定，意欲以此作为起诉离婚的证据。在本案中即使乙同意了配合亲子鉴定，得出的鉴定意见也必然显示甲与丙之间不存在亲子血缘关系，那么显然在此案中亲子鉴定便是不必要的，对于该案的处理，即可适用婚生子女推定规则，即由于丙是在甲乙婚姻关系存续期间出生的，甲若无法提供婚姻关系存续期间其不同意通过试管婴儿的方式生育子女的书面证据，便可推定丙的婚生子女地位，甲须对丙承担

99

作为父亲的抚养义务。

与亲子鉴定相关的第二种适用推定规则的情况发生在非婚生子女的确认之诉当中，非婚生子女往往涉及婚外情行为所生子女以及同居关系中所生子女这两种常见情况，由上述情况所产生的亲子关系确认之诉通常均是女方为争取子女的抚养费等利益而提起的诉讼，在此类诉讼中，亲子鉴定作为准确度极高的科学证据手段很可能使得被诉的一方陷入不利局面，因此为了逃避责任，被申请的配合鉴定检查的一方当事人拒绝进行鉴定的情况极为普遍，面对此种情形，司法机关便利用合理适用推定规则，即由要求确认亲子关系的一方承担举证责任，如果其所提供的证据材料已形成比较完整的证据链，而对方当事人不予认可却又拒绝亲子鉴定时，则根据现有证据链推定原告方所主张的亲子关系成立。在审判实务中亦是如此，只要在提起亲子关系确认之诉的女方提供的证据材料能够使法官形成较高的内心确信，即使否认亲子关系的男方拒绝亲子鉴定，法官通常也会推定亲子关系成立。

从平衡利益的角度分析，其实在非婚生子女确认之诉中合理适用推定制度的原则与子女利益的优先保护原则是相辅相成的。首先，如上所述，女方提起亲子关系确认之诉通常是为子女争取其应得利益的目的出发，而子女的利益应当予以优先保护；其次，女方作为当事人一方已经提供了其力所能及收集的证据材料，完成了其举证责任，作为对方当事人的男方欲反驳女方之观点，也必须提交相关证据材料以支持其观点，即配合女方申请之亲子鉴定检查系男方用于反驳女方之主张的举证义务之一；最后，从权力的行使方面来看，女方向法院提出亲子鉴定的申请并取得法院的同意后，由法院要求男方配合亲子鉴定检查系法律上公权力的行使，而男方拒绝配合亲子鉴定检查则是从其个人私权利角度所作出的决定，根据我国相关法律规定，当两种权利发生冲突时，私权利应当让步于公权力。现实的审判实务中，在此类纷争的处理中适用推定规则时常会引发人们对被申请鉴定方隐私权如何保护的争议。对此，笔者认为成年人的隐私权保护与子女的利益应当综合衡量，由于子女利益会涉及更多公共利益及社会利益等因素，两者之间仍应当优先考虑对子女利益的保护。正因为如此，在非婚生子女的确认之诉中，若男方拒绝配合亲子鉴定检查，则推定其承担不利后果是符合利益衡量标准的。

第二节　关于亲子鉴定程序的若干问题

一、关于亲子鉴定的启动程序问题

欲探讨亲子鉴定的启动程序，我们要依据接受亲子鉴定委托的阶段不同对亲子鉴定予以大致分类，首先是进入诉讼程序前个人行使其知情权委托亲子鉴定机构所进行的亲子鉴定；其次是进入诉讼程序后欲作为诉讼当中判定事实之证据材料而委托亲子鉴定机构进行的亲子鉴定。对于上述第一种亲子鉴定，即个人为满足其知情权委托亲子鉴定机构进行亲子鉴定行为，当然，通过个人委托得到的亲子鉴定意见在法律上不具备证据的证明作用，但由此而产生的家庭悲剧、社会影响却是无法回避的事实。[①]由此，笔者认为即使对于不进入诉讼程序的亲子鉴定的启动亦当予以规范，而不应放任自流。接下来我们主要探讨进入诉讼阶段的亲子鉴定程序的启动权，即在诉讼过程中究竟应该由谁来启动亲子鉴定程序，对此我国法律没有作出明确规定，仔细研读我国现行三大诉讼法之规定，却能看到对于亲子鉴定所属司法鉴定程序之启动权的相关规定，而亲子鉴定作为司法鉴定当中的一种，理应参照执行，即按照我国现行《民事诉讼法》之相关规定，当事人仅有向法院申请亲子鉴定的权利，最终决定启动亲子鉴定的权力则掌握在法院的手中，该规定系法官职权主义的体现。最高人民法院1987年《关于人民法院在审判工作中能否采用人类白细胞抗原作亲子鉴定问题的批复》对于亲子鉴定的启动亦规定："对于双方当事人同意作亲子鉴定的，一般应予准许，一方当事人要求作亲子鉴定的，或者子女已超过三周岁的，应视具体情况，从严掌握，对其中必须作亲子鉴定的，也要做好当事人及相关人员的思想工作。"[②]通过对上述规定的解读，可以看出《批复》对于亲子鉴定的启动以当事人的申请为前提，在双方当事人均同意进行亲子鉴定的情况下一般可以启动亲子鉴定程序，但也不是必然，其决定权仍然掌握在法院手里，而对于一方当事人提出鉴定申请的或是子女在三周岁以上的亲子关系纷争原则上则不

---

① 彭洁、包凤才：《亲子鉴定的法律问题》，载《经济研究导刊》2008年第25期。

② 崔丹、张勇：《司法实践中亲子鉴定案件审理之思考》，载 http://ycfy.chinacourt.org/public/detail.php?id=5634，访问日期：2024年8月1日。

宜启动亲子鉴定程序。从上述我国关于诉讼中亲子鉴定程序启动的相关规定可以看出，以人民法院为主、当事人为辅系上述规定所要体现的立法精神。

亦有学者提出"亲子关系纠纷案件属于身份关系案件的范畴，由于这类案件大多涉及社会公益，原则上，对这类案件应当实行能动司法，对当事人之间的意思自治应当严格加以限制。只有当法院认为采用亲子鉴定有助于实现该个案的公平正义时，才能以司法能动的名义准许采用亲子鉴定，否则应当予以禁止，故在诉讼上应否进行亲子鉴定与当事人的自愿与否无关"。主张法院在亲子关系纷争中适用亲子鉴定的能动司法作用。

然而，随着我国民事审判制度改革的不断深化加之我国一贯采取的折中主义原则，注重博采众家之长，因此在究竟由谁来启动诉讼中的亲子鉴定程序这个问题上面，笔者倾向于赋予当事人更大的亲子鉴定启动权，人民法院的亲子鉴定启动权则可作为当事人启动权之辅助，即对于亲子鉴定程序的启动既可采用当事人主义，由诉讼当事人来启动亲子鉴定程序，同时亦可采用职权主义，由人民法院依职权来启动亲子鉴定程序，具体由谁启动则应根据案件的具体情况予以具体分析。

如若在某一亲子关系纠纷案件中，男女双方均表示同意进行亲子鉴定，且充分考虑了其不满十周岁子女的利益或者子女已满十周岁但亲子鉴定征得了该子女同意的情况下，应当允许双方当事人共同委托具备资质的鉴定机构进行亲子鉴定，而该鉴定机构所选定的鉴定人作出的鉴定意见也应当作为诉讼当中的证据使用，具备相应的证明力。这不但提高了诉讼效率，同时也可减少当事人的讼累。

如在亲子关系纷争中，一方当事人提出亲子鉴定的申请，另一方当事人则拒绝配合亲子鉴定检查的情形，原则上法院应当遵循当事人自愿的原则，不能依职权启动亲子鉴定程序，但如果尚有其他间接证据可证明申请鉴定一方当事人的主张系真实的情况下，法院则可依职权启动亲子鉴定程序从而达到还原事实真相之目的。对于刑事诉讼中所涉及的被拐卖儿童的认亲、强奸罪的取证等活动需要亲子鉴定的，法院无疑可以直接依职权启动亲子鉴定程序。

笔者主张以当事人启动亲子鉴定为主的原因在于，鉴定意见作为我国七大类证据之一，属于当事人举证范畴，而亲子鉴定作为司法鉴定的一种在亲子关系纠纷案件的处理中以其科学性、精确性已经越来越得到广泛认可，并在相关案件的裁判中起到越来越关键的作用，而正是这样一项对于当事人如此重要的获取证据的活动，作为举证义务人的当事人却没有决定权和主动权，这显然不尽合理。

二、关于申请亲子鉴定的时效限制问题

对于亲子鉴定申请的时效问题，我国相关法律法规亦未有明确规定，在2005 年通过的《全国人民代表大会常务委员会关于司法鉴定管理问题的决定》中对于提起司法鉴定的诉讼时效同样没有予以明确规定。根据我国现行的法律法规适用规则，亲子鉴定作为婚姻家庭案件中一种常用的获取证据材料的手段，在我国没有专门的《亲属法》并且没有相关特别法律对亲子关系法律纠纷的相关时效予以规定的前提下，则应当适用《民事诉讼法》中关于普通民事案件诉讼时效两年之规定。而亲子鉴定作为相关诉讼中获取证据材料的手段之一，则应当在案件诉讼时效的两年基础上适用《民事诉讼法》关于举证期限之规定。[①]

笔者认为，对于亲子关系诉讼不区分类型地普遍适用我国现行《民事诉讼法》两年之诉讼时效规定不尽合理。纵观当今其他国家在立法上关于亲子关系纠纷之诉讼时效规定，我们可以从中得到些许启示。德国《民法典》第 1954 条规定亲子关系否认之诉的诉讼期限为 2 年；日本《民法》第 777 条规定对于亲子关系否认之诉之诉讼时效，丈夫应自知悉子女出生之日起 1 年内为之；法国《民法典》第 316 条则具体规定了丈夫在子女出生地诉讼时效为 1 个月，丈夫不在自归来后为 3 个月，妻子隐蔽子女之出生时为自发现欺诈后 2 个月。总体来讲，关于亲子关系否认之诉的诉讼时效，要数瑞士《民法典》中规定得相对完善："丈夫在知悉生育及知悉本人并非子（女）之父或第三人在受胎期间与妻同居之事实后，得在一年的期限内起诉。超过出生后 5 年，诉权自行消灭。"上述各国有关亲子鉴定纠纷诉讼时效的规定均仅仅针对亲子关系的否认之诉予以了特别规定，而对于亲子关系确认之诉则未作特别规定。笔者以为，从保护子女的最佳利益出发，对于与亲子鉴定相关诉讼的时效确应根据案件类型的不同予以区分，即对于针对婚生子女的否认之诉案件，考虑到婚生子女成长环境的稳定性及相关利益，应当适当缩短此类案件诉讼时效的期限；而对于非婚生子女

---

①　曾青等：《诉讼中亲子鉴定若干法律问题思考》，载《西南民族大学学报》2005 年第 9 期。

之确认之诉的案件则可基于对子女利益的保护考虑适用当前《民事诉讼法》对于普通民事诉讼时效的规定，或适当予以延长。当然，即使法律对相关时效予以规定后，审判实务当中还应当综合考虑我国的司法实际及立法情况，例如在婚姻关系存续期间，妻子受孕生育后，丈夫出于自身无生育能力或妻子在受孕期间与第三人同居等原因知道或应当知道自己同该婚生子女并无血亲关系的情况下，经过了法定的诉讼时效而未提起婚生子女否认之诉，则其诉权归于消灭；若同一事实理由下，丈夫在提起诉讼前死亡的，则其诉权也归于消灭，当然，诉权的消灭必定导致亲子鉴定之申请权归于消灭。而同样基于上述事实理由，丈夫在提起婚生子女否认诉讼后死亡的，则可由其亲属代理行使相关权利，其中当然也包括亲子鉴定的申请权。总之，在与亲子鉴定相关的纠纷处理中引用明确的诉讼时效规定有利于维护婚姻、家庭秩序的稳定，也有利于保护妇女、儿童的权益，对于司法机关处理上述案件纠纷中的操作亦提供了有效法律依据，有助于提高司法机关的办案效率。①

三、关于在不同审级中进行亲子鉴定的程序问题

从我国现行的《民事诉讼法》关于民事诉讼证据规则的相关规定可见，当事人在一审程序中应当提交而未提交的证据，在二审当中原则上不能作为新证据予以接受。具体到亲子鉴定的申请当中我们可以得出结论，即如果在一审中当事人未提出亲子鉴定的申请，在二审程序中方提出亲子鉴定申请的，则该亲子鉴定申请作为收集证据材料的方法之一并非法律意义上二审期间的新证据，二审法院原则上不应接受当事人亲子鉴定之申请，但若此鉴定申请得到了对方当事人的同意，则二审法院可出于息讼的目的准许将鉴定意见作为新证据使用，在一审法院判决并非事实不清的情况下，二审法院也可根据新证据发回原审法院重审。

亲子鉴定申请可作为二审新证据的情况还应当有两种，但法院的处理结果却有所差别：其一，即一方当事人在一审程序中提出了亲子鉴定申请，但对方当事人虽经法院劝说仍然拒绝配合亲子鉴定检查，二审期间申请鉴定的一方当

---

① 刘金霞：《论亲子鉴定作为证据在婚姻家庭案件中的适用》，载 http://www.jsfy.gov.cn，访问日期：2024 年 8 月 1 日。

事人又重新提出鉴定申请的，若对方自愿同意或经法院劝说同意进行亲子鉴定检查的，二审法院可将此鉴定意见作为二审的新证据，并可据此对原判决直接改判或将案件发回原审法院重审。其二，如果诉讼一方当事人在一审期间已经提出了亲子鉴定申请，因法院原因而未进行亲子鉴定的，二审期间诉讼当事人又重新申请亲子鉴定的，而被申请一方当事人自愿同意或经法院劝说后同意鉴定的，二审法院也可将此次鉴定的结论作为二审期间的新证据，并可根据新证据将案件发回原审法院重审。若在案件的一审程序期间双方当事人均同意进行亲子鉴定，而一审法院未予准许的，二审法院则可以一审法院判决所依据的事实不清为由发回重审。

最后，对于案件一、二审期间当事人均未提出亲子鉴定申请，而是在法院判决生效后，原诉讼一方当事人以申请亲子鉴定为由提起申诉，对方当事人表示同意或是经法院劝说同意配合亲子鉴定检查，又或是在原一审、二审期间不同意鉴定的被申请人在申诉期间又同意进行亲子鉴定的，法院可以鉴定意见为判决生效之后出现的新证据为由启动审判监督程序对案件重新进行审理。

以上笔者对亲子鉴定之启动程序、提起亲子鉴定之时效以及亲子鉴定在不同审级当中的程序等关于亲子鉴定的法制化建设当中的相关程序性规定进行了初步探讨，旨在为亲子关系相关程序问题的进一步规范起到些许借鉴参考作用。

第三节　亲子鉴定机构的设置及职责

关于制约我国亲子鉴定发展的前章曾谈及由于目前我国缺乏对于亲子鉴定机构的统一监管，造成了当前亲子鉴定机构鱼龙混杂的混乱局面，由此带来的负面影响也是不胜枚举。而在我国的司法鉴定体制中，一方面司法部先后下发了《司法鉴定机构登记管理办法》和《司法鉴定人管理办法》（以下简称《办法》），另一方面最高人民法院也印发了《人民法院司法鉴定人员名册制度实施办法》，形成了不统一的改革方向以及多重的管理体制，致使亲子鉴定和其他司法鉴定一样处于混乱局面。第十届全国人大常委会第十四次会议于 2005 年 2 月 28 日审议并通过了《关于司法鉴定管理问题的决定》（以下简称《决定》），此《决定》旨在改正法院与司法行政部门相矛盾的举措，加强对鉴定机构和鉴定人的管理，统一司法鉴定程序。笔者作为从事司法鉴定多年的鉴定人员，拟结合自身在鉴定实务中的实际情况在当前我国相关规定基础上对规范亲子鉴定机构的设置及职责提出以下几点看法。

一、关于亲子鉴定机构的设置及人员配备问题

亲子鉴定意见作为司法机关在审理相关亲子关系纷争中的重要证据，基于其极强的科学性、技术性以及极高的准确性，其鉴定结果通常会对判决结果起到直接影响。因此，对于亲子鉴定机构的设置以及鉴定机构人员配备的规范显得尤为重要。目前，我国对亲子鉴定机构的设置程序尚无明确规定，但对于司法鉴定机构采用严格的准入制度。这种准入制度有两套，一套准入制度是司法部下发的《司法鉴定机构登记管理办法》。按照该办法，社会司法鉴定机构必须由省、自治区、直辖市以上人民政府司法行政机关进行核准登记，"未经登记管理机关核准登记，任何单位不得从事面向社会服务的司法鉴定活动"。另一套则是根据最高人民法院《人民法院司法鉴定人名册制度实施办法》的规定，亲子鉴定机构必须由人民法院经事前审查、批准、公示程序，才能受人民法院委托进行亲子鉴定。在该办法中，为了体现当事人意思自治的原则，还规定当事人可以协商一致，选择未纳入鉴定名册的鉴定机构。如前所述，两套体系的规范无疑会形成不统一的改革方向以及多重的管理体制，从而使司法鉴定机构陷于混乱管理的状态。笔者认为要规范亲子鉴定机构的设置即人员配备问题，应当从如下方面予以考量：

（一）加强亲子鉴定机构的管理

目前，我国的亲子鉴定机构鱼龙混杂、良莠不齐。放眼我国当前亲子鉴定市场，鉴定机构部门林立，不但有公、检的鉴定部门，还有包括研究所、高校、血液中心以及公司等，[①]更有甚者，部分中小城市的相关单位为了经济利益，在根本不具备条件或者是不完全具备鉴定条件的情况下也照样受理亲子鉴定业务。针对当前亲子鉴定市场的混乱状况，笔者认为应健全如下管理机制：

1. 行政管理

笔者认为宜建立一个"政府寡头管理＋行业自律辅助"的管理模式。所谓

---

① 李绍章：《亲子鉴定的限制性规范》，载《法制日报》2007年4月20日第6版。

"政府寡头管理"是指由政府部门以法定的形式规范全国的司法行政管理机构。事实上 2005 年国务院出台的《决定》第 3 条已明确规定，国务院司法行政部门主管全国鉴定人和鉴定机构的登记工作。其下设省级司法行政管理局负责各省亲子鉴定具体的管理工作。其职责应包括：（1）对该地区亲子鉴定工作的考核、指导及认定；（2）对该地区亲子鉴定意见的复议；（3）协调亲子鉴定中的各种纠纷；（4）统一组织对该地区亲子鉴定机构的达标考核，并对考核结果涉及的亲子鉴定机构予以奖惩；（5）制定符合当地实际情况的鉴定人资格认证制度；（6）负责组织对当地鉴定人员的专业技术及职业道德培训。所谓"行业自律辅助"是指借助行业协会的自律功能自发地对本专业的鉴定人进行行政管理外的专业业务上的管理，从而充当司法行政管理的辅助角色。协会的主要职责一是处理行政事务，主要是和上级主管单位联系；二是学术交流；三是监督管理。省级人民政府司法行政部门可以考虑在各省、自治区、直辖市设立相应的行业协会，人员组成可吸纳当地部分亲子鉴定技术方面的专家、政府相关部门的人员以及部分法律工作者。

2. 实验室质量管理

我国于 20 世纪 80 年代成立中国实验室国家认可委员会（CNAS），其上级主管单位为国家质量技术监督局，主要任务是开展我国的实验室认可评定工作。所谓"实验室、检查机构认可"，是指中国实验室国家认可委员会按照科学、公正的原则，根据国际实验室、检查机构认可准则的要求，对被审核的实验室、检查机构的管理水平和技术能力的正式承认（认可），笔者认为，根据实验室质量认可评定这一模式的概念，从实验室质量管理体系着手，涵盖对鉴定人的能力、鉴定方法和程序、鉴定环境和设施管理等。这一管理模式的应用对确保鉴定机构和鉴定人以公正的行为、规范的程序、科学的方法、正确的结论，为审判和仲裁等司法实践提供高效的鉴定服务。国家有关部委已经认识到实验室质量认可在参与司法鉴定中起到的重要作用，目前在全国各鉴定机构已开始此项工作，相信在今后无法通过实验室质量认可的机构将逐渐被淘汰。

此外，也有研究认为"可以考虑在各省、自治区、直辖市设立省级亲子鉴定机构，实行全国统一资质、统一登记、统一标准、统一收费与统一处罚的亲子鉴定机构体系；司法行政部门在批准社会亲子鉴定机构的时候，要严格审查从业人员的技术力量和仪器设备，宁缺毋滥。社会鉴定机构不允许其开展此项业务。同时，立法要明确亲子鉴定失误应承担的责任，并规定对鉴定结果异议的复核机构和程序"。笔者认为，此种做法也并无不可。

（二）构建鉴定人名册制度

要切实建立起鉴定人名册制度，使该项制度在我国亲子鉴定规范作用中充分发挥作用，首先要对亲子鉴定机构成立的条件以及鉴定人从事鉴定业务所需具备的条件予以规范，只有在上述两者均合法的基础上构建起的鉴定人名册制度才具有实际规范亲子鉴定市场的作用。对于鉴定机构的成立条件及鉴定人从事鉴定业务的条件《决定》予以了明确规定。首先，对于鉴定机构的条件，《决定》规定法人或者能够独立承担民事责任的组织申请从事鉴定业务的，应当具备下列条件：其一，有明确的业务范围，可以接受法院的委托从事司法鉴定业务；其二，须具备从事业务内鉴定活动所需的仪器、设备；其三，须具有在业务范围内从事鉴定活动的依法通过计量认证或者实验室认可的专门的检测实验室；其四，须具有从事鉴定业务的三名以上鉴定人；其五，须在省级以上司法行政部门登记，未经登记不得从事亲子鉴定活动；其六，须有专门的场所。其次，《决定》对于鉴定人从业作出了如下规定：即在鉴定机构从事鉴定业务的自然人须满足以下条件方可进行鉴定活动，否则其作出的鉴定意见因不具有证据所应具备的合法性而不能作为证据使用。第一，可以从事亲子鉴定活动的人员具有与所从事的司法鉴定业务相关的高级专业技术职称；或具有与所从事的司法鉴定业务相关的专业执业资格；或高等院校相关专业本科以上学历，并从事相关工作五年以上；或从事相关工作十年以上，具有较强的专业技能。第二，不得从事亲子鉴定活动的人员包括因故意犯罪或职务过失犯罪受过刑事处罚的，受过开除公职处分的，以及被撤销鉴定人登记的人员。第三，具有相关的法律知识、良好的个人品德和执业道德。以上诸项只有本条需要编制鉴定名册的单位或部门仔细审核，以确保鉴定能依法、科学、公正地进行。

在对鉴定机构成立的条件及鉴定人从业条件予以规范的基础上，构建的鉴定人名册还需要向社会进行公示，使公众了解相关的信息，如此才能保证名册在社会的公信力，由此当公众在这方面有需求时才能够最大程度地满足己方的要求；若鉴定需要进行跨学科、综合性地处理时，法官应当保持中立，不应介入鉴定程序当中，而应交由鉴定机构按照相关专业要求进行处理，这样可以使法官集中精力办案。

从以上表述可以看出，我国现行关于鉴定人名册制度的规定均是针对司法鉴定而言，并未特别提到亲子鉴定的相关制度规定，但根据我国关于"无特别法律规定适用一般法"之立法精神，亲子鉴定亦适用上述关于司法鉴定鉴定人名册制度之规定，在审判实务中，当申请人向法院申请亲子鉴定时，可以与相对方当事人协商确定鉴定机构和鉴定人，也可以采取随机、摇号等方式予以确定，而非法院依职权径行委托有关机构进行鉴定。

二、关于鉴定机构及鉴定人的职责问题

从社会学角度而言，亲子鉴定技术的出现、发展及其在现实生活中的运用，对法治观念以及权利意识的培养及社会诚信机制的建立和维持均能发挥积极的保障和推动作用。同时，它在一定程度上还能反映出社会在发展过程中折射出的例如婚姻家庭、性观念以及社会关系的变迁等一些社会现实状况。然而，正如前述章节显示亲子鉴定既是现代科学发展的一项成果，又是一把"双刃剑"，一旦操作过程中出现失误，或者存在有意违规的鉴定行为，对婚姻家庭的稳定及相关当事人的利益均会带来严重伤害。由此，对于实施亲子鉴定的机构及具体鉴定人员必须具有严格的操作规范和流程，同时还必须建立一套行之有效的责任追究制度，如此方能确保亲子鉴定积极作用的充分发挥。然而，根据我国现行相关规定，在《决定》中对于鉴定人员的职责和义务作了如下明确规定：司法鉴定实行鉴定人负责制度；鉴定人应当独立进行鉴定，对鉴定意见负责并在鉴定书上签名或盖章；多数人参加的鉴定，对鉴定意见有不同意见的，应当注明。同时，基于上述规定的鉴定人负责制，《决定》还规定了鉴定人的出庭作证义务，即"当事人对鉴定意见有异议的，经法院依法通知，鉴定人有出庭作证的义务"。

然而，对于出现因故意和重大过失导致鉴定意见差错，并对当事人的合法权益造成较大损失的情况，应当如何追究鉴定机构或者鉴定人员的相关法律责任，法律并没有完善的规定。

（一）刑事责任

尽管《办法》中对刑事责任的追究罗列了 5 种具体的情形，但是在我国刑法中并没有相对应的罪责条款，只是在第 305 条规定了在刑事诉讼中，鉴定人对与案件有重要关系的情节，故意作虚假证明、鉴定、记录、翻译，意图陷害他人或者隐匿罪证的，处三年以下有期徒刑或者拘役；情节严重的，处三年以上七年以下有期徒刑。

（二）民事责任

对于鉴定人的民事责任的规定我国十分匮乏，从已知的材料看仅见于《办法》第 31 条，其规定：司法鉴定人在执业活动中，因故意或者重大过失行为给当事人造成损害的，其所在的司法鉴定机构依法承担赔偿责任后，可以向有过错的司法鉴定人追偿。至于如何追偿、什么情况下的民事责任应当由鉴定人附带赔偿、赔偿的额度等均无任何规定。

（三）行政责任

在行政责任的设置方面，我国法律规定比较详细，基本可以满足司法需要。如《办法》第 28 条规定，未经登记的人员从事已纳入本办法调整范围司法鉴定业务的，省级司法行政机关应当责令其停止司法鉴定活动，并处以违法所得一至三倍的罚款，罚款总额最高不得超过 3 万元。

对此，笔者认为由于亲子鉴定行为本身涉及利害关系人的隐私，大多亲子鉴定申请都是秘密进行的，即便真的出现了鉴定差错，鉴于追究相关人的法律责任可能会导致个人隐私的暴露，这就使得追究鉴定机构及鉴定人法律责任的积极性降低，这在一定程度上又造成了对鉴定市场混乱局面的纵容。因此，从法律层面对鉴定机构及鉴定人的职责予以明确规范便成为规范亲子鉴定活动的必要环节之一。

第四节　亲子鉴定意见在亲子关系诉讼中的定位

就证明父母子女间是否存在血亲关系而言，DNA 亲子鉴定的合理运用不但能使事实真相明朗化，更是柔性处理亲子关系纠纷的有力工具。仅从揭示事实真相的一种手段而言，积极运用 DNA 亲子鉴定作为收集诉讼中证据材料的方法已经得到了世界各国的普遍认可，并形成了一定的发展趋势。然而进行 DNA 亲子鉴定不但要考虑其必要性和有用性，同时需要考量的还有如何保障相关人的隐私权及人权，从而使亲子鉴定的进行得到诸如当事人有正当理由可以拒绝等合理限制。此外，亲子鉴定还应当以保护未成年子女的利益为目的，为了能使子女获得正常的成长环境，在运用上尚需考虑子女的利益及家庭的安定性。由此，笔者认为，对于亲子鉴定意见在亲子关系诉讼中的定位应当包含以下几个方面：

一、积极运用亲子鉴定手段解决亲子关系纷争

在过去科学鉴定技术未达到一定高度前，法院在处理亲子关系纠纷时通常采用事实推定的方式结案，即依据经验法则就现有证据得出的间接事实来推定亲子关系的存在与否。经过常年的研讨及判例实务的积累，作为推定依据的除了根据现有证据材料得出的间接事实外，还包括了社会生活的事实以及当事人主观抚养意愿的因素，具体事实的推定则由法官根据不同的案情予以判断，当然，在此过程中也会考虑兼顾未成年子女的利益。虽然法官在事实推定的过程中会综合考虑到个案的差异及涉案各方的利益，但其中毕竟掺杂了太多主观因素，使得裁判结果难以使人信服。

随着DNA技术的不断发展进步，亲子鉴定技术亦随之发生了翻天覆地的变化，利用DNA亲子鉴定技术可以精准地获取血缘关系存在概率的数据，基于该鉴定技术的科学技术背景，DNA亲子鉴定已得到了大众的普遍认可和信赖。积极运用亲子鉴定作为查明亲子关系纷争中亲子关系是否存在的手段，不但有利于切实还原生物学意义上血缘关系的真相，更能在提高法院审判效率的同时提升裁判在当事人及公众当中的信赖度和威信。当然，积极运用亲子鉴定手段的同时亦要考虑运用之合理性，不可形成滥用的现象。由此，笔者提倡法院在审理亲子关系相关诉讼时积极合理地运用亲子鉴定作为查明事实真相之手段。

二、亲子鉴定作为证据方法的限制

就亲子鉴定本身的限制而言，其纯属于发现事实真相的一种方法手段，但其在进行过程中亦难免会面临一些实质上的困难。例如甲女主张在受孕期间曾分别与乙、丙两男发生两性关系，但乙、丙虽均承认在甲受孕期间曾与其发生过性关系，但都不承认该子女与他们有血缘关系，且均不愿接受亲子鉴定检查，此时，若法院以证据阻碍来推定拟制亲子关系，认定甲之主张为真实，则乙、丙两人均成为子女之生父。再假设乙、丙两人为同卵双胞胎，则即使两人同意进行亲子鉴定，得出的结果亦会产生两人均系生父之结论，显而易见，此时以DNA亲子鉴定来获取证据即受到其自身限制。由此可见，亲子鉴定虽然是我们

揭示真相的重要方法，但它并非唯一。

运用亲子鉴定处理亲子关系纷争，必须综合权衡关系人各方的利益，注重保护相关人员的个人尊严及家庭的安定和谐，在尊重关系人私生活的同时尤其要考虑子女特别是未成年子女的利益。即在诉讼过程中启动亲子鉴定程序一方面要从解决当前纠纷考虑，同时又要防止亲子关系纷争继续产生，要注重维系当事人原本和谐的家庭生活，这便是亲子鉴定在目的上所受到的限制。笔者认为，基于亲子鉴定在目的上所受的限制，在启动亲子鉴定程序时应当着重考虑两个方面：其一，子女利益的最佳保护；其二，注重身份关系真实性与安定性之间的调和。

三、亲子鉴定意见在诉讼中的运用

就当前的 DNA 亲子鉴定技术而言，在医学上进行亲子鉴定并非难事，而我们需要格外关注的是，在现实诉讼过程当中如何应用亲子鉴定结论的问题。亲子鉴定涉及婚姻、家庭以及子女的人身权利和财产权益，因此，亲子鉴定结论在诉讼中适用应始终贯彻稳定、谨慎之精神，其适用也并不是无条件的，在当前法律没有明确规定的前提下，笔者认为，可以《批复》有关规定为基础，谨慎掌握亲子鉴定结论的适用原则。

首先，在诉讼中适用亲子鉴定结论要考虑保护妇女、儿童权益原则。根据《批复》规定：对要求作亲子鉴定的案件，应当从保护妇女、儿童合法权益，有利于增进团结和防止矛盾激化出发，区别情况，慎重对待。第一，当亲子鉴定的适用可能影响子女或妇女合法权益而带来不良后果时，一般不应适用；第二，在未婚男女、未婚男子（女子）与已婚女子（男子）发生性关系下所生子女因抚育费纠纷、赔偿纠纷引起的亲子关系确认案件中，任何一方要求均可准许；第三，因婴儿抱错、怀疑非自己所生婴儿而拒绝从医院抱领的，任何一方要求均可启动亲子鉴定程序。以上规定表明，若是基于未成年人利益而申请亲子鉴定是无需考虑对方意志的，这一精神在司法实践中已经得以贯彻。[①]

其次，在诉讼中适用亲子鉴定结论时我们还需考虑当事人意志因素的制约。

---

① 《诉讼中亲子鉴定的适用》，载 http://wq.zfwlxt.com/newLawyerSite/，访问日期：2024 年 8 月 1 日。

《批复》规定：对于双方当事人同意做亲子鉴定的，一般应准许；一方当事人要求做亲子鉴定，或者子女超过 3 周岁的应视具体情况从严掌握，对其中必须做亲子鉴定的也要做好当事人及有关人员的思想工作。根据《批复》中这一规定精神，笔者认为，第一种情况是若双方当事人协商一致同意做亲子鉴定，且亲子鉴定系在有相应资质的鉴定机构进行，则此亲子鉴定结论可以作为诉讼中审判的依据；第二种情况是亲子鉴定是丈夫单方面无证据的猜忌所致，妻子明确表示拒绝的，这种情形如没有法院依职权作出亲子鉴定之决定的，所形成的亲子鉴定结论则不应作为诉讼审判之依据；第三种情况是子女已长大成年，父或母一方要求做亲子鉴定但没有足够证据或虽有证据而另一方或子女予以否认，且坚决不同意做亲子鉴定的，这时若不是法院依职权要求做亲子鉴定的，则由此形成的亲子鉴定结论亦不应作为诉讼中审判的依据。

再次，亲子鉴定结论在诉讼中的适用还应考虑亲子鉴定提起的时效限制。虽然《批复》对于亲子鉴定的适用有所涉及，但很有限。对于亲子鉴定提起的时效问题未作出相应的规定。笔者建议，可以引入两年时效制度，当得知或应当得知子女非自己亲生之日起无正当理由两年内不主张确认权利者，诉权自行消失。这样有利于保护妇女、儿童的合法权益，维护婚姻、家庭秩序的稳定。

最后，亲子鉴定结论在诉讼中的适用还应考虑亲子鉴定结论获取的合法性问题。根据之前章节对亲子鉴定的阐述可以得知亲子鉴定属于司法技术鉴定的一种，其鉴定结论在证据学上是一种独立的证据，对于这一特殊的证据，要在诉讼中发挥证明作用就必须具备证据的合法性。而亲子鉴定结论要具备合法性，必须同时具备以下两个条件：第一是亲子鉴定程序必须合法，第二是进行亲子鉴定的机构以及鉴定从业人员必须合法。根据我国《民事诉讼法》的规定，当事人只有亲子鉴定之申请权，而是否有必要启动鉴定程序是需要由人民法院决定的，根据这一立法精神，在一个亲子关系纷争当中即使是丈夫为了满足其知情权而私自进行的亲子鉴定，也是对法定程序的违反。我国相关法律规定违反程序正义而取得的证据是不具有证明力的，那么由此形成的鉴定结论也就不能作为男方要求妻子进行精神抑或物质方面赔偿或者是要求离婚的依据。而如今民间机构所进行的亲子鉴定活动在绝大多数情况下恰恰都不是由人民法院委托所开展的，因此我们说民间机构出具的违反法定程序的鉴定结论是不具有证据效力的。我们所说的鉴定机构合法，即要求鉴定机构要具备法律规定的亲子鉴定主体资格。这是因为亲子鉴定结论具有极强的专业性、科技性以及先进性，可能会直接影响判决的结果，基于此必须对鉴定机构以及鉴定从业人员作出相应的高要求以确保鉴定结论的公正、专业以及可靠性。目前我国对于鉴定机构所采取的准入制度主要是核准登记制度，鉴定机构（包括从事鉴定工作的人员）须经司法行政部门或是人民法院予以事前审查、批准、公示程序后，才能接受人民法院的委托从事鉴定业务，也只有经过上述程序进入鉴定业务领域的鉴定机构和鉴定从业人员所出具的鉴定结论才有可能被人民法院所采信。综上，笔者认为如果亲子鉴定结论具备了上述两个条件，则可以作为证据使用，但即便这样鉴定结论也只是证据的一种，它不具有绝对性，出具鉴定结论的人员须经法庭质询，结论也须经法庭质证才能成为决定案件胜诉或败诉的依据。①

如上所述，亲子鉴定系诉讼中获取证据材料的手段之一，那么亲子鉴定意见在诉讼中则是作为发挥证明作用的证据材料出现的。基于鉴定意见获取手段的专业性及科学性，其在法官断案的过程中证明效力往往高于其他证据资料，而对于亲子关系纷争中血缘关系的存在与否有时更是完全取决于鉴定意见。当然，出于大众对于科学技术手段以及鉴定人专业水平之信赖，将亲子鉴定意见在诉讼当中提升至如此重要的地位无可厚非。然而，根据利益权衡规则，有时确需忽略亲子鉴定意见作为证据材料之证明作用。回顾之前章节中有关美国法下的"子女最佳利益原则"，在亲子关系纷争中，如若子女不愿获悉其生父的信息，或是揭示其生父不利于保护子女的利益，而与其共同生活的父亲虽然与其没有血缘关系，却很好地履行了作为父亲的抚养义务，则可以拒绝采取亲子鉴定来解决纷争，从而达到维系子女现有成长环境的安定性之目的。笔者认为，美国的上述做法可以作为我国在运用亲子鉴定意见时的借鉴。

第五节　亲子鉴定在亲子关系之诉讼的法律适用

一、"必要证据"的证明标准

《民法典婚姻家庭编解释（一）》"提供必要证据予以证明"的规定说明，

---

① 王栋：《亲子鉴定之法律思考》，载 http://www.110.com/ziliao/article-10691.html，访问日期：2024 年 8 月 1 日。

原告提供证明亲子关系存在与否的"必要证据",是裁判者推定亲子关系的一个基本前提。只有在原告方提供的证据达到证实亲子关系存在或不存在的"必要证据"的程度,才可以作出有利于或不利于原告方亲子关系推定。

实践中,对于父方与母方之间不曾发生性关系,或母方曾与其他男性发生性关系等,这些可能影响亲子关系推定的具体事由,往往具有隐私性,从举证角度而言,确实难度较高。裁判者对于足以证明这些基础事实的"必要证据"的范围和内容的认知,也必然存在差异。因此,提起亲子关系确认之诉的当事人一方,所提供证据不必足以证明其主张,只要其足以使裁判者相信可能确有其事,当事人之间可能存在亲子关系,此时举证责任就发生转移。如果这一方当事人申请亲子鉴定,而另一方不配合,导致亲子鉴定不能进行,则推定该方当事人的主张成立。

实践中,裁判者认定"必要证据",应当从以下几个方面进行考量:

第一,裁判者应对双方所举证据进行充分审查,主张亲子关系存在一方提供的证据应当达到高度盖然性的程度,即使《出生医学证明》不能直接证明父子(女)之间的血缘关系,但其办理须经法定程序以及相关部门的审查,证明力相对较高。第二,庭审中裁判者应当充分听取双方当事人的陈述,对双方陈述进行全面综合的辨析,比较其合理性,判断可信性。第三,深入询问不愿意接受亲子鉴定一方当事人的拒绝事由,当前亲子鉴定技术否认亲子关系的准确率高达100%,确认亲子关系的准确率达99.99%,裁判者对于拒绝亲子鉴定一方的理由要全面把握,并形成内心确信。第四,考虑未成年人的利益,任何一种亲子关系推定,子女都是最主要的利害关系人,关乎儿童身心健康、未来成长及财产利益,裁判者对子女的成长习惯及家庭环境要全面把握,以子女最佳利益为基本原则。

二、亲子关系确认与否认原告范围的把握

亲子关系认定的主体,是请求法院确认或否认亲子关系的权利主体。《民法典》第1073条延续了原《婚姻法解释(三)》第2条的规定,并修订为父母或成年子女有请求确认亲子关系的权利,父母还有请求否认亲子关系的权利。由此不难看出两点:首先,亲子关系认定是原告以起诉的方式要求法院裁判变更亲子身份关系,对诉的提起采严格态度,防止公权力破坏民事私权利;其次,

我国对于亲子关系原告采明确列举的方式，只有适格的原告才可以请求法院作出确认或否认亲子关系的推定。

《民法典》对亲子关系之诉的提起主体限定为父母、子女，此外其他人无原告资格。在立法明确了原告范围后，司法实践中应综合目的、文义、体系等方法，准确地理解适用亲子关系规范，不得随意扩大原告范围。对于亲子关系认定之诉的原告，应当分别分析。

（一）亲子关系确认之诉的原告

第一，父母，包括夫妻任何一方、离婚的夫妻任何一方、有同居关系的任何一方。第二，成年子女，未成年子女之所以不可以成为原告，主要是因为未成年人的诉讼须由法定代理人进行，而其法定代理人往往是其父母，当未成年子女已经处于稳定的家庭关系中时，从子女利益出发，一般不再变更亲子关系，以确保身份之安定性。另外，父母要向法院请求确认其他人与自己子女的亲子关系，不合常情。因此，等该子女有完全民事行为与诉讼能力时再自主提起确认之诉，更为妥当。第三，子女的其他监护人，未成年人的父母双方死亡，需要确认亲子关系以继承父或母之遗产，此时应当允许该子女的监护人提起亲子关系确认之诉，请求法院确认死亡一方与该子女系父（母）子关系，以保障子女的继承权。将子女的其他监护人作为适格原告，是对现有法律规定的扩张解释。当未成年子女的父母双方死亡后，该子女的监护人常是其最亲近且最有利于其成长的人，[①]从权利义务角度看，监护人的地位相当于"父母"，因此可成为适格的原告。

（二）亲子关系否认之诉的原告

否认亲子关系的原告主要是父母，也包括生父、生母。生父、生母提起婚生否认之诉，主要是针对人工生殖技术生育的子女，如捐精捐卵、代孕，子女虽与生父、生母有基因关系，但一般情况下该子女不在生父生母组成的家庭环境中生活，其与生父、生母形成的亲子关系与情感上的亲子关系不符，对子女而言，这不是最有利的亲子关系。[②]因此，应当允许生父、生母成为亲子关系否认之诉的原告。

---

① 李霞：《协助决定取代成年监护替代决定——兼论民法典婚姻家庭编监护与协助的增设》，载《法学研究》2019年第1期。

② 薛宁兰：《社会转型中的婚姻家庭法制新面向》，载《东方法学》2020年第2期。

需要说明的是，子女无论成年与否，都不可以成为亲子关系否认之诉的起诉主体，这主要是防止子女借此逃避赡养父母义务。父母对子女履行了抚养义务，在年老需要子女赡养之时，子女通过亲子关系否认之诉解除亲子关系，不利于对老年人权利的保护。如果确有必要解除，可由父母一方向法院起诉，解除其亲子关系。

综上，对于亲子关系确认之诉的适格原告，可作扩张性解释；而对于亲子关系否认之诉的适格原告，应当严格依照《民法典》的规定适用。亲子关系的确认，是基于为子女寻求更合适的父母关系，尽可能地保护其成长，为子女创设更多利于其成长的可能性，这符合子女最佳利益原则，因而对于确认亲子关系的诉讼，可适当扩大其范围。但亲子关系之否认，不仅使亲子关系处于不稳定状态，还可能使子女陷入无抚养人无监护人的不利境地，因此应当慎之又慎，要严格依照法律规定适用，不得任意扩张。

三、细化推定的依据

由《民法典婚姻家庭编解释（一）》关于亲子关系推定的规定可知，在一方当事人提供必要证据证明亲子关系成立，而对方没有相反证据又拒绝做亲子鉴定的情况下，人民法院只是"可以"推定亲子关系成立，并非"应当"或"必须"推定该主张成立。这意味着裁判者还应结合是否有利于维护家庭和谐稳定和保护未成年人的合法权益等情况来综合予以确定。由此，原告在提供必要证据后，即使在对方无相反证据又拒绝做亲子鉴定时，法官也不必然作出有利于原告一方的推定。

裁判者作出有利或不利于原告一方的亲子关系推定，是综合考量的结果。任何亲子关系推定都应当以子女利益为最主要的考量因素，其他因素还包括血缘真实与家庭稳定。血缘真实固然重要，但身份的安定性关系到家庭的安定性甚至社会的安定性，如果仅追求血缘真实，忽略已经形成的亲属关系，有损当事人现有的家庭模式和生活利益，同时不利于子女成长。尤其是对于10周岁以上的限制民事行为能力人，其已经具备一定的意思表示能力，裁判者对于该子女对亲子鉴定的认知程度和态度给予充分的重视与考量，才能作出合理的裁判。

亲子关系推定要尊重"血缘真实"，兼顾"身份安定"。实践中，两者均要以子女最佳利益为基本原则。裁判者在没有亲子鉴定结果的情况下，自然更偏重身份安定，因为稳定的亲子关系更有利于子女成长，此时会使个案的裁判更为合理，但在整个司法体系内，容易产生相反的裁判结果，导致裁判矛盾。因此，对于裁判者在一方当事人拒绝做亲子鉴定时，究竟应当作出有利推定还是不利推定，其推定依据应当加以细化。

四、正当事由

基于《民法典婚姻家庭编解释（一）》第 39 条的表述可知，只要"另一方没有相反证据又拒绝做亲子鉴定的"，人民法院可以认定否认亲子关系一方的主张成立。该条限定了推定的前提条件为"没有相反证据又拒绝"。笔者认为，这个前提条件的限定过于宽泛，导致对另一方施加的义务过重。

诸如"虽然没有相反证据，但可以证明亲子鉴定对其或孩子的身体可能造成伤害"，在这个情形中，虽然对于另一方来说并未提供任何相反证据，但其说明了拒绝进行亲子鉴定的正当事由，此时推定不存在或存在亲子关系就完全不合适。因此，笔者认为仅仅规定"拒绝做亲子鉴定"未免有些强人所难。"拒绝"是一个大范围的情形，其中包括"因不想承担做亲子鉴定对自己产生不利后果，因而拒绝"，也包括"因存在不宜做亲子鉴定的正当事由，因而拒绝"。笔者认为，对"另一方没有相反证据又拒绝做亲子鉴定的"应被修改为"另一方没有相反证据，也没有不能做亲子鉴定的正当事由，又拒绝做亲子鉴定的"，是为增加条件，以对"拒绝"作限缩解释。

第六章　亲子鉴定立法的模式

从上述章节我们不难体会，由于规范亲子鉴定的法律缺失所引发的问题已随着亲子鉴定市场的不断发展壮大而日益凸显，亲子鉴定的法制化已刻不容缓，亲子鉴定制度规范涉及的是亲子鉴定的机构设置、管理体制、运行机制以及亲子鉴定相关主体之间的权利义务关系，必须赋予其法律上的地位。只有这样，才能规制司法机关与亲子鉴定相关的行为规范，才能制定与亲子鉴定相关的诉讼规则，也才能对现行诉讼法中关于亲子鉴定的立法作调整和修改。那么，基于我国目前的相关现实与立法现状，对于亲子鉴定的立法模式究竟应当如何界定，笔者在此提出一些看法。

第一节　境外国家亲子鉴定立法模式及启示

现阶段有关亲子鉴定的立法与现实的落差、理论与实践的错位，要求我们审视国内之现状，环顾域外以考察，借以他山之石而琢己璞玉。目前在世界各国，关于亲子鉴定的立法有两种模式：一种模式是将有关亲子鉴定问题的法律规定，分别列入相关法律的相关章节之中，通过诸如《民法典》以及三大诉讼法等分别对三种不同诉讼程序中的亲子鉴定问题作立法规定。另一种模式是制定同时适用于刑事诉讼、民事诉讼和行政诉讼的统一的亲子鉴定法典。从当前各国的立法现状来看前一种模式更为常见。这并非因为分散立法优越于统一立法，而是因为立法传统和认识规律使然。

一、境外国家亲子鉴定立法现状

（一）德国

德国自 1900 年制定《民法典》以来，就一直以婚生推定制度、婚生否认制度与认领制度建构亲子身份关系。至今为止，除了关于认领的相关制度以外，不论婚生推定制度或婚生否认制度都作了较大幅度的修正。这些修正一方面是为了顺应社会形态的不断转变，另一方面则是配合德国基本法之要求。关于亲子鉴定，德国《民法典》亦予以了相应规范，例如关于亲子鉴定提起的时效限制。德国《民法典》规定：否定父子关系，只能在得知子女出生之日起两年内提出。对于子女成年后的否认，应在成年后的两年内提出。①

而对于亲子鉴定是否可以强制执行，德国则早在1950年修订《民事诉讼法》时，便增订了亲子关系诉讼中关于直接强制执行血液鉴定的法条，即德国《民事诉讼法》第372条之一。该法条规定：（1）在《民法典》第1600条之c、d或其他情形下，有必要为血统确认时，每个人都应接受检查，特别是抽取血样以作血型鉴定。（2）若无正当理由而再次拒绝时，可以拘传并直接强制执行。尤其对否认婚生子女、认领子女等亲子关系事件中的血缘鉴定，在法条中更是明确列举了必需要件：（1）鉴定的必要性，鉴定的进行仅限于血统确认范围内；（2）示明的可行性，即按时下的科学原理，鉴定结果应当足以得出亲子关系是否存在的结论；（3）接受结果的可能性，纵然鉴定的方法与结果对受鉴定人或其他近亲属的法律地位有所影响，也能接受这一类的鉴定结果；（4）方法之相当性，即无损于被鉴定人的健康。也就是说，在具备上述要件的情况下，不仅仅是当事人，即便是第三人，亦不能拒绝履行血缘鉴定的容忍勘验义务；若法院因该当事人或第三人没有正当理由拒绝亲子鉴定而作出"拒绝无理由"的判定后，则无需另一方当事人的再次申请，法院便可依职权直接强制执行进行亲子鉴定。同时，法院还可以此为由直接判定被鉴定人承担因拒绝鉴定而发生的一切费用。

（二）法国

1804年法国民法系对罗马法的复兴，亦大力倡导对个人的尊重。然而，不可否认的是在法国大革命这一大背景下出台的1804年法国《民法典》，由于法国大革命号召民众所用的抽象的人权口号与早前宗教革命其实并未有本质上的区别，同宗教如出一辙的是，法国《民法典》亦把具有各种社会特征的人均化

---

① 陈玉玲：《德国亲子法视野下的婚生子女的否认——兼论对我国立法的启示》，载《时代法学》2011年第2期。

为抽象的人，也正是为此，法国《民法典》才具有如宗教革命般遍及全世界的影响。可以说，法国大革命以后产生的法国《民法典》在其本国一定程度上都是一个激情的理想主义的产物。而我们在此要强调并注意的是，法国当时的亲属法本身就继承了许多旧的习俗，是法国《民法典》中对旧法改动最小、"最不革命"的部分。[①]

当然，随着整个社会和相关理论的变迁，法国亲属法亦不断得以完善，如今已成为世界上亲属法较为完善的国家之一。而其中对于亲子关系的部分同样得到了重视和完善。例如，在对于亲子关系是否真实存在的可信度确认方面，法国立法一直有着相当的要求，可以基本概括为对血统主义的遵从，法国《民法典》中明确规定，只要不与其他法律原则相冲突，法官便可动用"全部的证据方法"作出最为真实可信的亲子关系判处和认定；而生物学意义上的血缘鉴定方法的选择适用应当成为最常用，也是最具科学性结论的证据方法。因此，在亲子关系诉讼中，法院可以依职权直接命令相关当事人进行亲子血缘鉴定，并据此鉴定结论作出判决。同时，法国《民法典》还规定，如果一方当事人有"足证事实"的证据材料，如在"婚生子否认之诉"中，如果丈夫一方能够提出足以证明"子非其子"的"确凿事实"（证明材料）——譬如是无生育能力的医学证明，那么法官即可作出亲子关系不存在的判决。然而，1994 年《生命伦理法》的出台，使得法国在亲子关系诉讼纷争当中惯用的"命令为血缘鉴定"并以此作判的状况发生了改变。首先是立法价值取向的变化。法国增订《民法典》第 16 条之 1 与 11 款，彰显对人的尊重，强调人体完整性不可分性之原则，规定人体、人体各组成部分以及人体所生之物均不得侵犯；即便是在确认亲子关系之诉或对亲子关系提出异议之诉中，不管是血液或 DNA 等科学鉴定，鉴定前应征得当事人本人的同意。其次是对法官权力的限制，虽然法官仍可凭借自由裁量权而借由证据调查的方式进行血缘鉴定，但是这一"方式"对被调查者而言并不具有法定义务性质，相反，是对法官的限制。所以，即便是当事人提出申请血缘鉴定，如果法官能以认定的全部证据材料而获得亲子关系存在与否的"足证事实"为内心确信，法官就不可按惯常而径直作出血缘鉴定的命令。再次

---

① 李广益：《论婚姻家庭法在法律体系中定位的历史变迁》，载 http://article.m4.cn/problem/gover，访问日期：2024 年 8 月 1 日。

是诉争范围受限。基于家庭安定的维护、子女最佳利益之保护，以及忠实于人的真实心理的考量，并非所有的身份关系皆可为讼争。就此，法国法在具体的制度设计中予以规制：（1）限定 30 年诉讼时效期间，一旦届满，纵然是双方当事人的"合意争讼"，且提供了生物学或遗传学上的鉴定结论，法律也自不容其进入诉讼；（2）惟专人、专门机构且只在有限范围内才可进行血缘鉴定，即：除因裁判程序、医学及科学研究所需外，任何个人、单位均不得擅自委托个人、机构为血缘鉴定；如有违反，不管是接受鉴定的机关抑或实施鉴定者，均将受到刑事处罚。[①]

就此，法国法上最初施行的强制血缘鉴定不复存在，并且原先适用的罚金（astreint）等措施也同时予以取缔。但是，法官仍然有自主评判被鉴定人拒绝接受血缘鉴定而产生的具体法律后果之权力，所以，不仅当事人，甚至是第三人，均有可能受到被处以逾期罚款等制裁。

在亲子鉴定的启动方面，1994 年 7 月，法国所颁行的《生命伦理法》限制对 DNA 鉴定的利用，并且根据法国有关法律规定，"只有根据最高行政法院提出资政意见后颁布的法令规定的条件得到认可的人，才有资格通过遗传特征对人进行鉴定；在司法程序中，前述之人还应当是在司法专家名册上登记的人"。法国《民法典》第 16 条第 12 款规定："实施 DNA 鉴定，应限于裁判程序中紧急调查、证据调查，或是科学研究、医学等目的。"亲子鉴定程序启动是受到严格限制的，这主要体现在以下几个方面：第一，个人不能委托启动，亲子鉴定只能由法院依职权启动，而且必须遵守《生命伦理法》上的严格规范；第二，限于确定亲子关系之诉或异议之诉，以及诉请抚养费时使用；第三，当事人申请鉴定的，须提出具有重大表征的证据；第四，亲子鉴定的鉴定机构及鉴定人员仅限于数个研究中心，而且仅限于受认可或登录于鉴定人名册之人，违反法律规定将受刑事制裁。[②]

（三）英国

在英国，随着亲子关系纷争的日趋递增，英国政府遭遇更多棘手且又亟待解决的社会问题。因此，有关亲子关系法令的制定与修正工作从来就没有懈怠

[①] 《法国民法典》（上），罗结珍译，法律出版社 2005 年版，第 280 页；《法国新民事诉讼法》，罗结珍译，法律出版社 2008 年版，第 27 页。

[②] 陈苇：《外国婚姻家庭法比较研究》，群众出版社 2006 年版，第 308 页。

过。1969年颁行的《家庭法改革法令》规定：只要是关涉亲子关系、父母身份确定的诉讼事件，任由哪一方当事人提出声请，法官即可以此声请发出指令（direct）而进行血缘鉴定；该指令仅适用于亲子关系诉讼，且遵照指令提取附属于他人身体的血液、毛发等鉴定样本须以本人同意为前提，否则将被判处监禁或裁决罚金；如果被鉴定人拒绝法院指令下的"履行协助义务"，那么法官就可因此作出不利于鉴定人的推定。①

自1987年起，基于司法审判中对DNA技术的借用又引发了英国亲子关系事件处理上的法律修正。在《家庭法改革法令》中，改"血型鉴定"为"科学鉴定"，而DNA技术成为"科学鉴定"的方式之一。这也是司法顺应现代科技发展进步的表现。在1989年的《儿童法》中，则有更多方面的修正、更多内容上的添加。例如《儿童法》再次明确：在亲子关系诉讼中，法官可以基于当事人声请抑或直接依其职权，发出指令执行科学鉴定——在规定期限内，从被指令者的身上提取一定身体样本，进行能够为"生物或遗传性特征之确定"的科学鉴定。

而对于亲子鉴定的启动，英国在学理和实务上都倾向以"子女最佳利益原则"作为第一位序的衡量基准。立法上则在1996年颁布的《英国家庭法》中，对子女最佳利益原则作出了倾向性的特别规定——对子女来说，知悉亲生父母为谁之真相甚为重要，以避免因其怀疑自身血统而致无可预测的重大不利益后果。因此，在子女为原告提起的生父确认之诉中，法官随时可以发出指令而实行强制性的科学鉴定。

（四）日本

在日本，新《人事诉讼法》对亲子鉴定的协查义务作出了相应规定，即包括亲子关系事件在内的人事诉讼中仍采行职权探知主义，对于勘验或勘验物提出之一般义务履行并不受制于一般民事事件上的第224条、第229条之4款、第240条等规定。即在亲子关系诉讼中，法官不能因一方当事人拒绝检证或拒绝提供检证物而拟制他造主张的事实为真实，对于"提供检证物及协助进行勘验的义务"的拒绝履行行为，只能以法庭辩论结果作为法官自由心证的参考，更不

---

① 《英国婚姻家庭制定法选集》，蒋月等译，法律出版社2008年版，第46页。

得以举证规则或事实推定而作出不利于拒绝义务履行当事人的事实认定或判决。①

关于亲子鉴定时效问题，根据日本《民法典》第772条规定：自婚姻成立之日起于婚姻中怀胎的子女，推定为夫的子女。自婚姻成立之日起200日后或自婚姻解除或撤销之日起300日以内所生子女，推定为婚姻中怀孕的子女。否认婚生子女关系，父或母要举证证明真正客观事实与法律上婚生子女的推定相反，并且这种证明效力要达到相当严格的标准。举证的客观事实包括很多种，如丈夫无生殖能力、双方无同居事实等。但是，通过亲子鉴定来否认亲子关系是最重要、最有说服力的证据，在各国实践中被广泛采用。②

在亲子鉴定的启动方面，根据日本的相关法律规定，在日本可以启动亲子鉴定的途径包括三个，分别为：（1）当事人个人委托；（2）法官根据案件调查的需要发出指示或依一方当事人申请而发起；（3）依调查官的意见而进行DNA亲子血缘鉴定。现行日本法制将国家公权力介入家事纷争及子女监护的领域，在制定家事审判法时将过去许多必须遵循民事诉讼或人事诉讼处理的案件，均改为依家事审判案件处理即非诉化处理，并采取调解前置主义，要求所有关于家庭的纠纷，在起诉前必须先经过家事法院的调解，这些在其《家事审判法》当中均予以了规范。

二、境外国家亲子鉴定立法带来的启示

综上阐述，在德国、法国、日本等大陆法系国家，均在其民法典中的亲属法部分，对婚生子女否认、亲子关系确认及非婚生子女认领制度作了较为完整且系统的规定，对亲子鉴定的启动条件、目的限制、鉴定机构、结论认定等方面的问题基本在其各自的民事诉讼法典中作了详细的规定。而英美法系国家亦将亲子鉴定当中实体与程序方面的问题分别规定于其相关实体法与程序法当中，虽然各国的立法体系及原则存在一定差异，但从以上阐述中我们可以看到，各国均未采用统一立法的模式对亲子鉴定予以规范，而各国对于亲子鉴定的相关

---

① 毕玉谦：《民事诉讼证明妨碍研究》，北京大学出版社2010年版，第46页。
② "中国亲子鉴定尚缺法律依据　维护孩子权益成关键"，载 http://legal.people.com.cn/GB/13822500.html，访问日期：2024年8月1日。

法律规定内容之详细、系统以及关于亲子鉴定的立法理念都各有值得我国借鉴之处。

第二节　对于我国亲子鉴定立法模式的设想

一、总体思路

基于对我国亲子鉴定现状的分析，改革和完善我国现行亲子鉴定体制，要特别注意弱化当前过于浓厚的职权主义色彩，应当在合理利用现有鉴定资源的同时，建立科学公正的新型亲子鉴定体制，在保障诉讼顺利进行的同时，注重加强对当事人合法权益的保护。这一目标的实现，必定要立足于以下几点基本认识：

（一）亲子鉴定立法必须反映亲子鉴定制度发展的共同趋势

毋庸置疑，一国的亲子鉴定制度必定依托于该国的司法制度和法律文化传统，在一定程度上也必然反映人类社会的科学技术水平及共同发展规律。近年来，无论是大陆法系国家抑或英美法系国家，对自己的诉讼法典及相关法律都进行过多次修订增补，其中不乏关于亲子鉴定问题增补的条款与内容。总体趋势是，两大法系都在努力从对方的鉴定制度中获取灵感，以进一步完善及改革自身鉴定制度存在的弊端。大陆法系国家专注于努力强化鉴定程序中的制约机制，并增强控辩双方对鉴定程序的参与能力，以减少鉴定中可能发生的错误。英美法系国家则主要致力于强化鉴定人的公正地位，以遏制刑事鉴定当中的过分当事人化。这些无一不反映出亲子鉴定制度改革的时代特点与司法制度发展的同步性和层次性。

（二）亲子鉴定立法应体现亲子鉴定工作自身的特点和规律

首先，亲子鉴定是一项司法辅助活动，同时又是一种证据调查方法。它只解决案件中的专门性问题，一般涉及的是科学技术领域，不回答或解决法律问题。虽然专家的鉴定结论往往对法官认定事实具有重大的影响力，但它不能代替法官从事职务性活动。

其次，亲子鉴定的功能是从科学的角度帮助司法机关确认证据，是一项科学实证活动。相应地，鉴定结论则是科学的判断。由此，科学性必定成为亲子鉴定基本和首要的原则，也是亲子鉴定结论区别于其他证据最重要的特征之一。

125

在科学技术迅猛发展的当今时代，以科技进步为依托的亲子鉴定具有巨大的发展潜能和为司法服务的权威效果。在众多领域，亲子鉴定结论对裁判的结果均起到了重要乃至决定性的影响。也恰恰因为如此，当前的司法实践对亲子鉴定的科学性提出了更高的要求。亲子鉴定立法则必须为亲子鉴定的科学性提供制度保障。

再次，亲子鉴定具有明显的广泛性和复杂性。基于诉讼中所涉物证的多样性及繁杂性，亲子鉴定所需学科的领域以及范围亦相应广泛多样。充分认识亲子鉴定的复杂性和广泛性，无疑是研究亲子鉴定制度的必要前提。只有对其涉及学科群的庞大以及鉴定客体的广泛有所理解和把握，才能更好地构建亲子鉴定机制，不至于过于简单和草率。同时，鉴定客体的广泛性亦揭示着亲子鉴定统一管理的必要性，加强管理、理顺制度，才能保证千头万绪的亲子鉴定程序公正，提高司法诉讼效率。而鉴定人做出的亲子鉴定，受鉴定人自身业务素质和所处技术条件的限制，鉴定结论的准确性也是相对的，必须对鉴定结论进行严格的审查判断，才能作为定案的依据。这也要求在鉴定程序中设立鉴定救济和鉴定责任制度。

最后，亲子鉴定的过程，同时也是鉴定人对鉴定客体不断认识，形成特定科学判断并达到内心确信的过程。因此，尽管对案件事实的证明需要的是鉴定结论，但对鉴定结论的可靠性、准确性、真实性的质证和认证过程中，却不能不涉及鉴定的规则、检测方法以及鉴定人的资格、知识水平、经验等，甚至有时还要考虑到鉴定人的品行和为人。鉴定结论与鉴定人结合在一起才构成一个完整的证据种类。为此，加强对鉴定人的审查和管理亦显得尤为必要。

（三）亲子鉴定改革必须符合司法制度改革的模式和精神

证据制度、诉讼制度和鉴定制度三者紧密联系，鉴定制度是由诉讼制度和证据制度决定的，是要服务于它们，并受其制约的。因此，鉴定制度的整体构建必须体现本国的诉讼模式和诉讼规则，应以诉讼制度和证据制度作为前提和基础。从立法取向上看，公正和效率是现代程序设计的人类设计诉讼程序的根本出发点，也是人类的共同价值准则。亲子鉴定作为鉴别、确认诉讼证据的一种重要活动，直接关系到案件法律的正确适用和事实的正确认定，也关系到社会资源对诉讼的投入以及法律适用是否及时的问题，应当最大限度地兼顾效率与公正的价值追求。由于历史传统和现实情况的差异，不同国家的诉讼立法在效率和公正这两者间的侧重面以及实现诉讼活动效率和公正价值的具体途径各不相同，因而在庭审模式、诉讼制度等方面无法避免地会存在差异。在一个国家内部，庭审模式及诉讼制度等也会适时变化。总的鉴定制度必须随着相应证据制度和诉讼制度的改革予以同步变革，亲子鉴定作为司法鉴定中的一种，亦随之变革。从我国实情来看，近年来，法院庭审制度的改革及刑事诉讼法的修订虽然在一定程度上吸收了当事人主义诉讼制度的某些做法，完善了三种诉讼职能的分工，双方当事人在诉讼中的地位亦有所加强，但整个诉讼制度的总体特征仍趋向于大陆法系的职权主义。针对这种现实状况，作为诉讼辅助性活动的司法鉴定应同我国的整个诉讼制度协调一致，亲子鉴定亦然。与我国的司法体制、诉讼规则、庭审模式保持协调统一，这也是确立亲子鉴定制度所须遵循的基本准则。

二、具体模式设想

基于上述对亲子鉴定立法的总体思路，借鉴世界发达国家当前亲子鉴定立法模式，结合我国亲子鉴定实务及法律规范的现实状况，笔者认为将亲子鉴定的相关法律规定作为我国即将统一立法的《司法鉴定法》的一部分更为现实妥当。

当今社会，由于人类活动领域的不断拓展和科技的飞速进步，诉讼中司法鉴定的运用将越来越普遍和重要。社会的法治化也对诉讼活动的规范化提出了更高的要求。这种情况下，对司法鉴定分散立法的现实情况已不能完全适应社会发展的需要。

一方面我国现行的三大诉讼法对司法鉴定均未作系统化规定，为统一立法留下了余地，也使得进行统一立法更为迫切；另一方面现代社会诉讼活动的日益规范化要求司法鉴定立法的系统化，而如果三大诉讼法都分别对司法鉴定作系统化的规定，则不仅造成立法内容的重复，而且会造成各诉讼法自身整体结构的失衡。对各类诉讼中司法鉴定活动的细微差别，可以通过法律中设置特别条款等立法技术来解决。我国正在酝酿出台一部司法鉴定统一立法，此部法律的面世必将为亲子鉴定市场提供相应的行为准则及执法依据。

然而，鉴于亲子鉴定与当事人人身权利密切相关，完全适用司法鉴定的相关规定亦不甚妥当，因此，笔者认为在司法鉴定统一立法中另辟章节对亲子鉴定予以特殊规定更为切合当前我国亲子鉴定市场及立法的现状。在此章节中应当对以下问题予以明确规定：

（一）亲子鉴定的特有原则

笔者认为，亲子鉴定在诉讼过程应当严格遵循以下原则，在司法实践中严格掌握，故必须在立法时予以规范。

1. 当事人主动申请的原则

在处理婚姻家庭案件时，审判机关即使怀疑"父子"关系，也不能依职权主动委托有关部门做亲子鉴定，只有当事人一方或双方主动向人民法院申请要求做亲子鉴定，审判机关才能考虑是否启动这一程序。如一方或双方当事人没有提出这一请求，法院即使发现在亲子关系上存在疑点或合理怀疑，仍然只能按照正常的婚姻家庭关系来处理，但是在涉及刑事案件时，笔者以为法院可以依职权启动亲子鉴定程序，委托有关部门进行鉴定。

2. 当事人自愿的原则

这是指即使当事人一方向法院提出亲子鉴定的申请，但必须征得另一方的同意才可启动鉴定程序。如果子女已具有一定的识别和辨别能力，还须征求子女的意见，因为亲子鉴定不是法院的强制性措施，被申请方有权对涉及公民权的事项予以拒绝，法院没有凌驾于公民之上的公权力来制约其公民权；又由于亲子鉴定结论是专家针对专门问题的意见，作为一种证据使用时，其取证途径应具有合法性，如采用强迫之手段，已然失去证据作为证据存在的依据；又由于亲子鉴定涉及社会的稳定，从社会学的角度出发，不宜对之加以提倡，如若一方拒绝进行鉴定，法院无权依职权委托有关部门进行鉴定，否则就违背了当事人自愿进行鉴定的原则。

3. 保护妇女、儿童权益的原则

妇女、儿童作为社会的弱势群体，无法跟居于社会优势地位的另一方抗衡，所以在婚姻家庭性质的诉讼中，需要首先考虑妇女、儿童的利益，如果亲子鉴定的结果可能影响妇女或子女之合法权益而带来不良后果时，一般应该慎用亲子鉴定；如若诉讼涉及子女的抚养费等子女利益而需要进行亲子鉴定时，即使在对方不同意的场合，法院也可依职权启动亲子鉴定程序。

4. 从严掌握，谨慎适用的原则

亲子鉴定涉及亲情、婚姻、财产、名誉等多方面的问题，适用不慎会带来一系列的严重后果：家庭破裂、妻离子散、精神受挫，生活失去目标方向，进而导致社会不安定因素的积累。启动亲子鉴定程序应从建设和睦、团结的家庭，有利于整个社会的良好风气的形成和我国精神文明的建设，有利于子女的成长和成才的角度出发，从严掌握，谨慎适用，并须做好鉴定的保密工作。

（二）鉴定机构的设置及鉴定人的资格、资质问题

首先，亲子鉴定机构的设置必须坚持有利于鉴定开展、有利于提高鉴定效率、有利于鉴定的发展和法律监督的原则。鉴于我国当前亲子鉴定现状，结合鉴定工作开展的实际情况和各种因素，当下应主要解决我国目前亲子鉴定机构分散、重复和管理混乱的问题，以求形成科学、合理而又规范的机构体系。在司法鉴定的统一立法体系中必定会对司法鉴定机构的设置作合理规范，然而，具备司法鉴定设置条件的机构却往往由于试验设备等硬件抑或从事鉴定人员等限制并非均能承接亲子鉴定业务。也正是出于以上因素考虑，笔者认为对于亲子鉴定机构的设置应当制定专门的法律规范，以彰显法律规范的严谨性。

其次，对于从事亲子鉴定的人员资格、资质问题也是如此，即便在将来的司法鉴定统一立法当中对于从事其他司法鉴定人员所应具备的资格、资质作出了相应规定，笔者仍主张对于从事亲子鉴定的鉴定人要有与其从业情况相适应的资格、资质乃至经历，否则就不得从事与亲子鉴定相关的鉴定业务。

（三）关于亲子鉴定的法律适用制度

首先是关于提出亲子鉴定的主体，在之前的章节中已明确亲子鉴定提起主体的重要性，并且阐述了对立法当中关于亲子鉴定提起主体的相关建议，在此不再赘述。笔者的主张是对于提起亲子鉴定的主体在《民法典》列举主体类型上，可以进行扩张，这样更有利于亲子鉴定市场的有序化和规范化管理。

其次是关于亲子鉴定提出的时效问题，明确亲子鉴定提出的时效有利于督促当事人尽快行使自己的权利，从而使身份关系尽早确定。同时，笔者认为对于不同类别的亲子关系纷争中的亲子鉴定时效应当分别予以规定。

最后则是亲子鉴定纷争中的举证责任分配问题，DNA 亲子鉴定的运用强化了亲子关系争端中发现事实真相的过程，但缺乏合理的举证责任分配规定很可能导致 DNA 亲子鉴定难以运用到司法实践当中，以致难以查明和发现真相，鉴于亲子关系性质的特殊性，笔者认为亲子关系的证明责任分配应当有别于一般的民事诉讼，根据不同的亲子关系纷争作出相应的证明责任分配。

（四）对于我国亲子鉴定管理的规范

首先，对于亲子鉴定机构的管理，笔者认为应当设立统一的亲子鉴定管理机构，在各省、市、自治区设立亲子鉴定管理部门对亲子鉴定机构予以规范，由此进一步确保亲子鉴定结果的准确性和权威性。

其次，构建鉴定人的注册登记制度，对于鉴定人的资格，两大法系的体制有所不同，大陆法系采用鉴定人名册制度，由法院从经过考核录入的鉴定人名册中随机抽取鉴定人进行鉴定；而英美法系则采取专家证人制度，当事人可以自己委托鉴定人，由法官通过专家证人出庭作证对其鉴定进行事后审查。对于如何保持鉴定的中立性，大陆法系将鉴定机构社会化，不允许法院、检察院设立鉴定机构，警察机关设立鉴定机构也只起固定样材的作用，主要为侦查服务；英美法系则通过双方的专家证人出庭对抗以达到诉讼的公正。两大法系都注重双方鉴定人的平等参与权。当事人双方都可以委托鉴定人。只不过大陆法系消极一些，英美法系积极一些。笔者认为，根据我国的现实情况，对于满足法律规范条件从事亲子鉴定的人员，可申请登记注册为亲子鉴定从业人员，同时，规范亲子鉴定从业人员的职业道德，对于违反相关管理规定的，予以相应处罚，并且将鉴定人名册向社会公开，从而保证鉴定人的公信力，以便公众充分了解相关信息，在面对亲子鉴定问题时，理性作出选择。

最后，笔者认为应当以法律规范的模式针对亲子鉴定建立一套切实可行的统一质量标准。首先，要确定统一的 DNA 提取和复制方法，基于 PCR 法在复制和提取 DNA 时具有其简单、精确、灵活以及迅速等优势，笔者建议将此方法作为提取和复制 DNA 的统一方法；其次，出于对 DNA 鉴定过程中可能出现样本受到污染从而影响鉴定结果等因素的考虑，必须对进行亲子鉴定的实验室建立一套严格的执行标准，例如，PCR 试液配置应当在无菌的操作柜进行调配，配置好后，需要用紫光灯将残留的 DNA 予以破坏以免对下一个操作程序造成污染等；另外，对于亲子关系是否存在的确定标准，可以借鉴其他国家，例如美国以亲子关系概率大于或等于 99.9% 来作为确定亲子关系的最低概率，即如果低于该标准，则需要通过加大检测点位来提高亲子鉴定结果之准确率。

纵观我国目前亲子鉴定的现状和当前亲子鉴定立法缺失的情况，结合我国现实的法律体系，要制定系统的亲子鉴定法必须有一个全面、科学、完整、系统的详尽规划。针对当前我国亲子鉴定领域内的各种弊端，结合亲子鉴定工作发展的实际需要和未来可能，充分借鉴其他国家的先进经验方可使得相关法律规范切实可行。

亲子鉴定作为生物技术及人类医学高度发展的产物，以其科学性、客观性以及极高的精准性为法庭科学带来了一场新的革命，它的产生及发展为亲子关系纷争的处理提供了足以信赖和公正的证明相关事实的方法，极大地满足了人们知情权的同时，也为维护相关当事人的合法利益提供了依据。然而，从我国亲子鉴定的现状来看，要想真正使其成为保护妇女儿童权益、维护婚姻家庭和睦以及确保社会安定的重要手段，尚需加快亲子鉴定的法制化进程，以此达到规范我国亲子鉴定市场的积极作用。

笔者结合自身从事多年司法鉴定工作中所遇到的实际问题，立足于我国现行关于亲子鉴定方面的相关规定以及当前的亲子鉴定现状，放眼其他国家关于亲子鉴定之立法经验与启示，深入探讨我国在亲子鉴定法制化进程中应当注意的相关问题，并对此提出一些自己的看法及建议。旨在通过对我国亲子鉴定相关法律问题的研究达到加速亲子鉴定法制化建设的进程，使我国的亲子鉴定能够健康有序地发展。

第七章 亲子鉴定典型案例评析

案例一：吴某某诉徐某某抚育费案①
——当事人一方不配合亲子鉴定时举证妨碍推定的适用

[案情介绍]

原告母亲史某某与被告徐某某原系单位同事，1993 年 5 月史某某与案外人吴某结婚，婚后曾与被告徐某某发生性关系，1994 年 3 月 2 日，原告吴某某出生。2004 年 6 月，史某某与吴某离婚，双方协议原告吴某某由吴某抚养，史某某每月支付抚养费人民币 400 元（以下币种均为人民币）。事实上，离婚后原告吴某某随史某某生活，吴某每月支付抚养费 400 元。后吴某怀疑原告吴某某非其所生，故于 2007 年 5 月进行了亲子鉴定，鉴定结果确认吴某与原告吴某某无血缘关系，为此，吴某要求史某某返还抚养费 41 000 元。事后史某某曾告知被告徐某某原告吴某某系其非婚生子，被告徐某某亦认可此事实，并从 2007 年 6 月起每月支付 200 元抚养费。2008 年 3 月，史某某提出增加抚养费，被告徐某某不同意。故原告吴某某诉至法院。原告诉称：其是被告婚外所生儿子，被告对其有抚养义务，请求判令被告徐某某支付原告吴某某自 2008 年 3 月起，每月 600 元的抚养费，至原告吴某某 18 周岁止；支付原告吴某某 1994 年 3 月至 2007 年 5 月的抚养费 44 000 元。

被告辩称：其与原告母亲史某某曾谈过恋爱，恋爱期间发生过性关系；史某某婚后曾到过被告徐某某家里两三次，当时家中没有其他人，但未和史某某发生过性关系，故其与原告吴某某不存在亲子关系，也不同意进行亲子鉴定。

① （2008）鹿民一初字第 01319 号。

2007 年 6 月至 2008 年 2 月期间支付给史某某的钱是由于当时史某某称离婚后生活困难，要求给予一定帮助，被告出于同情才支付的。要求法院驳回原告的诉讼请求。

法院在审理中，原告要求与被告进行亲子鉴定，以确定双方存在亲子关系，因被告拒绝而未成。被告提供了其工资单，以证明其现月收入为 1 377.4 元，原告对此予以认可。

[案情分析]

法院经审理认为：原、被告之间是否存在亲子关系，应当根据与案件有关的证据进行判断，原告对其提出的诉讼请求应承担举证责任，被告对其反驳原告的诉讼请求所依据的事实承担举证责任。对证据的确认和采信，应当遵循民事诉讼证据的规则，综合分析，作出合理的判断。根据原告母亲史某某与被告徐某某的陈述，两人曾经谈过恋爱，并发生过性关系；史某某与吴某结婚后，史某某还到过被告徐某某家里几次，当时被告家里没有其他人，史某某坚持说与被告发生了性关系。虽然被告徐某某否认发生过性关系，但当史某某告知被告徐某某原告吴某某经鉴定与其前夫吴某无血缘关系，应该是被告之子时，被告自 2007 年 6 月至 2008 年 2 月分五次共支付了 2 000 元。被告徐某某称这些钱是出于同情而给予史某某的帮助，有违常理，反而印证了原告的诉讼意见，即被告与史某某婚后发生过性关系，故认可了原告吴某某是自己儿子后支付的抚养费，之所以后来拒绝支付，起因是由于史某某提出增加抚养费。再者，亲子关系的确定单纯依靠一方举证亦无法完成，一味地要求原告进行举证也有违公平原则，至此，应当认为原告的举证已初步完成。在其他证据的证明力已经达到高度概然性的情况下，由于被告没有合理和充分的理由而拒绝做亲子鉴定，被告应当承担举证不能的后果。故法院据此推定，原告与被告之间的亲子关系成立，原告吴某某是史某某与被告徐某某所生。非婚生子女享有与婚生子女同等的权利，原告要求被告给付抚养费的主张应予支持。双方确认目前被告徐某某的月收入为 1 377.4 元，故被告应每月给付抚养费及补付 1994 年 3 月至 2007 年 5 月的抚养费的数额，由法院根据被告的收入及原告的实际需要合理确定。

[案情结果]

一审法院判决：一、原告吴某某与被告徐某某之间存在亲子关系；二、被告徐某某自 2008 年 3 月起按月给付原告吴某某抚育费 400 元；三、被告徐某某于本判决生效之日起 10 日内给付原告吴某某 1994 年 3 月至 2007 年 5 月的抚育费 35 000 元。

一审判决后，被告不服，以与一审相同理由提起上诉，要求撤销一审判决。

二审法院经审理，认为一审判决适用法律适当，依据《中华人民共和国民事诉讼法》第一百五十三条第一款第（一）项规定，判决驳回上诉，维持原判。

[相关法规]

《婚姻法》《最高人民法院关于民事诉讼证据的若干规定》

[评析]

本案是一起非婚生子起诉要求生父支付抚养费的案件。本案的焦点在于当事人一方不配合亲子鉴定时，举证责任的承担问题。

近年来，法院所受理的婚姻家庭纠纷案件中，涉及亲子关系认定或婚生子女否定的情况时有发生。由于亲子鉴定是确定是否具有亲子关系最有力的证据，因此，在此类诉讼中，通常一方当事人会提出亲子鉴定的申请。但在审判实践中，也经常碰到另一方当事人不愿配合做亲子鉴定的情况。亲子鉴定具有一定的人身性质，因此应当以当事人自愿为原则，法院不能强制当事人鉴定。在处理此类案件时，应当明确的是，亲子鉴定仅是认定或否定亲子关系的重要证据，而不是唯一证据。当事人一方不愿配合做亲子鉴定时，法官可以综合案件其他证据，作出是否具有亲子关系的推定。通常来说，如果未成年子女以及与其共同生活的父或母一方，有相当证据证明被告可能为未成年子女的生父或生母，且未成年子女亟需抚养和教育，而被告不能提供足以推翻亲子关系的证据，又拒绝做亲子鉴定的，可以推定其亲子关系成立；如果父或母一方要求否定亲子关系，从而使婚生子女变为非婚生子女的，而该未成年子女不愿做亲子鉴定，或其监护人不同意该未成年子女做亲子鉴定的，则不适用举证妨碍推定，而应该结合双方所提供的证据综合判断。

本案中，原告母亲提出了相关证据证明原告与被告存在亲子关系，而被告并无有力证据反驳该事实，又无合理和充分的理由拒绝做亲子鉴定，法院在综合相关证据后，认为被告应承担举证不能的后果，推定原被告之间的亲子关系成立，从而保障了未成年子女的合法权益。

案例二：张某仙等七人诉胡某敏遗产纠纷案[①]

[案情介绍]

原告张某仙、胡霄某等七人诉称，坐落于某市香花桥路的一套房屋（建筑面积 46.47 平方米）是张某仙与被继承人胡某春的夫妻共同财产，胡某春于 1998 年 5 月 9 日去世，未留遗嘱。张某仙、胡霄某等七原告作为胡某春的配偶、子女，对上述房屋依法享有继承权。被告胡某敏称其是胡某春的非婚生子，迁居上址房屋，侵犯了原告的合法继承权，故起诉要求确认原告对上址房屋的合法继承权，以及对被继承人胡某春所遗红木、黑檀木工艺象（价值约人民币 4 000 元）的合法继承权。

被告胡某敏辩称，其作为被继承人胡某春的非婚生子，从有记忆时起就与胡某春共同生活，现张某仙等称是胡某春的配偶、子女缺乏依据，其才是胡某春的唯一继承人，故不同意原告的诉讼请求。

本案经开庭审理，双方当事人一致确认如下案件基本事实：被继承人胡某春于 1929 年 1 月 8 日出生，于 1998 年 5 月 9 日死亡。被继承人胡某春生前未留遗嘱。被继承人胡某春死亡前主要与原告张某仙和被告胡某敏共同生活，死亡后丧事由七原告安排处理。被继承人胡某春死亡时遗有其名下产权房某市香花桥路室建筑面积为 46.47 平方米的房屋一套，经本院委托价格事务所估价，该所出具估价鉴定结论：上述房屋 2000 年 11 月 30 日的市场价格为人民币 144 000 元，委托评估费为人民币 600 元。

审理中，双方当事人对对方当事人的法定继承人身份有争议。七原告对自己与被继承人胡某春的身份关系提供了派出所 1966 年 3 月核发的户口簿复印件，该户口簿复印件载明：某市控江路 452 号某室住家户户主为胡某春，妻为张某仙，女为胡霄某、胡燕某、胡慧某、胡翠某、胡蓝某，子为胡小某。经当庭质证，被告对原告胡霄某、胡燕某、胡慧某、胡翠某、胡蓝某、胡小某的法定继承人身份未提出异议；承认原告张某仙与被继承人胡某春当时有婚姻关系，但对原告张某仙与胡某春以后是否离婚，婚姻关系是否存续有疑问，对此被告

---

① （2001）长民初字第 1567 号。

未提供有关证据。

法院确认，七原告提供的户口簿复印件能证明七原告与被继承人胡某春的身份关系，七原告系胡某春遗产的法定继承人。被告对原告张某仙的法定继承人身份所持的疑问，并无相关证据证明，本院不予采信。

七原告认为，被继承人胡某春生前从未向原告确认自己有非婚生子女，被告胡某敏与被继承人胡某春的身份关系不明，被告胡某敏对被继承人胡某春的遗产不应享有继承权。被告胡某敏认为，其系被继承人胡某春与案外人陆某非婚所生之子，是胡某春遗产的法定继承人。被告胡某敏对自己的上述主张，提供了下列证据：

1. 被告委托的律师江某于 1998 年 6 月 29 日在派出所摘录的户籍登记一份，证明某市香花桥路户籍户主为胡某春，被告胡某敏在该户有登记户籍，与户主关系为：子，被告胡某敏于 1990 年 8 月 10 日从某市峨嵋山路迁来入户，且更改姓名。

2. 协议书复印件一份。该协议书由案外人陆某与胡某春于 1990 年 7 月 13 日签订，该协议书约定：陆某与胡某春于 1974 年相识往来，曾有一孩子，取名陆某春。现经双方协商，陆某愿将孩子归胡某春抚养，陆某从此脱离与胡某春的任何关系等。该协议书上有陆某和胡某春的签名和盖章。该证据证明胡某春承认其与陆某春有父子关系。

3. 被告委托的律师江某向被继承人胡某春生前居住地的居委会干部所做的调查笔录，居委会干部夏某和李某证明：当时胡某春分房就带儿子胡某敏住进来，1998 年 3 月选举时胡某春还带了儿子胡某敏来选举等情况。该证据证明居委会干部知道胡某春与胡某敏系父子关系。

4. 被告提供的某集团资料室留存的购买公有住房委托书复印件及本户人员情况表复印件各一份。该购买公有住房委托书确认房屋购买人为胡某春，并委托胡某春作为办理购买某市香花桥路公有住房的一切手续。胡某春在承租人或受配人栏签名盖章，同住成年人栏签有胡某敏的姓名和盖有胡某敏的印章；本户人员情况表核定该户人口数为二人，即户主胡某春与子胡某敏。该证据亦证明胡某春与胡某敏系父子关系。

经当庭质证，七原告对被告提供的证据 1 表示其未经核对；对证据 2 的真实性有异议；对证据 3 不表态；对证据 4 则认为与原告掌握的不同，被继承人胡某春的妻子张某仙也住在该址。七原告为证明被告胡某敏非胡某春的法定继承人，提供了以下证据：

1. 原告委托律师周某于 1999 年 7 月 29 日摘录的胡某春的干部履历表，该履历表家庭成员中无被告胡某敏的填写登记。

2. 具名为胡某春的 1989 年 8 月 19 日的陈述笔录复印件一份。该笔录中胡某春承认与陆某有不正当两性关系并有一子，但对该子是否自己亲生始终怀疑。

3. 具名为胡某春、张某仙的 1989 年 10 月 27 日的诉状复印件一份。该诉状称：胡某春虽然怀疑陆某所生孩子究竟属谁，但为了维护自己的名声，只得默认；如孩子经亲子试验，确系胡之子，胡愿承担抚养责任。

经当庭质证，被告认为证据 1 未表明胡某春何时填写登记该履历表，该履历表内容填写登记不完整；证据 2、3 表明胡某春只是一种怀疑，并不足以否定被告胡某敏的法定继承人身份。

因原、被告对被告胡某敏是否为被继承人胡某春的法定继承人意见无法统一，七原告于 1999 年 11 月 19 日向本院书面申请对被告胡某敏进行亲子鉴定，以判明被告胡某敏与被继承人胡某春的身份关系。原告为此提供了由司法部司法鉴定科学技术研究所于 1998 年 6 月 17 日在胡某春尸体上提取的鉴材（三枚牙齿），公证处公证员黄某某对提取鉴材的过程出具的公证书，并向本院预交了亲子鉴定费用。被告胡某敏则认为，自己已有多项证据证明其与胡某春是父子关系；如果七原告提供的户籍材料能证明七原告与被继承人胡某春的身份关系，那么自己提供的户籍材料同样也能证明其与被继承人胡某春的身份关系；如果七原告对被告的身份有异议，被告则更有权利对原告的身份提出异议；被告并不怕进行亲子鉴定，根据谁主张谁举证的原则，原告应提出被告不是胡某春儿子的直接证据。案外人陆某亦提供书面意见认为，在原告胡某敏诉被告某房屋土地管理局房屋买卖案民事判决书中，已确认胡某敏系胡某春的非婚生子；自己并无接受亲子鉴定的义务，如果确有此义务，自己愿意配合，但必须七原告都参加亲子鉴定。因原、被告及案外人各执己见，致本案亲子鉴定未能进行。

法院确认，被告胡某敏提供的某市香花桥路室的户籍登记材料、胡某春与案外人陆某于 1990 年 7 月 13 日签订的协议书复印件、胡某春生前居住地居委会干部的证人证言、某集团资料室留存提供的胡某春购买公有住房委托书复印件及本户人员情况表复印件各一份，已可证明胡某春与胡某敏之间系父子关系；

原告否认被告胡某敏与胡某春系父子关系，其提供的证据之一是胡某春填写的干部履历表家庭成员中无胡某敏的记载材料，由于这份摘录材料一是没有提供胡某春填写登记该履历表的确切时间，二是不能排除胡某春在填写登记该履历表时对自己的隐私问题作了保留，三是与其他证据也不印证，故本院不能予以采信；原告提供的具名为胡某春的1989年8月19日的陈述笔录复印件一份，以及具名为胡某春、张某仙的1989年10月27日的诉状复印件一份，都只能证明胡某春当时对被告胡某敏是否自己亲生有怀疑，但这两份证据对原告主张的被告胡某敏与胡某春不是父子关系的事实并不具有直接的、确定的证明力，而且被告提供的证据，均表明胡某春自1990年7月起，对胡某敏系其非婚生子已不再持有异议，故该两份证据本院认为不具采信条件；原告向本院请求对被告胡某敏进行亲子鉴定，被告胡某敏及案外人陆某虽不拒绝亲子鉴定，但要求原告也必须进行亲子鉴定，而原告则不同意，由此致本案亲子鉴定不能进行，本院认为，亲子鉴定结论仅是鉴别亲子关系的证据之一，必须与本案其他证据相印证，综合分析。被告胡某敏与被继承人胡某春的父子关系已有被告提供的多项材料所证实，原告再坚持要求对被告胡某敏进行亲子鉴定已成为不必要。根据上述证据，本院确认被告胡某敏是胡某春的法定继承人之一。

[案情分析]

法院认为，《继承法》第10条之规定，遗产继承的第一顺位继承人是：配偶、子女、父母，该法所说的子女包括非婚生子女。根据本案能够收集的证据材料，被告胡某敏与被继承人胡某春的父子身份关系应予确认，被告胡某敏对胡某春的遗产依法享有继承权。原告怀疑被告胡某敏与被继承人胡某春不存在父子关系，在本案诉讼中不能提供有效证据，故本院不予采信。被继承人胡某春所遗的财产，其中一半应先归其配偶原告张某仙所有；剩余的其他财产才作为胡某春的遗产，由本案七原告及被告作为胡某春的第一顺位法定继承人进行继承。对胡某春进行分析和继承的财产及遗产范围应以双方庭审中一致确认以及本院确认的财产内容为限。考虑到系争房屋的占有和实际使用状况，某市香花桥路某室的产权，以原告张某仙和被告胡某敏分析、继承共有为宜，其他原告应继份额由被告胡某敏给付折价款。被告自愿撤回对被继承人胡某春的著作权继承的要求，依法应予准许。被告要求继承胡某春所遗的某市虹桥路公房承租权的要求，无事实依据，本院不予支持。

[案情结果]

法院判决如下：一、某市香花桥路 20 弄室房屋产权归原告张某仙、被告胡某敏各半所有。其中原告张某仙系析产所得，被告胡某敏系继承所得。被告胡某敏应给付七原告房屋应继份额折价款各人民币 9 000 元，于判决生效后三个月内履行。

二、在某市香花桥路 20 弄室的胡某春的遗产：床、三人沙发、落地风扇（旋风牌）、方台、菜橱、书柜（玻璃）、小书柜（玻璃）、小铁床、小保险箱、木箱、淋浴器、竹书柜、脱排油烟机各一只，单人沙发两只，书 500 本，杂志 100 本由被告胡某敏继承。

在被告胡某敏处的胡某春遗产：金星彩色电视机（25 英寸）一只，夏普分体空调一台由胡某敏继承。

三、在某市梧州路的胡某春的遗产：五斗橱、玻璃茶几各一只，钢折椅 6 把，靠背椅一把，油画一幅，书 1 200 本，泥塑像（胡某春）一个，胡某春 16 寸照片两幅，木制摆站人像 3 个，6 寸照一张由七原告继承。

在七原告处的胡某春遗产：书架、写字台各一只，书柜两只，由原告张某仙、胡霄某、胡慧某、胡燕某、胡翠某、胡蓝某、胡小某继承。

在七原告处的胡某春遗产：钻戒一枚归原告张某仙所有；奖杯一只，砚台一只，欧米茄金表一块，松下传真机一台，由七原告继承。

四、被告胡某敏要求继承胡某春所遗某市虹桥路公房使用权不予支持。

[相关法规]

《继承法》

[评析]

本案中被告与被继承人之间的亲子关系曾一度成为双方当事人争议的焦点，对此双方均提供了相应的证据予以佐证，同时原告更是提出了进行亲子鉴定的申请，并提供了被继承人的牙齿作为进行亲子鉴定的样本，而被告则在不排斥亲子鉴定的情况下要求原告方也同时进行亲子鉴定，此要求遭到原告拒绝，从而使得亲子鉴定无法进行。那么在无法得到亲子鉴定结论的情况下是否就无法对被告与被继承人之间的亲子关系予以认定呢？在本案中，受案法院很好地对现有证据进行了综合分析，最终确认了双方存在亲子关系，并在此基础上作出了以上判决，确保了审判结果的公平公正。

案例三：非婚子女返还抚养费纠纷案①

[案情介绍]

原告诉称，原、被告原系夫妻，虽未办理结婚登记手续，但自 1963 年 1 月 1 日起共同生活，后于 1990 年 9 月 7 日协议离婚。自其子黄某高出生起，原告即对黄某高尽心抚养，直至其成年，黄某高结婚时，原告也给予资助。自 2006 年起，原告因患病需要输血，经与黄某高进行血型比对发现两人血型不匹配，原告产生怀疑并将疑问告知了黄某高，后经黄某高询问被告，原告方才得知黄某高并非自己亲生，而系被告与他人的儿子。至此，原告身心遭到巨大打击，现要求被告返还原告自黄某高出生起至 18 周岁止的抚养费人民币 172 800 元并赔偿原告精神损失人民币 100 000 元。

被告辩称，双方确未办理结婚登记，组成家庭共同生活的确切日期是在 1963 年的三、四月份，原告在与被告结婚时，即已知道被告怀有身孕且孩子不是原告的，故不同意原告的诉讼请求。

原告为证明其所述，提供了以下证据：

1. 原、被告的婚姻登记档案证明书与离婚协议书。在婚姻档案中载明：双方于 1990 年 9 月 7 日在民政部门办理离婚登记手续；在离婚协议书中载明：双方于 1963 年 1 月 1 日自愿结合（未办登记手续）。

2. 原、被告生育的女儿黄某妹的书面证明，内容为：两年前，因原告患病需要输血，原告在发现其与黄某高血型不符时产生怀疑，并告知黄某高，在 2010 年 10 月中旬，黄某高与黄某妹约被告出来谈黄某高的身世，被告当面承认当时带着身孕嫁给原告，黄某高的生父另有他人。

3. 黄某高的书面情况说明，内容中除与黄某妹的证明一致外，另有：其从小由原告带大直至成年工作，其结婚之事也由父亲一手操办，十几年来，其和被告基本上没有来往，直至知道自己身世后才去找被告。

4. 证人冷某方的书面证明，内容为：黄某高在郑州出生，自满月起即回上海市与原告及其父母生活，由原告一直抚养至其结婚。

---

① （2008）沪 02 民初 2071 号。

5.申请黄某高出庭作证：证据3系其书写并提供，另其在六七岁前与被告姐姐共同生活，由被告与姐姐照顾。原告就黄某高出庭作证的证词表示：黄某高与被告姐姐生活时，其每月给付被告抚养费用。

被告表示：对证据1的真实性没有异议，但离婚协议书中双方的结合日期系双方在离婚时自行协商确认并进行登记，双方实际是于1963年三、四月份开始共同生活。证据2与证据4因证人未到庭而不能作为证据。证据3与证据5中，证人陈述与原告本人陈述的内容不符，根据证人的陈述，原告在证人找被告之前已经得知证人并非自己亲生。

被告为证明原告在与被告结婚时即已知道被告怀有身孕且孩子不是原告的提供了以下证据：证人黄某律、王某韵、曹某英的书面证词，内容与被告所述一致。原告表示所有证词的证人均未出庭作证，不予质证。

综合双方当事人的诉、辩称与证据，本院查明，原、被告于1963年共同生活，未办理结婚登记，于1963年10月20日生育了儿子黄某高，后生育一女黄某妹。1990年9月7日，原、被告在民政部门办理了离婚登记手续，在离婚协议书中载明了双方于1963年1月1日自愿结合（未办登记手续）。

在审理中，经原告申请与法院委托，司法鉴定科学技术研究所司法鉴定中心对原告与黄某高之间有无亲生血缘关系进行了鉴定，结论为：排除原告为黄某高的生物学父亲。有司法鉴定科学技术研究所司法鉴定中心的《司法鉴定书》与原、被告的陈述予以证实。

在审理中，被告要求就原告原先既已得知黄某高非其亲生进行测谎鉴定，原告未予同意。

[案情分析]

法院认为，夫妻应当互相忠实。原、被告现均认可了黄某高不是原告亲生儿子之事实，本案关键在于原、被告在结婚时被告是否刻意隐瞒了该事实，以致原告在不知情的情况下对黄某高履行抚养义务而蒙受财产与精神上的损失。根据双方提供的证据，原、被告共同生活的日期是在1963年1月1日，而黄某高的出生日期是1963年10月20日，被告现表示双方共同生活的日期系离婚时自行协商确认后登记，实际为1963年三、四月，但未提供依据，根据证据上的日期，无法得出原告在当初即已知道黄某高非其亲生的结论；现原、被告均根据自己的意见申请了证人出庭作证，但除原告方证人黄某高出庭作证外，其余证人均未出庭作证，无法证明证据的真实性，而黄某高系被告亲生，其证词应具有证明效力，其已表示系在原告向其表示对双方血缘关系的怀疑后再询问被告，由被告告知其非原告亲生，原告才知此结果，至于其表示之其与原告产生怀疑的时间是否一致不能说明原告在与被告共同生活初始已知道此事；在没有其他证据证明被告所述的前提下，本院依法确认原告在其与被告共同生活初始对黄某高非其亲生之事实并不知情。关于黄某高出生后是否一直由原告承担抚养责任的问题，根据黄某高的证词，其自出生起至六七岁期间系与被告姐姐生活，但此时原、被告尚未离婚，被告也无原告承担抚养责任的证据，黄某高又说明了其此后直至成年由原告带大，故本院确认原告自黄某高出生起直至成年确实履行了抚养义务。关于原告的经济损失与精神损失及其多少的问题，根据黄某高出生至成年的时间与当时人们的生活、收入状况，原告履行抚养义务的实际费用显然与其现诉讼请求相差巨大，但以原告当时的实际支出来计算其损失数额又不符实情，应参照当时人们的各类支出在收入中的比例与逐年来物价上涨的实际情况酌情进行确定；原告在不知情的情况下尽心抚养黄某高，直至四十多年后才在其晚年得知事实真相，精神上遭到了极大创伤，于情、于理、于法，被告均应对其作出赔偿。

[案情结果]

法院判决如下：一、被告在本判决生效之日起三十日内赔偿原告经济损失人民币 108 000 元；

二、被告在本判决生效之日起三十日内赔偿原告精神损失人民币 50 000 元。

如果未按本判决书指定的期间履行给付金钱义务，应当按照《中华人民共和国民事诉讼法》第二百二十九条之规定，加倍支付迟延履行期间的债务利息。

[相关法规]

《婚姻法》《民事诉讼法》

[评析]

本案系因亲子关系引发的抚养费纠纷案件，随着亲子鉴定技术的日益成熟、完善，其在此类案件中的作用越发举足轻重，鉴定结论甚至成为法院审理此类案件的定案关键证据之一。本案中原告数十年在不知情的情况下抚养与自己无亲子关系的孩子，在亲子关系明朗化后，被告理应对原告为此而受到的经济和精神损失承担相应的赔偿责任。

案例四：张某诉杨某抚养费纠纷案①

[案情介绍]

　　张某与杨某 2008 年春节登记结婚，婚后三个月张某即外出打工，并一直在外。2009 年春节时孩子出生，全家都很高兴，张某为孩子取名为盼盼，后孩子越来越大，可从孩子脸上一点也看不出自己的样子，加上乡亲们的议论纷纷导致张某疑心重重，为了弄个明白，张某突然回家，告诉妻子自己带孩子出去玩几天，后到某鉴定中心对自己和儿子之间有无血缘关系进行鉴定，该中心鉴定检验结论为：张某与孩子之间不存在血缘关系，拿到鉴定结论后，张某质问杨某，杨某予以否认，后张某提起离婚诉讼，要求返还自己付出的抚育费 5 万元，赔偿其精神损失费 2 万元。在法院审理过程中，双方都同意离婚，但被告杨某坚持孩子是张某的，杨某对张某当庭向法庭提交的亲子鉴定不认可，但也并不同意做亲子鉴定。

[案情分析]

　　庭审中，被告辩称，原告提交的检验意见书是其单方的行为，该鉴定是原告背着自己，欺骗儿子单方面做出的，亲子鉴定的形式要件不合法，对出具该"亲子鉴定"的鉴定机构是否符合鉴定资质有异议，因此不认可该鉴定意见书。但对于原告提出的重新进行鉴定的申请，杨某不同意，认为不能做亲子鉴定，不能"丢这个人"，因被告控制孩子，不同意法院对孩子实行鉴定。依据我国《民事诉讼法》"谁主张、谁举证"的原则，原告已经完成了自己的举证责任，被告对于该亲子鉴定结论提出异议，应提交相应的证明推翻原告的证据，但是被告未能提出相关证据，又阻碍儿子进行鉴定，致使鉴定无法进行，原告应承担不利的法律后果。对于原告要求退回抚养费 5 万元，因抚养子女是父母对共同财产的支配，无论是否知情对于已经履行完毕的义务，从利于社会稳定的角度看不宜退回。故根据已经作出的鉴定结论，认定孩子与张某不存在亲生血缘关系。

---

　　①　（2009）六民初字第 731 号。

[案情结果]

法院判决：准许张某与杨某离婚，子女归女方抚养，但对于要求被告返还抚养费5万元的诉讼请求，法院不予支持，女方同意自行承担抚养费，人民法院予以准许。

[相关法规]

《婚姻法》《民事诉讼法》《婚姻法解释（三）》

[评析]

本案是因单方所做亲子鉴定引发的抚养费纠纷。双方争议的焦点是对待单方所作的鉴定结论，在一方不认可证据又拒绝配合鉴定时该如何判决？

对此，《婚姻法解释（三）》给出了明确的规定：父或者母向人民法院起诉请求否认亲子关系，并已提供必要证据予以证明，另一方没有相反证据又拒绝做亲子鉴定的，人民法院可以认定否认亲子关系一方的主张成立。父或者母以及成年子女起诉请求确认亲子关系，并提供必要证据予以证明，另一方没有相反证据又拒绝做亲子鉴定的，人民法院可以认定确认亲子关系一方的主张成立。本案中受案法院正是依此作出了上述公正判决。

案例五：刘某蓉、刘某儿与英某生身父母确认纠纷一案①

[案情介绍]

原告刘某蓉、刘某儿诉称，刘某蓉与其前夫谭某兵生育一女谭某，并于2007年5月31日离婚。2003年1月，英某（德国籍）到德国西门子公司驻中国办事处工作。2004年3月，刘某蓉与英某相识。之后，双方一同出入阿联酋和德国，并同居生活。2007年1月9日，刘某蓉生育刘某儿，现随刘某蓉生活。2007年10月12日，英某、刘某蓉、刘某儿在某司法鉴定中心进行亲权鉴定，并经该中心确认英某与刘某蓉是刘某儿的生物学父母。据此，请求人民法院依法确认英某与刘某蓉是刘某儿的生身父母。

被告英某辩称，对英某与刘某蓉是刘某儿的生物学父母表示认可，并同意刘某蓉、刘某儿的诉讼请求。

---

① （2008）渝四中法院民一初字第1号。

同时刘某蓉的前夫谭某兵于 2008 年 1 月 9 日书面声明刘某儿与其没有任何血缘关系。刘某蓉提供的民事调解书、《出生医学证明》、鉴定书均于 2007 年 3 月 23 日经公证处予以公证，并经中华人民共和国外交部和德国总领事馆对公证书的真实性予以确认。诉讼中，刘某蓉、刘某儿自愿撤回确认刘某儿是刘某蓉与英某的非婚生女的诉讼请求。

［案情分析］

法院认为，所谓亲子关系是指父母子女关系，是家庭关系的重要组成部分，是以血缘关系为基础，以子女出生的事实而确定的，并要求子代与亲代的血液中存在着至少一个完全相同的等位基因，并以此证明双方存在着相同的血缘关系。因英某、刘某蓉、刘某儿一同在中华人民共和国某司法鉴定中心采血并参加了亲权鉴定，并经该中心作出鉴定书确认英某与刘某蓉是刘某儿的生物学父母，双方当事人对该鉴定书的真实性无异议。虽然刘某儿出生时刘某蓉与其前夫谭某兵还没有离婚，但谭某兵已经书面声明刘某儿与其没有任何血缘关系，故应当认定英某与刘某蓉是刘某儿的生身父母。对刘某蓉、刘某儿的该诉讼请求，本院予以支持。刘某蓉、刘某儿自愿撤回要求确认刘某儿是刘某蓉与英某的非婚生女的诉讼请求，不违反法律规定，且该请求与其要求确认英某与刘某蓉是刘某儿的生身父母的诉讼请求属于同一请求，故对刘某蓉、刘某儿自愿撤回诉讼请求，法院予以准许。

［案情结果］

法院判决如下：英某与刘某蓉是刘某儿的生身父母。

［相关法规］

《民事诉讼法》《婚姻法》

［评析］

这是一起典型的亲子关系确认的诉讼案件，本案中亲子鉴定结论对于确认作为非婚生子女的原告与被告之间是否存在亲子关系起到了至关重要的作用。当然，本案中被告对于亲子鉴定结论持肯定态度，因此对于确认的亲子关系没有异议，如若不然，法院还应综合其他因素对于亲子关系的确认予以综合评判，而不能仅依据亲子鉴定结论作出判决。

案例六：赵某诉刘某、沈某抚养费纠纷案①

[案情介绍]

1981 年，赵某与沈某合法登记结婚，婚后沈某生育了两个女儿，其中二女儿赵某梅于 1987 年 9 月出生。2003 年 6 月 22 日，因家中电话串线，赵某在沈某与他人的电话争吵中听得赵某梅不是自己亲生女儿。当即赵某追问缘由，沈某哭诉实情：1985 年，只有三个女儿的刘某利诱沈某与其发生性关系。1986 年 12 月，沈某怀孕。1987 年 9 月生下女儿即赵某梅。1988 年初，刘某得知是女婴，很不高兴，扬言处理掉，那时沈某害怕极了且不忍心失去女儿。于是一直隐瞒实情，遂与赵某共同抚养赵某梅。后刘某经常看望赵某梅，沈某告诉赵某，刘某是赵某梅的"干爹"。2003 年 6 月 22 日沈某与他人在电话中争吵，是因为有关"抚养费、赵某梅读书"的问题。

2004 年 1 月 4 日，经重庆市计划生育科学研究所鉴定，赵某与赵某梅不是亲生父女关系。

2004 年 2 月 18 日，赵某与沈某协议离婚。

2004 年 3 月，赵某诉至重庆市南岸区人民法院。请求法院确认刘某与赵某梅的亲生父女关系，要求刘某和沈某共同给付赵某抚养赵某梅的各种"抚养费"。

一审庭审中，赵某、沈某要求刘某与赵某梅进行父女亲子鉴定，赵某梅也自愿主动要求亲子鉴定，但刘某拒绝。

一审法院判决认为：进行亲子鉴定必需刘某本人的基因样本，而刘某拒不提供，其自述担心家人误解和害怕造成不良社会影响的理由不正当，因为如果刘某与赵某梅不是亲生父女关系，亲子鉴定"结果"对刘某并无不利，对其名誉并无影响，反而可证实刘某的清白。然而，刘某坚持不愿做鉴定，反证其与赵某梅存在父女关系的可能性极大。基于此，结合本案事实，根据 2001 年《最高人民法院关于民事诉讼证据的若干规定》第 75 条"有证据证明一方当事人持

---

① （2004）渝一中民终字第 3683 号。

有证据无正当理由拒不提供，如果对方当事人主张该证据的内容不利于证据持有人，可以推定该主张成立"之规定，以及根据《关于人民法院在审判工作中能否采用人类白细胞抗原作亲子鉴定问题的批复》关于主要保护未成年人权益的规定，法院足可推定第三人赵某梅与沈某、刘某之间存在亲生父母子女关系。故刘某与沈某应承担由赵某支付的"抚养费"。

刘某不服一审判决，提出上诉。

二审庭审中，赵某、沈某、赵某梅均再次要求刘某与赵某梅进行亲子鉴定，刘某仍不愿做鉴定。且在二审法庭上，刘某与沈某均承认在 2003 年 6 月 24 日的确发生了性关系。

二审法院经过审理认为，公民的人身权应受法律保护，亲生父母子女关系是由血缘关系形成的，人的身份关系不能没有科学依据的情况下随便推定，二审法院未做"亲子鉴定"，而以赵某举证不力，没有提供刘某就是沈某在1985 年、1986 年的唯一性伴侣的依据，仅从本案现有证据基础上不能推定刘某与赵某梅是亲生父女关系。

[案情结果]

二审法院作出民事判决：撤销一审法院确认的"刘某与赵某梅的亲生父女关系"，沈某具有过错，独自向赵某赔偿精神抚慰金 10 000 元。

终审判决后，赵某不服向二审法院申请再审，法院书面通知赵某对本案不予再审。

[相关法规]

《最高人民法院关于民事诉讼证据的若干规定》《关于人民法院在审判工作中能否采用人类白细胞抗原作亲子鉴定问题的批复》《民法通则》

[评析]

本案系一起典型的亲子关系确认以及由亲子关系引发的抚养费纠纷案件，在本案中刘某同赵某梅之间是否存在亲子关系的判定直接关系到抚养费的承担问题，而由于亲子鉴定申请受到刘某的拒绝而无法进行亲子鉴定，那么此时就涉及笔者提到的亲子鉴定的检查协助义务问题。之所以本案中一审和二审法院有上述截然不同的判决结果，笔者认为与当时相关法规的不明朗有极大的关系。

案例七：王某钦诉杨某胜、泸州市汽车二队 交通事故损害赔偿纠纷案①

［案情介绍］

原告王某钦因与被告杨某胜、四川省泸州市汽车二队发生道路交通事故损害赔偿纠纷，由其法定代理人牟某颖代理向四川省泸州市江阳区人民法院提起诉讼。

原告王某钦的法定代理人代为诉称：在一次交通事故中，原告之父王某强被挂靠在被告泸州市汽车二队的被告杨某胜驾驶的汽车轧死。交警部门认定：杨某胜负此次交通事故的主要责任。依照《民法通则》第119条的规定，原告必要的生活费、教育费，应当由杨某胜赔偿，泸州市汽车二队应当承担连带赔偿责任。由于杨某胜的反对，此项赔偿在原交通肇事一案的刑事附带民事判决中未解决。请求判令：（1）被告给原告支付生活费、教育费18 458元；（2）被告给原告支付精神抚慰金10 000元；（3）本案诉讼费由被告负担。

被告杨某胜辩称：王某强死时未婚，没有配偶，何来子女。《民法通则》第9条规定："公民从出生时起到死亡时止，具有民事权利能力，依法享有民事权利，承担民事义务。"原告即便是王某强的遗腹子，王某强死亡时其尚未出生，不是具有民事权利能力的、能够行使请求权的民事主体。《继承法》第28条规定："遗产分割时，应当保留胎儿的继承份额。胎儿出生时是死体的，保留的份额按照法定继承办理。"本案是交通肇事损害赔偿，不是继承案件，赔偿金不等于遗产，保留胎儿份额的规定不能在本案适用。《民法通则》第119条规定："侵害公民身体造成伤害的，应当赔偿医疗费、因误工减少的收入、残疾者生活补助费等费用；造成死亡的，并应当支付丧葬费、死者生前扶养的人必要的生活费等费用。"在交通肇事一案中，王某强生前扶养人的经济赔偿问题已经附带解决。原告不是王某强生前扶养的人，不能依照这条规定来请求赔偿，其诉讼请求应当驳回。

被告杨某胜提交四川省泸州市公安局蓝田派出所的常住人口登记表一份，

---

① 《中华人民共和国最高人民法院公报》2006年第3期。

用以证明王某强未婚。

被告泸州市汽车二队辩称：即使能证明原告王某钦是被害人王某强的遗腹子，也只能按《道路交通事故处理办法》进行赔偿。不能满足原告的全部诉讼请求。

[案情分析]

法庭认为，原告提交的大部分证据和被告提交的证据，因双方当事人无异议，予以确认。关于血样采集问题，经审查，在交警部门主持调解交通事故赔偿纠纷时，由于孩子尚未出生，交警部门认为其无权解决遗腹子赔偿问题，也无须证明自己无权解决的问题，故未提取王某强的血样。但在王某强遗体被火化前，办案民警意识到如果不留血样，可能会给将来解决这一问题造成困难，故向死者亲友提醒。牟某遂当众在王某强的身体上采集了血液，封好后当场交给办案民警保存。牟某在特定情况下当众提取王某强血样，这个过程有多个证人证实。牟某的取证真实、客观，且不违背法律规定，是有效的民事行为。根据牟某提取血样所做的鉴定，与本案有关联性，应予采信。

法院经审理查明：

2002年4月27日，挂靠在被告泸州市汽车二队的被告杨某胜驾驶小货车从泸州市纳溪区安富镇沿泸纳二级公路向泸州方向行驶，当行至该公路会车处时，由于对前方路面情况观察不够，将同向行车的赶猪人王某强撞倒，王某强经抢救无效死亡。泸州市公安局交通警察支队二大队认定，杨某胜负此次事故的主要责任。在解决杨某胜交通肇事应承担的民事赔偿责任时，被害人王某强的父母曾请求杨某胜和泸州市汽车二队连带赔偿"未生下来的小孩抚养费"。由于王某强至死未婚，没有妻子，且小孩尚未出生，无法断定其与王某强的关系，故在杨某胜反对下，未能满足此项赔偿请求。2002年10月22日，牟某萍生育了原告王某钦。2003年1月，牟某颖代理王某钦提起本案诉讼。

审理期间，经原告王某钦申请，法院提取了在交警处保存的被害人王某强血样和王某强母亲保存的王某强血衣，同时送至四川华西法医学鉴定中心鉴定。因血衣变质，丧失了检验条件，四川华西法医学鉴定中心只对血样进行了鉴定。结论为：王某强是王某钦的亲生父亲。

同时查明，原告王某钦的母亲牟某萍与王某强自由恋爱多年并同居生活。王某强死亡时，牟某萍已怀孕。2002年，泸州市的最低生活保障标准是每月

130 元，教育费每年约需 444 元。

本案争议焦点是：对被害人死亡时遗留的胎儿，加害人有无赔偿责任。

对此，法院认为：本案证据证明，原告王某钦与被害人王某强之间存在着父子血缘关系。《婚姻法》第 21 条规定："父母对子女有抚养教育的义务；子女对父母有赡养扶助的义务。"第 25 条规定："非婚生子女享有与婚生子女同等的权利，任何人不得加以危害和歧视。"父母对子女的抚养教育义务，是由父母与子女间存在的血缘关系决定的，不因父母之间是否存在婚姻关系而发生变质性变化。

《民法通则》第 119 条规定，侵害公民身体造成死亡的，加害人应当向被害人一方支付死者生前扶养的人必要的生活费等费用。"死者生前扶养的人"，既包括死者生前实际扶养的人，也包括应当由死者抚养，但因为死亡事故发生，死者尚未抚养的子女。原告王某钦与王某强存在父子关系，是王某强应当抚养的人。王某钦出生后，向加害王某强的人主张赔偿，符合《民法通则》的这一规定。由于被告杨某胜的加害行为，致王某钦出生前王某强死亡，使王某钦不能接受其父王某强的扶养。本应由王某强负担的王某钦生活费、教育费等必要费用的二分之一，理应由杨某胜赔偿。生活费按泸州市 2002 年最低生活保障每月 130 元标准，教育费按每年 444 元标准，计算至王某钦 18 周岁时止。《民法通则》第 131 条规定："受害人对于损害的发生也有过错的，可以减轻侵害人的民事责任。"考虑到在交通事故中，王某强也有一定过错，故可以减轻杨某胜 10% 的赔偿责任。被告泸州市汽车二队是杨某胜车辆的挂靠单位，在杨某胜不能给付赔偿金的情况下，应当承担垫付责任。

原告王某钦一方请求被告给付精神抚慰金，这一请求不符合最高人民法院在《关于确定民事侵权精神损害赔偿责任若干问题的解释》中的规定，不予支持。

[案情结果]

法院判决：一、被告杨某胜在本判决书生效后 10 日内，一次性给付原告王某钦生活费 12 636 元、教育费 3 600 元，共计 16 236 元；其余损失 1 804 元，由王某钦自行负担；二、被告泸州市汽车二队对上列赔偿款承担垫付责任；三、驳回原告王某钦的其他诉讼请求。

诉讼费 1 712 元、鉴定费 4 000 元，合计 5 712 元，由原告王某钦负担 812

元，被告杨某胜负担 4 900 元。

一审宣判后，双方当事人均未上诉。判决生效后，被告一方已经自动履行了判决确定的给付义务。

[相关法规]

《婚姻法》、《民法通则》、最高人民法院《关于确定民事侵权精神损害赔偿责任若干问题的解释》

[评析]

本案虽然表面看来仅系一例由于交通事故引发的损害赔偿案件，实际却涉及多方面的法律问题，亲子鉴定技术在其中起到了关键性作用。此案中原告的身份确认问题成为整个案件审理的关键问题，交通事故死亡人（即本案原告之父）血样的采集保留为之后的亲子鉴定提供了可能性，法院也正是在亲子鉴定机构的鉴定结论确认了原告身份的基础上，正确适用相关法律法规作出了以上判决。

案例八：人工授精子女抚养纠纷案[①]

[案情介绍]

原告某女因与被告某男产生婚姻和子女抚养纠纷，向基层人民法院提起诉讼。

原告诉称：双方婚后感情不和，经常争吵。被告对原告及家人从不关心，致使夫妻感情彻底破裂。现请求与被告离婚；孩子归原告抚养，被告要负担抚养费用；在各自住处存放的财产归各自所有。

被告辩称：夫妻感情虽已破裂，但是还应以和为贵，若原告坚持离婚，其也同意。孩子是原告未经被告的同意，接受人工授精所生，与被告没有血缘关系。如果孩子由被告抚养教育，被告可以负担抚养费用；如果由原告抚养，被告不负担抚养费用。同意原告对财产的分割意见。

受理此案的人民法院经不公开审理查明：原告某女与被告某男于 1978 年 7 月结婚，婚后多年不孕，经医院检查，是被告无生育能力。1984 年下半年，

---

① （1996）温瑞民初字第 1315 号。

夫妻二人通过熟人关系到医院为原告实施人工授精手术 2 次，均未成功。1985 年初，二人到医院，又为原告实施人工授精手术 3 次。不久，原告怀孕，于 1986 年 1 月生育一子。之后，夫妻双方常为生活琐事发生争吵，又长期分居，致使感情破裂。

[案情分析]

受理此案的人民法院认为，原告某女与被告某男的夫妻感情确已破裂，经法院调解，双方同意离婚，依照《婚姻法》第 52 条的规定，应当准予离婚。婚姻关系存续期间所生一子，是夫妻双方在未办理书面同意手续的情况下，采用人工授精方法所生。实施人工授精时，被告均在现场，并未提出反对或者不同意见；孩子出生后的 10 年中，被告一直视同亲生子女养育，即使在夫妻发生矛盾后分居不来往时，被告仍寄去抚养费。最高人民法院于 1991 年 7 月 8 日在《关于夫妻关系存续期间以人工授精所生子女的法律地位的复函》中明确指出："在夫妻关系存续期间，双方一致同意进行人工授精所生子女应视为夫妻双方的婚生子女，父母子女之间权利义务关系适用《婚姻法》的有关规定。"根据《婚姻法》的立法精神和最高人民法院的复函规定，原告和被告婚姻关系存续期间所生的孩子，应当视为夫妻双方的婚生子女。被告现在否认当初同意原告做人工授精手术，并借此拒绝负担对孩子的抚养义务，其理由不能成立。依照《婚姻法》第 15 条和第 29 条的规定，无论子女随哪一方生活，父母对子女都有抚养教育的义务。根据最高人民法院《关于人民法院审理离婚案件处理子女抚养问题的若干具体意见》第 5 条关于"父母双方对十周岁以上的未成年子女随父或随母生活发生争执的，应当考虑该子女的意见"的规定，经征求孩子本人的意见，孩子表示愿意随母亲生活，应予同意。依照《婚姻法》第 31 条的规定，夫妻双方对共同财产的分割协商一致，法院不予干预。

[案情结果]

法院判决：一、准予原告某女、被告某男离婚。二、孩子由原告某女抚养教育，被告某男自 1996 年 7 月起每月支付孩子的抚养费 130 元，至其独立生活时止。三、财产分割双方无争议。

宣判后，某女、某男均未提出上诉。

[相关法规]

《婚姻法》、最高人民法院《关于夫妻关系存续期间以人工授精所生子女的法

律地位的复函》、最高人民法院《关于人民法院审理离婚案件处理子女抚养问题的若干具体意见》

[评析]

　　本案涉及婚姻存续期间通过人工授精技术所生育子女的身份问题，随着科学技术日新月异地发展，当前我国的人工授精技术亦日益成熟，通过人工授精技术生育子女的成功案例数量亦呈上升趋势，由此而产生的亲子关系以及由此而延伸的继承、抚养纷争也随之增多。在此类纷争中，若亲子鉴定无法确认子女与父亲间的生物学亲子关系，此时，法院就须通过多渠道的调查来确认当事人之间的亲子关系，以确保判决的公平公正。

附　录

关于人民法院在审判工作中能否采用人类白细胞
抗原作亲子鉴定问题的批复

上海市高级人民法院：

你院关于当事人要求作亲子鉴定的情况和处理意见的请示报告收悉。经研究，答复如下：

关于人民法院在审判工作中能否采用人类白细胞抗原（HLA）作亲子关系鉴定的问题，根据近几年来审判实践中试用此项技术的经验，参考卫生部及上海市中心血站所提供的意见，同意你院采用此项技术进行亲子关系的鉴定。

鉴于亲子鉴定关系到夫妻双方、子女和他人的人身关系和财产关系，是一项严肃的工作，因此，对要求作亲子关系鉴定的案件，应从保护妇女、儿童的合法权益，有利于增进团结和防止矛盾激化出发，区别情况，慎重对待。对于双方当事人同意作亲子鉴定的，一般应予准许；一方当事人要求作亲子鉴定的，或者子女已超过三周岁的，应视具体情况，从严掌握，对其中必须作亲子鉴定，也要做好当事人及有关人员的思想工作。

人民法院对于亲子关系的确认，要进行调查研究，尽力收集其他证据。对亲子鉴定结论，仅作为鉴别亲子关系的证据之一，一定要与本案其他证据相印证，综合分析，作出正确的判断。

此复

1987 年 6 月 15 日

附：上海市高级人民法院关于当事人
要求作亲子鉴定的情况和处理意见的请示报告

1986 年 11 月 21 日　〔1986〕沪高法办字第 152 号

最高人民法院：

　　关于人民法院能否同意民事诉讼当事人要求运用人体白细胞血型（简称 HLA）进行亲子鉴定的问题，我院曾于 1984 年 4 月 17 日以（84）沪高法办字第 60 号和 1984 年 8 月 14 日以（84）沪高法办字第 129 号文两次请示您院，均未见复。因多年来这类要求作亲子鉴定的纠纷不断发生，有些区、县人民法院在当事人的强烈要求下，同意作过亲子鉴定。为正确处理这类纠纷，提高办案质量，最近我院查阅了 1982 年以来全市法院审结的当事人要求作亲子鉴定的 38 个案件，进行了研究，并走访了上海市中心血站，现将有关情况和意见报告如下：（一）在 38 件要求作亲子鉴定的案件中，缘由离婚纠纷 26 件，抚养纠纷 10 件，赔偿和医疗纠纷各 1 件。当事人年龄 30 岁以下的 33 人，最轻为 22 岁；31 岁至 40 岁的 37 人；41 岁以上的 6 人，最大为 59 岁。要求鉴定的亲子年龄 7 岁以下的 30 人，8 岁以上的 8 人，最大为 22 岁。

　　一、要求作亲子鉴定的当事人，多数是夫妻，有 28 件。其中丈夫要求鉴定的 19 件，妻子提出的 1 件，双方提出的鉴定原因是，丈夫长期怀疑妻子有"第三者"而起诉离婚或拒付抚养费，一方或双方要求鉴定子女是否丈夫亲生。经过调查，有的女方确有"第三者"，一方起诉离婚后，男方提出子女非亲生，要求鉴定；有的女方婚前与他人发生两性关系，为掩盖真相而结婚，现男方起诉离婚并提出子女非己所生，要求鉴定；有的男方怀疑子女不是亲生毫无根据，因离婚纠纷或抚养费纠纷，一方或双方要求鉴定。这 28 件案件中，作了亲子鉴定的 20 件，鉴定结果，子女为双方当事人亲生的 15 件，子女非双方当事人所生的 5 件。采用亲子鉴定，使案件顺利解决。如朱玲娣诉游守义子女抚养费案。双方于 1982 年结婚后经常吵闹。1984 年 3 月原告怀孕，被告怀疑胎儿不是自己所致而起诉离婚。法院判决不准离婚。同年 12 月生下女儿后，被告拒绝承担抚养责任。1985 年 4 月，原告起诉要求被告给付女儿抚养费，被告要求鉴定女儿是否自己所生。经鉴定，确认被告为孩子的生父，被告就愿意抚养女儿，很快达成了协议。又如华××诉王××离婚案。早在 1977 年，王与顾××有过性关系。1978 年 11 月 5 日王与华发生性关系。并仓促于次年春节结婚。1979 年 7 月生一子。婚后王与顾仍有性关系。1982年7月，王主动将与顾的非法关系告诉了丈夫。华十分恼火，即起诉离婚并要求赔偿经济损失。顾××矢口否认与王××有非法关系。王××要求作亲子鉴定。鉴定结果，排除了华是孩子的生父，而顾则不能排除。至此，顾愿承担责任。法院判决华与王离婚。可见，采用亲子鉴定，能够释疑挽救濒于破裂的家庭，亦能教育有过错的女方和"第三者"，保障子女的合法权益。但是，轻率地同意当事人的鉴定要求，则效果不良。如朱××诉陈××离婚案。双方于1976年相识恋爱，1978年登记结婚，1979年1月生一女。婚后夫妻感情融洽。但在1980年10月后，被告以女孩容貌像外祖父，猜疑原告与其父亲有不正当关系。原告很气愤，曾两次向法院起诉离婚，均经调解和好。但因被告不断猜疑。原告于1982年9月第三次起诉离婚。被告坚持要弄清孩子是否亲生。经鉴定，不能排除女孩为陈××所生。双方自愿离婚，抚养问题达不成协议，故而判决由陈每月承担抚养费13元。被告不服，上诉中院。第二审说服原告与其父亲朱××作鉴定，鉴定结果排除女孩为朱××所生。第二审维持原判。第二审要朱××作血型鉴定是错误的。未作鉴定的8件。有的是另一方当事人不同意；有的是当事人要求鉴定的理由不足；有的是经请示，上级法院不同意而未作鉴定。

二、未婚男女发生性关系，女方怀孕，男方坚不认账，而产生诉讼，当事人要求作亲子鉴定的5件。其中4件为抚养纠纷，1件为赔偿纠纷。如施×诉黄××赔偿案。施于1984年分配到长征轮当服务员，与服务组副组长黄××关系密切。同年7月两人发生两次性关系。以后黄调离该轮，双方不往来。1985年3月22日施生一女。黄否认孩子是自己所生。施起诉要其赔偿经济损失，并提出鉴定要求。经鉴定，不能排除女孩为黄所生。黄承认错误，双方达成协议，将小孩送给他人收养，黄给付施护产费、营养费。

三、已婚妇女与"第三者"或未婚妇女与已婚男子之间发生抚养费纠纷，当事人要求作亲子鉴定的4件。其中，有的是未婚妇女与已婚男子通奸生下子女后，起诉要其承担抚养费，男方要求作亲子鉴定；有的是已婚妇女为继续与"第三者"保持通奸关系不成，提出子女是与"第三者"所生，要其承担抚养费，男方要求作亲子鉴定；也有的是妇女与丈夫离婚后，告"第三者"称子女为其所生，要其承担抚养费，同时提出鉴定要求。

四、有1件是产妇分娩后，医务人员将婴儿性别搞错，父母拒领，医院起诉，要求作亲子鉴定。如上海市黄浦区浦东中心医院诉陈凤琴、蔡金标（夫妻）医疗纠纷案。被告陈凤琴于 1981 年 10 月 15 日入院待产，20 日生 1 女（先天性兔唇）。当天麻醉师告诉陈母大概是个儿子。次日蔡金标探望妻子问及婴儿体重时，医师告之所生婴儿为女性且有畸形，被告顿生疑窦，拒认女婴达 3 个多月。医院多次向被告及家属解释、道歉无效，乃诉诸法院，要求作亲子鉴定。经 HLA 血型鉴定，确认女婴系陈凤琴所生，消除了被告及其家属的疑虑，被告愿领回女儿。双方对婴儿在医院的费用也达成协议。

（二）据上海市中心血站介绍，此项技术的正确率（可靠性），否定的为100%，肯定的为 98% 至 99%。该站已为全国各地司法部门作了近 200 例鉴定（包括刑事和民事），为司法部门定案提供了一定的科学依据，并且解决了一些疑难复杂案件。此项科研成果在 1984 年获得卫生部科技甲级奖，1985 年又获得国家级科学技术进步奖三等奖。我院认为，正确运用科技成果为人民法院科学办案服务，是必要的。

（三）鉴于亲子鉴定关系到夫妻双方、子女和他人的人身关系和财产关系，是一项严肃的工作。因此，对要求作亲子鉴定的案件，必须坚决从保护妇女、儿童的合法利益，有利于家庭和睦团结和防止矛盾激化出发，从严掌握，区别情况，慎重对待。我院意见：

1. 丈夫猜疑妻子生活作风不正，缺乏依据，要求作亲子鉴定，妻子坚决不同意的，不能硬要女方作亲子鉴定。

2. 丈夫提出一定根据证明妻子与第三者有性关系，要求作亲子鉴定，女方为澄清事实，出于自愿的，可准作鉴定。

3. 已经人民法院调解或判决离婚（或不准离婚），时隔多年，子女已经长大，现男方要求作亲子鉴定但提不出足够根据的，或者男方虽然提出一定的根据，但女方否认，坚持不同意作亲子鉴定的，以不作为宜。

4. 未婚男女有性关系，所生婴儿，男方否认为自己所生，任何一方要求鉴定，均可准许。

5. 因怀疑是否亲生而拒领置于产院中的婴儿，任何一方要求鉴定，均应同意。

6. 作亲子鉴定的子女年龄，原则上规定在 3 周岁以下。超过 3 周岁的，应视具体情况，从严掌握。

7. 对于亲子关系的确认，必须坚持调查研究，尽力收集其他证据，作适当处理，不要轻易同意当事人的鉴定要求。对可作可不作的，应做好当事人的思想工作，以不作为宜。必须鉴定的，对鉴定结论也要坚持与其他证据相印证，作出正确判断。

8. 对鉴定结论应当庭宣读，鉴定书附卷，并可在法律文书中引用。以上意见当否，请指示。

最高人民法院民一庭对当前民事审判难点的意见（节选）

最高人民法院民一庭经过集体讨论形成如下倾向性意见：亲子鉴定因涉及身份关系，原则上应当以双方自愿为原则。但是如果非婚生子女以及与其共同生活的父母一方有相当证据证明被告为非婚生子女的生父或者生母，且非婚生子女本人尚未成年。亟须抚养和教育的，如果被告不能提供足以推翻亲子关系的证据。又拒绝做亲子鉴定的，应当推定其亲子关系成立。

上述意见形成的理由：

第一，亲子鉴定应当以双方自愿为原则。亲子鉴定既涉及人与人之间亲情关系的变化，又关系到婚姻家庭关系的稳定。"因此，对要求做亲子关系鉴定的案件，应从保护妇女儿童的合法权益，有利于增进团结和防止矛盾激化出发，区别情况，慎重对待。"对双方自愿要求做亲子鉴定的。依法应予支持。

第二，申请亲子鉴定的一方应当完成相当的证明义务。亲子鉴定关系到夫妻双方、子女和他人的人身关系和财产关系，因此，在一方拒绝做亲子鉴定的案件中，提出亲子鉴定主张的一方应当承担与其主张相适应的证明责任。只有申请人完成了行为意义上的举证责任，足以使法官产生内心确信的基础上，才能够请求进行亲子鉴定。在司法实践中，如何正确掌握申请亲子鉴定一方的证明责任，合理及时把握行为意义上举证责任转换的时机，是判定亲子鉴定中举证妨碍的重要条件。如果过分强调申请一方的证明责任，必将使申请人的实体权利难以得到保护；如果轻视或忽略申请一方的证明责任，则可能导致权利滥用，不利于家庭关系的稳定和被申请人隐私的保护。总之，亲子鉴定的随意化必将带来家庭关系的不稳定，从而引发诸多社会问题。

第三，举证妨碍的认定条件应当从严掌握。如果被申请人拒绝做亲子鉴定，导致亲子关系无法确认的，应当推定对其不利的事实成立。但应当严格掌握以下条件：首先，提出申请的一方应当是亟待抚养和教育的非婚生子女或与非婚生子女共同生活的父母一方；其次，提出申请的一方已经完成了与其请求相当的证明责任；再次，被申请人提不出足以推翻亲子关系存在的证据；最后，被申请人拒绝做亲子鉴定。只有同时具备上述条件，才能推定对其不利的事实成立。

第四，人民法院对亲子鉴定中涉及举证妨碍的案件应该从保护妇女儿童利益，维护家庭和谐稳定等原则出发区别对待。鉴于亲子鉴定中的情况异常复杂，目前尚难以确立统一的标准。各地法院在积极探索、慎重处理的基础上可以进一步积累经验。待时机成熟时，再由最高人民法院制定统一的司法解释。

最高人民法院关于确认非婚生子女生父中男方拒作亲子鉴定如何处理的答复

（法明传 1998 第 208 号）

在确认非婚生子女案件中，应当由原告承担举证责任，被告（男方）如果否认原告证明的结论，应提供相应的证据，若其不能证明自己不是非婚生子女的生父，法庭认为有必要的，可以要求其进行亲子鉴定。如果被告拒绝作亲子鉴定的，法庭可以根据查证属实并排除第三人为非婚生子女生父的证据，推定原告的诉讼请求成立。

全国人民代表大会常务委员会关于司法鉴定管理问题的决定

（2005 年 2 月 28 日第十届全国人民代表大会常务委员会第十四次会议通过）

为了加强对鉴定人和鉴定机构的管理，适应司法机关和公民、组织进行诉讼的需要，保障诉讼活动的顺利进行，特作如下决定：

一、司法鉴定是指在诉讼活动中鉴定人运用科学技术或者专门知识对诉讼涉及的专门性问题进行鉴别和判断并提供鉴定意见的活动。

二、国家对从事下列司法鉴定业务的鉴定人和鉴定机构实行登记管理制度：

（一）法医类鉴定；

（二）物证类鉴定；

（三）声像资料鉴定；

（四）根据诉讼需要由国务院司法行政部门商最高人民法院、最高人民检察院确定的其他应当对鉴定人和鉴定机构实行登记管理的鉴定事项。

法律对前款规定事项的鉴定人和鉴定机构的管理另有规定的，从其规定。

三、国务院司法行政部门主管全国鉴定人和鉴定机构的登记管理工作。省级人民政府司法行政部门依照本决定的规定，负责对鉴定人和鉴定机构的登记、名册编制和公告。

四、具备下列条件之一的人员，可以申请登记从事司法鉴定业务：

（一）具有与所申请从事的司法鉴定业务相关的高级专业技术职称；

（二）具有与所申请从事的司法鉴定业务相关的专业执业资格或者高等院校相关专业本科以上学历，从事相关工作五年以上；

（三）具有与所申请从事的司法鉴定业务相关工作十年以上经历，具有较强的专业技能。

因故意犯罪或者职务过失犯罪受过刑事处罚的，受过开除公职处分的，以及被撤销鉴定人登记的人员，不得从事司法鉴定业务。

五、法人或者其他组织申请从事司法鉴定业务的，应当具备下列条件：

（一）有明确的业务范围；

（二）有在业务范围内进行司法鉴定所必需的仪器、设备；

（三）有在业务范围内进行司法鉴定所必需的依法通过计量认证或者实验室认可的检测实验室；

（四）每项司法鉴定业务有三名以上鉴定人。

六、申请从事司法鉴定业务的个人、法人或者其他组织，由省级人民政府司法行政部门审核，对符合条件的予以登记，编入鉴定人和鉴定机构名册并公告。

省级人民政府司法行政部门应当根据鉴定人或者鉴定机构的增加和撤销登记情况，定期更新所编制的鉴定人和鉴定机构名册并公告。

七、侦查机关根据侦查工作的需要设立的鉴定机构，不得面向社会接受委托从事司法鉴定业务。

人民法院和司法行政部门不得设立鉴定机构。

八、各鉴定机构之间没有隶属关系；鉴定机构接受委托从事司法鉴定业务，不受地域范围的限制。

鉴定人应当在一个鉴定机构中从事司法鉴定业务。

九、在诉讼中，对本决定第二条所规定的鉴定事项发生争议，需要鉴定的，应当委托列入鉴定人名册的鉴定人进行鉴定。鉴定人从事司法鉴定业务，由所在的鉴定机构统一接受委托。

鉴定人和鉴定机构应当在鉴定人和鉴定机构名册注明的业务范围内从事司法鉴定业务。

鉴定人应当依照诉讼法律规定实行回避。

十、司法鉴定实行鉴定人负责制度。鉴定人应当独立进行鉴定，对鉴定意见负责并在鉴定书上签名或者盖章。多人参加的鉴定，对鉴定意见有不同意见的，应当注明。

十一、在诉讼中，当事人对鉴定意见有异议的，经人民法院依法通知，鉴定人应当出庭作证。

十二、鉴定人和鉴定机构从事司法鉴定业务，应当遵守法律、法规，遵守职业道德和职业纪律，尊重科学，遵守技术操作规范。

十三、鉴定人或者鉴定机构有违反本决定规定行为的，由省级人民政府司法行政部门予以警告，责令改正。

鉴定人或者鉴定机构有下列情形之一的，由省级人民政府司法行政部门给予停止从事司法鉴定业务三个月以上一年以下的处罚；情节严重的，撤销登记：

（一）因严重不负责任给当事人合法权益造成重大损失的；

（二）提供虚假证明文件或者采取其他欺诈手段，骗取登记的；

（三）经人民法院依法通知，拒绝出庭作证的；

（四）法律、行政法规规定的其他情形。

鉴定人故意作虚假鉴定，构成犯罪的，依法追究刑事责任；尚不构成犯罪的，依照前款规定处罚。

十四、司法行政部门在鉴定人和鉴定机构的登记管理工作中，应当严格依法办事，积极推进司法鉴定的规范化、法制化。对于滥用职权、玩忽职守、造成严重后果的直接责任人员，应当追究相应的法律责任。

十五、司法鉴定的收费项目和收费标准由国务院司法行政部门商国务院价格主管部门确定。

十六、对鉴定人和鉴定机构进行登记、名册编制和公告的具体办法，由国务院司法行政部门制定，报国务院批准。

十七、本决定下列用语的含义是：

（一）法医类鉴定，包括法医病理鉴定、法医临床鉴定、法医精神病鉴定、法医物证鉴定和法医毒物鉴定。

（二）物证类鉴定，包括文书鉴定、痕迹鉴定和微量鉴定。

（三）声像资料鉴定，包括对录音带、录像带、磁盘、光盘、图片等载体上记录的声音、图像信息的真实性、完整性及其所反映的情况过程进行的鉴定和对记录的声音、图像中的语言、人体、物体作出种类或者同一认定。

十八、本决定自 2005 年 10 月 1 日起施行。

最高人民法院关于民事诉讼证据的
若干规定（2019 年修正）

法释〔2019〕19 号

为保证人民法院正确认定案件事实，公正、及时审理民事案件，保障和便利当事人依法行使诉讼权利，根据《中华人民共和国民事诉讼法》（以下简称民事诉讼法）等有关法律的规定，结合民事审判经验和实际情况，制定本规定。

一、当事人举证

第一条　原告向人民法院起诉或者被告提出反诉，应当提供符合起诉条件的相应的证据。

第二条　人民法院应当向当事人说明举证的要求及法律后果，促使当事人在合理期限内积极、全面、正确、诚实地完成举证。

当事人因客观原因不能自行收集的证据，可申请人民法院调查收集。

第三条　在诉讼过程中，一方当事人陈述的于己不利的事实，或者对于己不利的事实明确表示承认的，另一方当事人无需举证证明。

在证据交换、询问、调查过程中，或者在起诉状、答辩状、代理词等书面材料中，当事人明确承认于己不利的事实的，适用前款规定。

第四条 一方当事人对于另一方当事人主张的于己不利的事实既不承认也不否认，经审判人员说明并询问后，其仍然不明确表示肯定或者否定的，视为对该事实的承认。

第五条 当事人委托诉讼代理人参加诉讼的，除授权委托书明确排除的事项外，诉讼代理人的自认视为当事人的自认。

当事人在场对诉讼代理人的自认明确否认的，不视为自认。

第六条 普通共同诉讼中，共同诉讼人中一人或者数人作出的自认，对作出自认的当事人发生效力。

必要共同诉讼中，共同诉讼人中一人或者数人作出自认而其他共同诉讼人予以否认的，不发生自认的效力。其他共同诉讼人既不承认也不否认，经审判人员说明并询问后仍然不明确表示意见的，视为全体共同诉讼人的自认。

第七条 一方当事人对于另一方当事人主张的于己不利的事实有所限制或者附加条件予以承认的，由人民法院综合案件情况决定是否构成自认。

第八条 《最高人民法院关于适用〈中华人民共和国民事诉讼法〉的解释》第九十六条第一款规定的事实，不适用有关自认的规定。

自认的事实与已经查明的事实不符的，人民法院不予确认。

第九条 有下列情形之一，当事人在法庭辩论终结前撤销自认的，人民法院应当准许：

（一）经对方当事人同意的；

（二）自认是在受胁迫或者重大误解情况下作出的。

人民法院准许当事人撤销自认的，应当作出口头或者书面裁定。

第十条 下列事实，当事人无须举证证明：

（一）自然规律以及定理、定律；

（二）众所周知的事实；

（三）根据法律规定推定的事实；

（四）根据已知的事实和日常生活经验法则推定出的另一事实；

（五）已为仲裁机构的生效裁决所确认的事实；

（六）已为人民法院发生法律效力的裁判所确认的基本事实；

（七）已为有效公证文书所证明的事实。

前款第二项至第五项事实，当事人有相反证据足以反驳的除外；第六项、

163

第七项事实，当事人有相反证据足以推翻的除外。

第十一条　当事人向人民法院提供证据，应当提供原件或者原物。如需自己保存证据原件、原物或者提供原件、原物确有困难的，可以提供经人民法院核对无异的复制件或者复制品。

第十二条　以动产作为证据的，应当将原物提交人民法院。原物不宜搬移或者不宜保存的，当事人可以提供复制品、影像资料或者其他替代品。

人民法院在收到当事人提交的动产或者替代品后，应当及时通知双方当事人到人民法院或者保存现场查验。

第十三条　当事人以不动产作为证据的，应当向人民法院提供该不动产的影像资料。

人民法院认为有必要的，应当通知双方当事人到场进行查验。

第十四条　电子数据包括下列信息、电子文件：

（一）网页、博客、微博客等网络平台发布的信息；

（二）手机短信、电子邮件、即时通信、通讯群组等网络应用服务的通信信息；

（三）用户注册信息、身份认证信息、电子交易记录、通信记录、登录日志等信息；

（四）文档、图片、音频、视频、数字证书、计算机程序等电子文件；

（五）其他以数字化形式存储、处理、传输的能够证明案件事实的信息。

第十五条　当事人以视听资料作为证据的，应当提供存储该视听资料的原始载体。

当事人以电子数据作为证据的，应当提供原件。电子数据的制作者制作的与原件一致的副本，或者直接来源于电子数据的打印件或其他可以显示、识别的输出介质，视为电子数据的原件。

第十六条　当事人提供的公文书证系在中华人民共和国领域外形成的，该证据应当经所在国公证机关证明，或者履行中华人民共和国与该所在国订立的有关条约中规定的证明手续。

中华人民共和国领域外形成的涉及身份关系的证据，应当经所在国公证机关证明并经中华人民共和国驻该国使领馆认证，或者履行中华人民共和国与该所在国订立的有关条约中规定的证明手续。

当事人向人民法院提供的证据是在香港、澳门、台湾地区形成的，应当履行相关的证明手续。

第十七条　当事人向人民法院提供外文书证或者外文说明资料，应当附有中文译本。

第十八条　双方当事人无争议的事实符合《最高人民法院关于适用〈中华人民共和国民事诉讼法〉的解释》第九十六条第一款规定情形的，人民法院可以责令当事人提供有关证据。

第十九条　当事人应当对其提交的证据材料逐一分类编号，对证据材料的来源、证明对象和内容作简要说明，签名盖章，注明提交日期，并依照对方当事人人数提出副本。

人民法院收到当事人提交的证据材料，应当出具收据，注明证据的名称、份数和页数以及收到的时间，由经办人员签名或者盖章。

二、证据的调查收集和保全

第二十条　当事人及其诉讼代理人申请人民法院调查收集证据，应当在举证期限届满前提交书面申请。

申请书应当载明被调查人的姓名或者单位名称、住所地等基本情况、所要调查收集的证据名称或者内容、需要由人民法院调查收集证据的原因及其要证明的事实以及明确的线索。

第二十一条　人民法院调查收集的书证，可以是原件，也可以是经核对无误的副本或者复制件。是副本或者复制件的，应当在调查笔录中说明来源和取证情况。

第二十二条　人民法院调查收集的物证应当是原物。被调查人提供原物确有困难的，可以提供复制品或者影像资料。提供复制品或者影像资料的，应当在调查笔录中说明取证情况。

第二十三条　人民法院调查收集视听资料、电子数据，应当要求被调查人提供原始载体。

提供原始载体确有困难的，可以提供复制件。提供复制件的，人民法院应当在调查笔录中说明其来源和制作经过。

人民法院对视听资料、电子数据采取证据保全措施的，适用前款规定。

第二十四条　人民法院调查收集可能需要鉴定的证据，应当遵守相关技术规范，确保证据不被污染。

第二十五条　当事人或者利害关系人根据民事诉讼法第八十一条的规定申请证据保全的，申请书应当载明需要保全的证据的基本情况、申请保全的理由以及采取何种保全措施等内容。

当事人根据民事诉讼法第八十一条第一款的规定申请证据保全的，应当在举证期限届满前向人民法院提出。

法律、司法解释对诉前证据保全有规定的，依照其规定办理。

第二十六条　当事人或者利害关系人申请采取查封、扣押等限制保全标的物使用、流通等保全措施，或者保全可能对证据持有人造成损失的，人民法院应当责令申请人提供相应的担保。

担保方式或者数额由人民法院根据保全措施对证据持有人的影响、保全标的物的价值、当事人或者利害关系人争议的诉讼标的金额等因素综合确定。

第二十七条　人民法院进行证据保全，可以要求当事人或者诉讼代理人到场。

根据当事人的申请和具体情况，人民法院可以采取查封、扣押、录音、录像、复制、鉴定、勘验等方法进行证据保全，并制作笔录。

在符合证据保全目的的情况下，人民法院应当选择对证据持有人利益影响最小的保全措施。

第二十八条　申请证据保全错误造成财产损失，当事人请求申请人承担赔偿责任的，人民法院应予支持。

第二十九条　人民法院采取诉前证据保全措施后，当事人向其他有管辖权的人民法院提起诉讼的，采取保全措施的人民法院应当根据当事人的申请，将保全的证据及时移交受理案件的人民法院。

第三十条　人民法院在审理案件过程中认为待证事实需要通过鉴定意见证明的，应当向当事人释明，并指定提出鉴定申请的期间。

符合《最高人民法院关于适用〈中华人民共和国民事诉讼法〉的解释》第九十六条第一款规定情形的，人民法院应当依职权委托鉴定。

第三十一条　当事人申请鉴定，应当在人民法院指定期间内提出，并预交鉴定费用。逾期不提出申请或者不预交鉴定费用的，视为放弃申请。

对需要鉴定的待证事实负有举证责任的当事人，在人民法院指定期间内无正当理由不提出鉴定申请或者不预交鉴定费用，或者拒不提供相关材料，致使待证事实无法查明的，应当承担举证不能的法律后果。

第三十二条　人民法院准许鉴定申请的，应当组织双方当事人协商确定具备相应资格的鉴定人。当事人协商不成的，由人民法院指定。

人民法院依职权委托鉴定的，可以在询问当事人的意见后，指定具备相应资格的鉴定人。

人民法院在确定鉴定人后应当出具委托书，委托书中应当载明鉴定事项、鉴定范围、鉴定目的和鉴定期限。

第三十三条　鉴定开始之前，人民法院应当要求鉴定人签署承诺书。承诺书中应当载明鉴定人保证客观、公正、诚实地进行鉴定，保证出庭作证，如作虚假鉴定应当承担法律责任等内容。

鉴定人故意作虚假鉴定的，人民法院应当责令其退还鉴定费用，并根据情节，依照民事诉讼法第一百一十一条的规定进行处罚。

第三十四条　人民法院应当组织当事人对鉴定材料进行质证。未经质证的材料，不得作为鉴定的根据。

经人民法院准许，鉴定人可以调取证据、勘验物证和现场、询问当事人或者证人。

第三十五条　鉴定人应当在人民法院确定的期限内完成鉴定，并提交鉴定书。

鉴定人无正当理由未按期提交鉴定书的，当事人可以申请人民法院另行委托鉴定人进行鉴定。人民法院准许的，原鉴定人已经收取的鉴定费用应当退还；拒不退还的，依照本规定第八十一条第二款的规定处理。

第三十六条　人民法院对鉴定人出具的鉴定书，应当审查是否具有下列内容：

（一）委托法院的名称；

（二）委托鉴定的内容、要求；

（三）鉴定材料；

（四）鉴定所依据的原理、方法；

（五）对鉴定过程的说明；

（六）鉴定意见；

（七）承诺书。

鉴定书应当由鉴定人签名或者盖章，并附鉴定人的相应资格证明。委托机构鉴定的，鉴定书应当由鉴定机构盖章，并由从事鉴定的人员签名。

第三十七条　人民法院收到鉴定书后，应当及时将副本送交当事人。

当事人对鉴定书的内容有异议的，应当在人民法院指定期间内以书面方式提出。

对于当事人的异议，人民法院应当要求鉴定人作出解释、说明或者补充。人民法院认为有必要的，可以要求鉴定人对当事人未提出异议的内容进行解释、说明或者补充。

第三十八条　当事人在收到鉴定人的书面答复后仍有异议的，人民法院应当根据《诉讼费用交纳办法》第十一条的规定，通知有异议的当事人预交鉴定人出庭费用，并通知鉴定人出庭。有异议的当事人不预交鉴定人出庭费用的，视为放弃异议。

双方当事人对鉴定意见均有异议的，分摊预交鉴定人出庭费用。

第三十九条　鉴定人出庭费用按照证人出庭作证费用的标准计算，由败诉的当事人负担。因鉴定意见不明确或者有瑕疵需要鉴定人出庭的，出庭费用由其自行负担。

人民法院委托鉴定时已经确定鉴定人出庭费用包含在鉴定费用中的，不再通知当事人预交。

第四十条　当事人申请重新鉴定，存在下列情形之一的，人民法院应当准许：

（一）鉴定人不具备相应资格的；

（二）鉴定程序严重违法的；

（三）鉴定意见明显依据不足的；

（四）鉴定意见不能作为证据使用的其他情形。

存在前款第一项至第三项情形的，鉴定人已经收取的鉴定费用应当退还。拒不退还的，依照本规定第八十一条第二款的规定处理。

对鉴定意见的瑕疵，可以通过补正、补充鉴定或者补充质证、重新质证等方法解决的，人民法院不予准许重新鉴定的申请。

重新鉴定的，原鉴定意见不得作为认定案件事实的根据。

第四十一条　对于一方当事人就专门性问题自行委托有关机构或者人员出具的意见，另一方当事人有证据或者理由足以反驳并申请鉴定的，人民法院应予准许。

第四十二条　鉴定意见被采信后，鉴定人无正当理由撤销鉴定意见的，人民法院应当责令其退还鉴定费用，并可以根据情节，依照民事诉讼法第一百一十一条的规定对鉴定人进行处罚。当事人主张鉴定人负担由此增加的合理费用的，人民法院应予支持。

人民法院采信鉴定意见后准许鉴定人撤销的，应当责令其退还鉴定费用。

第四十三条　人民法院应当在勘验前将勘验的时间和地点通知当事人。当事人不参加的，不影响勘验进行。

当事人可以就勘验事项向人民法院进行解释和说明，可以请求人民法院注意勘验中的重要事项。

人民法院勘验物证或者现场，应当制作笔录，记录勘验的时间、地点、勘验人、在场人、勘验的经过、结果，由勘验人、在场人签名或者盖章。对于绘制的现场图应当注明绘制的时间、方位、测绘人姓名、身份等内容。

第四十四条　摘录有关单位制作的与案件事实相关的文件、材料，应当注明出处，并加盖制作单位或者保管单位的印章，摘录人和其他调查人员应当在摘录件上签名或者盖章。

摘录文件、材料应当保持内容相应的完整性。

第四十五条　当事人根据《最高人民法院关于适用〈中华人民共和国民事诉讼法〉的解释》第一百一十二条的规定申请人民法院责令对方当事人提交书证的，申请书应当载明所申请提交的书证名称或者内容、需要以该书证证明的事实及事实的重要性、对方当事人控制该书证的根据以及应当提交该书证的理由。

对方当事人否认控制书证的，人民法院应当根据法律规定、习惯等因素，结合案件的事实、证据，对于书证是否在对方当事人控制之下的事实作出综合判断。

第四十六条　人民法院对当事人提交书证的申请进行审查时，应当听取对方当事人的意见，必要时可以要求双方当事人提供证据、进行辩论。

当事人申请提交的书证不明确、书证对于待证事实的证明无必要、待证事实对于裁判结果无实质性影响、书证未在对方当事人控制之下或者不符合本规定第四十七条情形的，人民法院不予准许。

当事人申请理由成立的，人民法院应当作出裁定，责令对方当事人提交书证；理由不成立的，通知申请人。

第四十七条　下列情形，控制书证的当事人应当提交书证：

（一）控制书证的当事人在诉讼中曾经引用过的书证；

（二）为对方当事人的利益制作的书证；

（三）对方当事人依照法律规定有权查阅、获取的书证；

（四）账簿、记账原始凭证；

（五）人民法院认为应当提交书证的其他情形。

前款所列书证，涉及国家秘密、商业秘密、当事人或第三人的隐私，或者存在法律规定应当保密的情形的，提交后不得公开质证。

第四十八条　控制书证的当事人无正当理由拒不提交书证的，人民法院可以认定对方当事人所主张的书证内容为真实。

控制书证的当事人存在《最高人民法院关于适用〈中华人民共和国民事诉讼法〉的解释》第一百一十三条规定情形的，人民法院可以认定对方当事人主张以该书证证明的事实为真实。

三、举证时限与证据交换

第四十九条　被告应当在答辩期届满前提出书面答辩，阐明其对原告诉讼请求及所依据的事实和理由的意见。

第五十条　人民法院应当在审理前的准备阶段向当事人送达举证通知书。

举证通知书应当载明举证责任的分配原则和要求、可以向人民法院申请调查收集证据的情形、人民法院根据案件情况指定的举证期限以及逾期提供证据的法律后果等内容。

第五十一条　举证期限可以由当事人协商，并经人民法院准许。

人民法院指定举证期限的，适用第一审普通程序审理的案件不得少于十五日，当事人提供新的证据的第二审案件不得少于十日。适用简易程序审理的案件不得超过十五日，小额诉讼案件的举证期限一般不得超过七日。

举证期限届满后，当事人提供反驳证据或者对已经提供的证据的来源、形式等方面的瑕疵进行补正的，人民法院可以酌情再次确定举证期限，该期限不受前款规定的期间限制。

第五十二条　当事人在举证期限内提供证据存在客观障碍，属于民事诉讼法第六十五条第二款规定的"当事人在该期限内提供证据确有困难"的情形。

前款情形，人民法院应当根据当事人的举证能力、不能在举证期限内提供证据的原因等因素综合判断。必要时，可以听取对方当事人的意见。

第五十三条　诉讼过程中，当事人主张的法律关系性质或者民事行为效力与人民法院根据案件事实作出的认定不一致的，人民法院应当将法律关系性质或者民事行为效力作为焦点问题进行审理。但法律关系性质对裁判理由及结果没有影响，或者有关问题已经当事人充分辩论的除外。

存在前款情形，当事人根据法庭审理情况变更诉讼请求的，人民法院应当准许并可以根据案件的具体情况重新指定举证期限。

第五十四条　当事人申请延长举证期限的，应当在举证期限届满前向人民法院提出书面申请。

申请理由成立的，人民法院应当准许，适当延长举证期限，并通知其他当事人。延长的举证期限适用于其他当事人。

申请理由不成立的，人民法院不予准许，并通知申请人。

第五十五条　存在下列情形的，举证期限按照如下方式确定：

（一）当事人依照民事诉讼法第一百二十七条规定提出管辖权异议的，举证期限中止，自驳回管辖权异议的裁定生效之日起恢复计算；

（二）追加当事人、有独立请求权的第三人参加诉讼或者无独立请求权的第三人经人民法院通知参加诉讼的，人民法院应当依照本规定第五十一条的规定为新参加诉讼的当事人确定举证期限，该举证期限适用于其他当事人；

（三）发回重审的案件，第一审人民法院可以结合案件具体情况和发回重审的原因，酌情确定举证期限；

（四）当事人增加、变更诉讼请求或者提出反诉的，人民法院应当根据案件具体情况重新确定举证期限；

（五）公告送达的，举证期限自公告期届满之次日起计算。

第五十六条　人民法院依照民事诉讼法第一百三十三条第四项的规定，通

171

过组织证据交换进行审理前准备的，证据交换之日举证期限届满。

证据交换的时间可以由当事人协商一致并经人民法院认可，也可以由人民法院指定。当事人申请延期举证经人民法院准许的，证据交换日相应顺延。

第五十七条　证据交换应当在审判人员的主持下进行。

在证据交换的过程中，审判人员对当事人无异议的事实、证据应当记录在卷；对有异议的证据，按照需要证明的事实分类记录在卷，并记载异议的理由。通过证据交换，确定双方当事人争议的主要问题。

第五十八条　当事人收到对方的证据后有反驳证据需要提交的，人民法院应当再次组织证据交换。

第五十九条　人民法院对逾期提供证据的当事人处以罚款的，可以结合当事人逾期提供证据的主观过错程度、导致诉讼迟延的情况、诉讼标的金额等因素，确定罚款数额。

四、质证

第六十条　当事人在审理前的准备阶段或者人民法院调查、询问过程中发表过质证意见的证据，视为质证过的证据。

当事人要求以书面方式发表质证意见，人民法院在听取对方当事人意见后认为有必要的，可以准许。人民法院应当及时将书面质证意见送交对方当事人。

第六十一条　对书证、物证、视听资料进行质证时，当事人应当出示证据的原件或者原物。但有下列情形之一的除外：

（一）出示原件或者原物确有困难并经人民法院准许出示复制件或者复制品的；

（二）原件或者原物已不存在，但有证据证明复制件、复制品与原件或者原物一致的。

第六十二条　质证一般按下列顺序进行：

（一）原告出示证据，被告、第三人与原告进行质证；

（二）被告出示证据，原告、第三人与被告进行质证；

（三）第三人出示证据，原告、被告与第三人进行质证。

人民法院根据当事人申请调查收集的证据，审判人员对调查收集证据的情况进行说明后，由提出申请的当事人与对方当事人、第三人进行质证。

人民法院依职权调查收集的证据，由审判人员对调查收集证据的情况进行说明后，听取当事人的意见。

第六十三条　当事人应当就案件事实作真实、完整的陈述。

当事人的陈述与此前陈述不一致的，人民法院应当责令其说明理由，并结合当事人的诉讼能力、证据和案件具体情况进行审查认定。

当事人故意作虚假陈述妨碍人民法院审理的，人民法院应当根据情节，依照民事诉讼法第一百一十一条的规定进行处罚。

第六十四条　人民法院认为有必要的，可以要求当事人本人到场，就案件的有关事实接受询问。

人民法院要求当事人到场接受询问的，应当通知当事人询问的时间、地点、拒不到场的后果等内容。

第六十五条　人民法院应当在询问前责令当事人签署保证书并宣读保证书的内容。

保证书应当载明保证据实陈述，绝无隐瞒、歪曲、增减，如有虚假陈述应当接受处罚等内容。当事人应当在保证书上签名、捺印。

当事人有正当理由不能宣读保证书的，由书记员宣读并进行说明。

第六十六条　当事人无正当理由拒不到场、拒不签署或宣读保证书或者拒不接受询问的，人民法院应当综合案件情况，判断待证事实的真伪。待证事实无其他证据证明的，人民法院应当作出不利于该当事人的认定。

第六十七条　不能正确表达意思的人，不能作为证人。

待证事实与其年龄、智力状况或者精神健康状况相适应的无民事行为能力人和限制民事行为能力人，可以作为证人。

第六十八条　人民法院应当要求证人出庭作证，接受审判人员和当事人的询问。证人在审理前的准备阶段或者人民法院调查、询问等双方当事人在场时陈述证言的，视为出庭作证。

双方当事人同意证人以其他方式作证并经人民法院准许的，证人可以不出庭作证。

无正当理由未出庭的证人以书面等方式提供的证言，不得作为认定案件事实的根据。

第六十九条　当事人申请证人出庭作证的，应当在举证期限届满前向人民法院提交申请书。

申请书应当载明证人的姓名、职业、住所、联系方式，作证的主要内容，作证内容与待证事实的关联性，以及证人出庭作证的必要性。

符合《最高人民法院关于适用〈中华人民共和国民事诉讼法〉的解释》第九十六条第一款规定情形的，人民法院应当依职权通知证人出庭作证。

第七十条　人民法院准许证人出庭作证申请的，应当向证人送达通知书并告知双方当事人。通知书中应当载明证人作证的时间、地点，作证的事项、要求以及作伪证的法律后果等内容。

当事人申请证人出庭作证的事项与待证事实无关，或者没有通知证人出庭作证必要的，人民法院不予准许当事人的申请。

第七十一条　人民法院应当要求证人在作证之前签署保证书，并在法庭上宣读保证书的内容。但无民事行为能力人和限制民事行为能力人作为证人的除外。

证人确有正当理由不能宣读保证书的，由书记员代为宣读并进行说明。

证人拒绝签署或者宣读保证书的，不得作证，并自行承担相关费用。

证人保证书的内容适用当事人保证书的规定。

第七十二条　证人应当客观陈述其亲身感知的事实，作证时不得使用猜测、推断或者评论性语言。

证人作证前不得旁听法庭审理，作证时不得以宣读事先准备的书面材料的方式陈述证言。

证人言辞表达有障碍的，可以通过其他表达方式作证。

第七十三条　证人应当就其作证的事项进行连续陈述。

当事人及其法定代理人、诉讼代理人或者旁听人员干扰证人陈述的，人民法院应当及时制止，必要时可以依照民事诉讼法第一百一十条的规定进行处罚。

第七十四条　审判人员可以对证人进行询问。当事人及其诉讼代理人经审判人员许可后可以询问证人。

询问证人时其他证人不得在场。

人民法院认为有必要的，可以要求证人之间进行对质。

第七十五条　证人出庭作证后，可以向人民法院申请支付证人出庭作证费用。证人有困难需要预先支取出庭作证费用的，人民法院可以根据证人的申请在出庭作证前支付。

第七十六条 证人确有困难不能出庭作证，申请以书面证言、视听传输技术或者视听资料等方式作证的，应当向人民法院提交申请书。申请书中应当载明不能出庭的具体原因。

符合民事诉讼法第七十三条规定情形的，人民法院应当准许。

第七十七条 证人经人民法院准许，以书面证言方式作证的，应当签署保证书；以视听传输技术或者视听资料方式作证的，应当签署保证书并宣读保证书的内容。

第七十八条 当事人及其诉讼代理人对证人的询问与待证事实无关，或者存在威胁、侮辱证人或不适当引导等情形的，审判人员应当及时制止。必要时可以依照民事诉讼法第一百一十条、第一百一十一条的规定进行处罚。

证人故意作虚假陈述，诉讼参与人或者其他人以暴力、威胁、贿买等方法妨碍证人作证，或者在证人作证后以侮辱、诽谤、诬陷、恐吓、殴打等方式对证人打击报复的，人民法院应当根据情节，依照民事诉讼法第一百一十一条的规定，对行为人进行处罚。

第七十九条 鉴定人依照民事诉讼法第七十八条的规定出庭作证的，人民法院应当在开庭审理三日前将出庭的时间、地点及要求通知鉴定人。

委托机构鉴定的，应当由从事鉴定的人员代表机构出庭。

第八十条 鉴定人应当就鉴定事项如实答复当事人的异议和审判人员的询问。当庭答复确有困难的，经人民法院准许，可以在庭审结束后书面答复。

人民法院应当及时将书面答复送交当事人，并听取当事人的意见。必要时，可以再次组织质证。

第八十一条 鉴定人拒不出庭作证的，鉴定意见不得作为认定案件事实的根据。人民法院应当建议有关主管部门或者组织对拒不出庭作证的鉴定人予以处罚。

当事人要求退还鉴定费用的，人民法院应当在三日内作出裁定，责令鉴定人退还；拒不退还的，由人民法院依法执行。

当事人因鉴定人拒不出庭作证申请重新鉴定的，人民法院应当准许。

第八十二条 经法庭许可，当事人可以询问鉴定人、勘验人。

询问鉴定人、勘验人不得使用威胁、侮辱等不适当的言语和方式。

第八十三条　当事人依照民事诉讼法第七十九条和《最高人民法院关于适用〈中华人民共和国民事诉讼法〉的解释》第一百二十二条的规定，申请有专门知识的人出庭的，申请书中应当载明有专门知识的人的基本情况和申请的目的。

人民法院准许当事人申请的，应当通知双方当事人。

第八十四条　审判人员可以对有专门知识的人进行询问。经法庭准许，当事人可以对有专门知识的人进行询问，当事人各自申请的有专门知识的人可以就案件中的有关问题进行对质。

有专门知识的人不得参与对鉴定意见质证或者就专业问题发表意见之外的法庭审理活动。

五、证据的审核认定

第八十五条　人民法院应当以证据能够证明的案件事实为根据依法作出裁判。

审判人员应当依照法定程序，全面、客观地审核证据，依据法律的规定，遵循法官职业道德，运用逻辑推理和日常生活经验，对证据有无证明力和证明力大小独立进行判断，并公开判断的理由和结果。

第八十六条　当事人对于欺诈、胁迫、恶意串通事实的证明，以及对于口头遗嘱或赠与事实的证明，人民法院确信该待证事实存在的可能性能够排除合理怀疑的，应当认定该事实存在。

与诉讼保全、回避等程序事项有关的事实，人民法院结合当事人的说明及相关证据，认为有关事实存在的可能性较大的，可以认定该事实存在。

第八十七条　审判人员对单一证据可以从下列方面进行审核认定：

（一）证据是否为原件、原物，复制件、复制品与原件、原物是否相符；

（二）证据与本案事实是否相关；

（三）证据的形式、来源是否符合法律规定；

（四）证据的内容是否真实；

（五）证人或者提供证据的人与当事人有无利害关系。

第八十八条　审判人员对案件的全部证据，应当从各证据与案件事实的关联程度、各证据之间的联系等方面进行综合审查判断。

第八十九条　当事人在诉讼过程中认可的证据，人民法院应当予以确认。但法律、司法解释另有规定的除外。

当事人对认可的证据反悔的，参照《最高人民法院关于适用〈中华人民共和国民事诉讼法〉的解释》第二百二十九条的规定处理。

第九十条　下列证据不能单独作为认定案件事实的根据：

（一）当事人的陈述；

（二）无民事行为能力人或者限制民事行为能力人所作的与其年龄、智力状况或者精神健康状况不相当的证言；

（三）与一方当事人或者其代理人有利害关系的证人陈述的证言；

（四）存有疑点的视听资料、电子数据；

（五）无法与原件、原物核对的复制件、复制品。

第九十一条　公文书证的制作者根据文书原件制作的载有部分或者全部内容的副本，与正本具有相同的证明力。

在国家机关存档的文件，其复制件、副本、节录本经档案部门或者制作原本的机关证明其内容与原本一致的，该复制件、副本、节录本具有与原本相同的证明力。

第九十二条　私文书证的真实性，由主张以私文书证证明案件事实的当事人承担举证责任。

私文书证由制作者或者其代理人签名、盖章或捺印的，推定为真实。

私文书证上有删除、涂改、增添或者其他形式瑕疵的，人民法院应当综合案件的具体情况判断其证明力。

第九十三条　人民法院对于电子数据的真实性，应当结合下列因素综合判断：

（一）电子数据的生成、存储、传输所依赖的计算机系统的硬件、软件环境是否完整、可靠；

（二）电子数据的生成、存储、传输所依赖的计算机系统的硬件、软件环境是否处于正常运行状态，或者不处于正常运行状态时对电子数据的生成、存储、传输是否有影响；

（三）电子数据的生成、存储、传输所依赖的计算机系统的硬件、软件环境是否具备有效的防止出错的监测、核查手段；

（四）电子数据是否被完整地保存、传输、提取，保存、传输、提取的方法是否可靠；

（五）电子数据是否在正常的往来活动中形成和存储；

（六）保存、传输、提取电子数据的主体是否适当；

（七）影响电子数据完整性和可靠性的其他因素。

人民法院认为有必要的，可以通过鉴定或者勘验等方法，审查判断电子数据的真实性。

第九十四条　电子数据存在下列情形的，人民法院可以确认其真实性，但有足以反驳的相反证据的除外：

（一）由当事人提交或者保管的于己不利的电子数据；

（二）由记录和保存电子数据的中立第三方平台提供或者确认的；

（三）在正常业务活动中形成的；

（四）以档案管理方式保管的；

（五）以当事人约定的方式保存、传输、提取的。

电子数据的内容经公证机关公证的，人民法院应当确认其真实性，但有相反证据足以推翻的除外。

第九十五条　一方当事人控制证据无正当理由拒不提交，对待证事实负有举证责任的当事人主张该证据的内容不利于控制人的，人民法院可以认定该主张成立。

第九十六条　人民法院认定证人证言，可以通过对证人的智力状况、品德、知识、经验、法律意识和专业技能等的综合分析作出判断。

第九十七条　人民法院应当在裁判文书中阐明证据是否采纳的理由。

对当事人无争议的证据，是否采纳的理由可以不在裁判文书中表述。

六、其他

第九十八条　对证人、鉴定人、勘验人的合法权益依法予以保护。

当事人或者其他诉讼参与人伪造、毁灭证据，提供虚假证据，阻止证人作证，指使、贿买、胁迫他人作伪证，或者对证人、鉴定人、勘验人打击报复的，依照民事诉讼法第一百一十条、第一百一十一条的规定进行处罚。

第九十九条　本规定对证据保全没有规定的，参照适用法律、司法解释关于财产保全的规定。

除法律、司法解释另有规定外，对当事人、鉴定人、有专门知识的人的询问参照适用本规定中关于询问证人的规定；关于书证的规定适用于视听资料、电子数据；存储在电子计算机等电子介质中的视听资料，适用电子数据的规定。

第一百条　本规定自 2020 年 5 月 1 日起施行。

本规定公布施行后，最高人民法院以前发布的司法解释与本规定不一致的，不再适用。

中华人民共和国民法典（节选）

《中华人民共和国民法典》共 7 编、1260 条，各编依次为总则、物权、合同、人格权、婚姻家庭、继承、侵权责任，以及附则。通篇贯穿以人民为中心的发展思想，着眼于满足人民对美好生活的需要，对公民的人身权、财产权、人格权等作出明确详实的规定，并规定侵权责任，明确权利受到削弱、减损、侵害时的请求权和救济权等，体现了对人民权利的充分保障，被誉为"新时代人民权利的宣言书"。

2020 年 5 月 28 日，十三届全国人大三次会议表决通过了《中华人民共和国民法典》，自 2021 年 1 月 1 日起施行。《婚姻法》《继承法》《民法通则》《收养法》《担保法》《合同法》《物权法》《侵权责任法》《民法总则》同时废止。有关亲子鉴定相关的法律规定在第五编"婚姻家庭编"。

第三章　家　庭　关　系

第一节　夫　妻　关　系

第一千零五十五条　夫妻在婚姻家庭中地位平等。

第一千零五十六条　夫妻双方都有各自使用自己姓名的权利。

第一千零五十七条　夫妻双方都有参加生产、工作、学习和社会活动的自由，一方不得对另一方加以限制或者干涉。

第一千零五十八条　夫妻双方平等享有对未成年子女抚养、教育和保护的权利，共同承担对未成年子女抚养、教育和保护的义务。

第一千零五十九条　夫妻有相互扶养的义务。

需要扶养的一方，在另一方不履行扶养义务时，有要求其给付扶养费的权利。

第一千零六十条　夫妻一方因家庭日常生活需要而实施的民事法律行为，对夫妻双方发生效力，但是夫妻一方与相对人另有约定的除外。

夫妻之间对一方可以实施的民事法律行为范围的限制，不得对抗善意相对人。

第一千零六十一条　夫妻有相互继承遗产的权利。

第一千零六十二条　夫妻在婚姻关系存续期间所得的下列财产，为夫妻的共同财产，归夫妻共同所有：

（一）工资、奖金、劳务报酬；

（二）生产、经营、投资的收益；

（三）知识产权的收益；

（四）继承或者受赠的财产，但是本法第一千零六十三条第三项规定的除外；

（五）其他应当归共同所有的财产。

夫妻对共同财产，有平等的处理权。

第一千零六十三条　下列财产为夫妻一方的个人财产：

（一）一方的婚前财产；

（二）一方因受到人身损害获得的赔偿或者补偿；

（三）遗嘱或者赠与合同中确定只归一方的财产；

（四）一方专用的生活用品；

（五）其他应当归一方的财产。

第一千零六十四条　夫妻双方共同签名或者夫妻一方事后追认等共同意思表示所负的债务，以及夫妻一方在婚姻关系存续期间以个人名义为家庭日常生活需要所负的债务，属于夫妻共同债务。

夫妻一方在婚姻关系存续期间以个人名义超出家庭日常生活需要所负的债务，不属于夫妻共同债务；但是，债权人能够证明该债务用于夫妻共同生活、共同生产经营或者基于夫妻双方共同意思表示的除外。

第一千零六十五条　男女双方可以约定婚姻关系存续期间所得的财产以及婚前财产归各自所有、共同所有或者部分各自所有、部分共同所有。约定应当采用书面形式。没有约定或者约定不明确的，适用本法第一千零六十二条、第一千零六十三条的规定。

夫妻对婚姻关系存续期间所得的财产以及婚前财产的约定，对双方具有法律约束力。

夫妻对婚姻关系存续期间所得的财产约定归各自所有，夫或者妻一方对外所负的债务，相对人知道该约定的，以夫或者妻一方的个人财产清偿。

第一千零六十六条　婚姻关系存续期间，有下列情形之一的，夫妻一方可以向人民法院请求分割共同财产：

（一）一方有隐藏、转移、变卖、毁损、挥霍夫妻共同财产或者伪造夫妻共同债务等严重损害夫妻共同财产利益的行为；

（二）一方负有法定扶养义务的人患重大疾病需要医治，另一方不同意支付相关医疗费用。

第二节　父母子女关系和其他近亲属关系

第一千零六十七条　父母不履行抚养义务的，未成年子女或者不能独立生活的成年子女，有要求父母给付抚养费的权利。

成年子女不履行赡养义务的，缺乏劳动能力或者生活困难的父母，有要求成年子女给付赡养费的权利。

第一千零六十八条　父母有教育、保护未成年子女的权利和义务。未成年子女造成他人损害的，父母应当依法承担民事责任。

第一千零六十九条　子女应当尊重父母的婚姻权利，不得干涉父母离婚、再婚以及婚后的生活。子女对父母的赡养义务，不因父母的婚姻关系变化而终止。

第一千零七十条　父母和子女有相互继承遗产的权利。

第一千零七十一条　非婚生子女享有与婚生子女同等的权利，任何组织或者个人不得加以危害和歧视。

不直接抚养非婚生子女的生父或者生母，应当负担未成年子女或者不能独立生活的成年子女的抚养费。

第一千零七十二条　继父母与继子女间，不得虐待或者歧视。

继父或者继母和受其抚养教育的继子女间的权利义务关系，适用本法关于父母子女关系的规定。

第一千零七十三条　对亲子关系有异议且有正当理由的，父或者母可以向人民法院提起诉讼，请求确认或者否认亲子关系。

对亲子关系有异议且有正当理由的，成年子女可以向人民法院提起诉讼，请求确认亲子关系。

第一千零七十四条　有负担能力的祖父母、外祖父母，对于父母已经死亡或者父母无力抚养的未成年孙子女、外孙子女，有抚养的义务。

有负担能力的孙子女、外孙子女，对于子女已经死亡或者子女无力赡养的祖父母、外祖父母，有赡养的义务。

第一千零七十五条　有负担能力的兄、姐，对于父母已经死亡或者父母无力抚养的未成年弟、妹，有扶养的义务。

由兄、姐扶养长大的有负担能力的弟、妹，对于缺乏劳动能力又缺乏生活来源的兄、姐，有扶养的义务。

最高人民法院关于适用《中华人民共和国民法典》婚姻家庭编的解释（一）

为正确审理婚姻家庭纠纷案件，根据《中华人民共和国民法典》《中华人民共和国民事诉讼法》等相关法律规定，结合审判实践，制定本解释。

一、一般规定

第一条　持续性、经常性的家庭暴力，可以认定为民法典第一千零四十二条、第一千零七十九条、第一千零九十一条所称的"虐待"。

第二条　民法典第一千零四十二条、第一千零七十九条、第一千零九十一条规定的"与他人同居"的情形，是指有配偶者与婚外异性，不以夫妻名义，持续、稳定地共同居住。

第三条　当事人提起诉讼仅请求解除同居关系的，人民法院不予受理；已经受理的，裁定驳回起诉。

当事人因同居期间财产分割或者子女抚养纠纷提起诉讼的，人民法院应当受理。

第四条　当事人仅以民法典第一千零四十三条为依据提起诉讼的，人民法院不予受理；已经受理的，裁定驳回起诉。

第五条　当事人请求返还按照习俗给付的彩礼的，如果查明属于以下情形，人民法院应当予以支持：

（一）双方未办理结婚登记手续；

（二）双方办理结婚登记手续但确未共同生活；

（三）婚前给付并导致给付人生活困难。

适用前款第二项、第三项的规定，应当以双方离婚为条件。

二、结婚

第六条　男女双方依据民法典第一千零四十九条规定补办结婚登记的，婚姻关系的效力从双方均符合民法典所规定的结婚的实质要件时起算。

第七条　未依据民法典第一千零四十九条规定办理结婚登记而以夫妻名义共同生活的男女，提起诉讼要求离婚的，应当区别对待：

（一）1994年2月1日民政部《婚姻登记管理条例》公布实施以前，男女双方已经符合结婚实质要件的，按事实婚姻处理。

（二）1994年2月1日民政部《婚姻登记管理条例》公布实施以后，男女双方符合结婚实质要件的，人民法院应当告知其补办结婚登记。未补办结婚登记的，依据本解释第三条规定处理。

第八条　未依据民法典第一千零四十九条规定办理结婚登记而以夫妻名义共同生活的男女，一方死亡，另一方以配偶身份主张享有继承权的，依据本解释第七条的原则处理。

第九条　有权依据民法典第一千零五十一条规定向人民法院就已办理结婚登记的婚姻请求确认婚姻无效的主体，包括婚姻当事人及利害关系人。其中，利害关系人包括：

（一）以重婚为由的，为当事人的近亲属及基层组织；

（二）以未到法定婚龄为由的，为未到法定婚龄者的近亲属；

（三）以有禁止结婚的亲属关系为由的，为当事人的近亲属。

第十条　当事人依据民法典第一千零五十一条规定向人民法院请求确认婚姻无效，法定的无效婚姻情形在提起诉讼时已经消失的，人民法院不予支持。

第十一条　人民法院受理请求确认婚姻无效案件后，原告申请撤诉的，不予准许。

对婚姻效力的审理不适用调解，应当依法作出判决。

涉及财产分割和子女抚养的，可以调解。调解达成协议的，另行制作调解书；未达成调解协议的，应当一并作出判决。

第十二条　人民法院受理离婚案件后，经审理确属无效婚姻的，应当将婚姻无效的情形告知当事人，并依法作出确认婚姻无效的判决。

第十三条　人民法院就同一婚姻关系分别受理了离婚和请求确认婚姻无效案件的，对于离婚案件的审理，应当待请求确认婚姻无效案件作出判决后进行。

第十四条　夫妻一方或者双方死亡后，生存一方或者利害关系人依据民法典第一千零五十一条的规定请求确认婚姻无效的，人民法院应当受理。

第十五条　利害关系人依据民法典第一千零五十一条的规定，请求人民法院确认婚姻无效的，利害关系人为原告，婚姻关系当事人双方为被告。

夫妻一方死亡的，生存一方为被告。

第十六条　人民法院审理重婚导致的无效婚姻案件时，涉及财产处理的，应当准许合法婚姻当事人作为有独立请求权的第三人参加诉讼。

第十七条　当事人以民法典第一千零五十一条规定的三种无效婚姻以外的情形请求确认婚姻无效的，人民法院应当判决驳回当事人的诉讼请求。

当事人以结婚登记程序存在瑕疵为由提起民事诉讼，主张撤销结婚登记的，告知其可以依法申请行政复议或者提起行政诉讼。

第十八条　行为人以给另一方当事人或者其近亲属的生命、身体、健康、名誉、财产等方面造成损害为要挟，迫使另一方当事人违背真实意愿结婚的，可以认定为民法典第一千零五十二条所称的"胁迫"。

因受胁迫而请求撤销婚姻的，只能是受胁迫一方的婚姻关系当事人本人。

第十九条　民法典第一千零五十二条规定的"一年"，不适用诉讼时效中止、中断或者延长的规定。

受胁迫或者被非法限制人身自由的当事人请求撤销婚姻的，不适用民法典第一百五十二条第二款的规定。

第二十条　民法典第一千零五十四条所规定的"自始没有法律约束力"，是指无效婚姻或者可撤销婚姻在依法被确认无效或者被撤销时，才确定该婚姻自始不受法律保护。

第二十一条　人民法院根据当事人的请求，依法确认婚姻无效或者撤销婚姻的，应当收缴双方的结婚证书并将生效的判决书寄送当地婚姻登记管理机关。

第二十二条　被确认无效或者被撤销的婚姻，当事人同居期间所得的财产，除有证据证明为当事人一方所有的以外，按共同共有处理。

三、夫妻关系

第二十三条　夫以妻擅自中止妊娠侵犯其生育权为由请求损害赔偿的，人民法院不予支持；夫妻双方因是否生育发生纠纷，致使感情确已破裂，一方请求离婚的，人民法院经调解无效，应依照民法典第一千零七十九条第三款第五项的规定处理。

第二十四条　民法典第一千零六十二条第一款第三项规定的"知识产权的收益"，是指婚姻关系存续期间，实际取得或者已经明确可以取得的财产性收益。

第二十五条　婚姻关系存续期间，下列财产属于民法典第一千零六十二条规定的"其他应当归共同所有的财产"：

（一）一方以个人财产投资取得的收益；

（二）男女双方实际取得或者应当取得的住房补贴、住房公积金；

（三）男女双方实际取得或者应当取得的基本养老金、破产安置补偿费。

第二十六条　夫妻一方个人财产在婚后产生的收益，除孳息和自然增值外，应认定为夫妻共同财产。

第二十七条　由一方婚前承租、婚后用共同财产购买的房屋，登记在一方名下的，应当认定为夫妻共同财产。

第二十八条　一方未经另一方同意出售夫妻共同所有的房屋，第三人善意购买、支付合理对价并已办理不动产登记，另一方主张追回该房屋的，人民法院不予支持。

夫妻一方擅自处分共同所有的房屋造成另一方损失，离婚时另一方请求赔偿损失的，人民法院应予支持。

第二十九条　当事人结婚前，父母为双方购置房屋出资的，该出资应当认定为对自己子女个人的赠与，但父母明确表示赠与双方的除外。

当事人结婚后，父母为双方购置房屋出资的，依照约定处理；没有约定或者约定不明确的，按照民法典第一千零六十二条第一款第四项规定的原则处理。

第三十条　军人的伤亡保险金、伤残补助金、医药生活补助费属于个人财产。

第三十一条　民法典第一千零六十三条规定为夫妻一方的个人财产，不因婚姻关系的延续而转化为夫妻共同财产。但当事人另有约定的除外。

第三十二条　婚前或者婚姻关系存续期间，当事人约定将一方所有的房产赠与另一方或者共有，赠与方在赠与房产变更登记之前撤销赠与，另一方请求判令继续履行的，人民法院可以按照民法典第六百五十八条的规定处理。

第三十三条　债权人就一方婚前所负个人债务向债务人的配偶主张权利的，人民法院不予支持。但债权人能够证明所负债务用于婚后家庭共同生活的除外。

第三十四条　夫妻一方与第三人串通，虚构债务，第三人主张该债务为夫妻共同债务的，人民法院不予支持。

夫妻一方在从事赌博、吸毒等违法犯罪活动中所负债务，第三人主张该债务为夫妻共同债务的，人民法院不予支持。

第三十五条　当事人的离婚协议或者人民法院生效判决、裁定、调解书已经对夫妻财产分割问题作出处理的，债权人仍有权就夫妻共同债务向男女双方主张权利。

一方就夫妻共同债务承担清偿责任后，主张由另一方按照离婚协议或者人民法院的法律文书承担相应债务的，人民法院应予支持。

第三十六条　夫或者妻一方死亡的，生存一方应当对婚姻关系存续期间的夫妻共同债务承担清偿责任。

第三十七条　民法典第一千零六十五条第三款所称"相对人知道该约定的"，夫妻一方对此负有举证责任。

第三十八条　婚姻关系存续期间，除民法典第一千零六十六条规定情形以外，夫妻一方请求分割共同财产的，人民法院不予支持。

四、父母子女关系

第三十九条　父或者母向人民法院起诉请求否认亲子关系，并已提供必要证据予以证明，另一方没有相反证据又拒绝做亲子鉴定的，人民法院可以认定否认亲子关系一方的主张成立。

父或者母以及成年子女起诉请求确认亲子关系，并提供必要证据予以证明，另一方没有相反证据又拒绝做亲子鉴定的，人民法院可以认定确认亲子关系一方的主张成立。

第四十条 婚姻关系存续期间，夫妻双方一致同意进行人工授精，所生子女应视为婚生子女，父母子女间的权利义务关系适用民法典的有关规定。

第四十一条 尚在校接受高中及其以下学历教育，或者丧失、部分丧失劳动能力等非因主观原因而无法维持正常生活的成年子女，可以认定为民法典第一千零六十七条规定的"不能独立生活的成年子女"。

第四十二条 民法典第一千零六十七条所称"抚养费"，包括子女生活费、教育费、医疗费等费用。

第四十三条 婚姻关系存续期间，父母双方或者一方拒不履行抚养子女义务，未成年子女或者不能独立生活的成年子女请求支付抚养费的，人民法院应予支持。

第四十四条 离婚案件涉及未成年子女抚养的，对不满两周岁的子女，按照民法典第一千零八十四条第三款规定的原则处理。母亲有下列情形之一，父亲请求直接抚养的，人民法院应予支持：

（一）患有久治不愈的传染性疾病或者其他严重疾病，子女不宜与其共同生活；

（二）有抚养条件不尽抚养义务，而父亲要求子女随其生活；

（三）因其他原因，子女确不宜随母亲生活。

第四十五条 父母双方协议不满两周岁子女由父亲直接抚养，并对子女健康成长无不利影响的，人民法院应予支持。

第四十六条 对已满两周岁的未成年子女，父母均要求直接抚养，一方有下列情形之一的，可予优先考虑：

（一）已做绝育手术或者因其他原因丧失生育能力；

（二）子女随其生活时间较长，改变生活环境对子女健康成长明显不利；

（三）无其他子女，而另一方有其他子女；

（四）子女随其生活，对子女成长有利，而另一方患有久治不愈的传染性疾病或者其他严重疾病，或者有其他不利于子女身心健康的情形，不宜与子女共同生活。

第四十七条 父母抚养子女的条件基本相同，双方均要求直接抚养子女，但子女单独随祖父母或者外祖父母共同生活多年，且祖父母或者外祖父母要求并且有能力帮助子女照顾孙子女或者外孙子女的，可以作为父或者母直接抚养子女的优先条件予以考虑。

第四十八条　在有利于保护子女利益的前提下，父母双方协议轮流直接抚养子女的，人民法院应予支持。

第四十九条　抚养费的数额，可以根据子女的实际需要、父母双方的负担能力和当地的实际生活水平确定。

有固定收入的，抚养费一般可以按其月总收入的百分之二十至三十的比例给付。负担两个以上子女抚养费的，比例可以适当提高，但一般不得超过月总收入的百分之五十。

无固定收入的，抚养费的数额可以依据当年总收入或者同行业平均收入，参照上述比例确定。

有特殊情况的，可以适当提高或者降低上述比例。

第五十条　抚养费应当定期给付，有条件的可以一次性给付。

第五十一条　父母一方无经济收入或者下落不明的，可以用其财物折抵抚养费。

第五十二条　父母双方可以协议由一方直接抚养子女并由直接抚养方负担子女全部抚养费。但是，直接抚养方的抚养能力明显不能保障子女所需费用，影响子女健康成长的，人民法院不予支持。

第五十三条　抚养费的给付期限，一般至子女十八周岁为止。

十六周岁以上不满十八周岁，以其劳动收入为主要生活来源，并能维持当地一般生活水平的，父母可以停止给付抚养费。

第五十四条　生父与继母离婚或者生母与继父离婚时，对曾受其抚养教育的继子女，继父或者继母不同意继续抚养的，仍应由生父或者生母抚养。

第五十五条　离婚后，父母一方要求变更子女抚养关系的，或者子女要求增加抚养费的，应当另行提起诉讼。

第五十六条　具有下列情形之一，父母一方要求变更子女抚养关系的，人民法院应予支持：

（一）与子女共同生活的一方因患严重疾病或者因伤残无力继续抚养子女；

（二）与子女共同生活的一方不尽抚养义务或有虐待子女行为，或者其与子女共同生活对子女身心健康确有不利影响；

188

（三）已满八周岁的子女，愿随另一方生活，该方又有抚养能力；

（四）有其他正当理由需要变更。

第五十七条　父母双方协议变更子女抚养关系的，人民法院应予支持。

第五十八条　具有下列情形之一，子女要求有负担能力的父或者母增加抚养费的，人民法院应予支持：

（一）原定抚养费数额不足以维持当地实际生活水平；

（二）因子女患病、上学，实际需要已超过原定数额；

（三）有其他正当理由应当增加。

第五十九条　父母不得因子女变更姓氏而拒付子女抚养费。父或者母擅自将子女姓氏改为继母或继父姓氏而引起纠纷的，应当责令恢复原姓氏。

第六十条　在离婚诉讼期间，双方均拒绝抚养子女的，可以先行裁定暂由一方抚养。

第六十一条　对拒不履行或者妨害他人履行生效判决、裁定、调解书中有关子女抚养义务的当事人或者其他人，人民法院可依照民事诉讼法第一百一十一条的规定采取强制措施。

五、离婚

第六十二条　无民事行为能力人的配偶有民法典第三十六条第一款规定行为，其他有监护资格的人可以要求撤销其监护资格，并依法指定新的监护人；变更后的监护人代理无民事行为能力一方提起离婚诉讼的，人民法院应予受理。

第六十三条　人民法院审理离婚案件，符合民法典第一千零七十九条第三款规定"应当准予离婚"情形的，不应当因当事人有过错而判决不准离婚。

第六十四条　民法典第一千零八十一条所称的"军人一方有重大过错"，可以依据民法典第一千零七十九条第三款前三项规定及军人有其他重大过错导致夫妻感情破裂的情形予以判断。

第六十五条　人民法院作出的生效的离婚判决中未涉及探望权，当事人就探望权问题单独提起诉讼的，人民法院应予受理。

第六十六条　当事人在履行生效判决、裁定或者调解书的过程中，一方请求中止探望的，人民法院在征询双方当事人意见后，认为需要中止探望的，依法作出裁定；中止探望的情形消失后，人民法院应当根据当事人的请求书面通知其恢复探望。

第六十七条　未成年子女、直接抚养子女的父或者母以及其他对未成年子女负担抚养、教育、保护义务的法定监护人，有权向人民法院提出中止探望的请求。

第六十八条　对于拒不协助另一方行使探望权的有关个人或者组织，可以由人民法院依法采取拘留、罚款等强制措施，但是不能对子女的人身、探望行为进行强制执行。

第六十九条　当事人达成的以协议离婚或者到人民法院调解离婚为条件的财产以及债务处理协议，如果双方离婚未成，一方在离婚诉讼中反悔的，人民法院应当认定该财产以及债务处理协议没有生效，并根据实际情况依照民法典第一千零八十七条和第一千零八十九条的规定判决。

当事人依照民法典第一千零七十六条签订的离婚协议中关于财产以及债务处理的条款，对男女双方具有法律约束力。登记离婚后当事人因履行上述协议发生纠纷提起诉讼的，人民法院应当受理。

第七十条　夫妻双方协议离婚后就财产分割问题反悔，请求撤销财产分割协议的，人民法院应当受理。

人民法院审理后，未发现订立财产分割协议时存在欺诈、胁迫等情形的，应当依法驳回当事人的诉讼请求。

第七十一条　人民法院审理离婚案件，涉及分割发放到军人名下的复员费、自主择业费等一次性费用的，以夫妻婚姻关系存续年限乘以年平均值，所得数额为夫妻共同财产。

前款所称年平均值，是指将发放到军人名下的上述费用总额按具体年限均分得出的数额。其具体年限为人均寿命七十岁与军人入伍时实际年龄的差额。

第七十二条　夫妻双方分割共同财产中的股票、债券、投资基金份额等有价证券以及未上市股份有限公司股份时，协商不成或者按市价分配有困难的，人民法院可以根据数量按比例分配。

第七十三条　人民法院审理离婚案件，涉及分割夫妻共同财产中以一方名义在有限责任公司的出资额，另一方不是该公司股东的，按以下情形分别处理：

（一）夫妻双方协商一致将出资额部分或者全部转让给该股东的配偶，其他股东过半数同意，并且其他股东均明确表示放弃优先购买权的，该股东的配偶可以成为该公司股东；

（二）夫妻双方就出资额转让份额和转让价格等事项协商一致后，其他股东半数以上不同意转让，但愿意以同等条件购买该出资额的，人民法院可以对转让出资所得财产进行分割。其他股东半数以上不同意转让，也不愿意以同等条件购买该出资额的，视为其同意转让，该股东的配偶可以成为该公司股东。

用于证明前款规定的股东同意的证据，可以是股东会议材料，也可以是当事人通过其他合法途径取得的股东的书面声明材料。

第七十四条　人民法院审理离婚案件，涉及分割夫妻共同财产中以一方名义在合伙企业中的出资，另一方不是该企业合伙人的，当夫妻双方协商一致，将其合伙企业中的财产份额全部或者部分转让给对方时，按以下情形分别处理：

（一）其他合伙人一致同意的，该配偶依法取得合伙人地位；

（二）其他合伙人不同意转让，在同等条件下行使优先购买权的，可以对转让所得的财产进行分割；

（三）其他合伙人不同意转让，也不行使优先购买权，但同意该合伙人退伙或者削减部分财产份额的，可以对结算后的财产进行分割；

（四）其他合伙人既不同意转让，也不行使优先购买权，又不同意该合伙人退伙或者削减部分财产份额的，视为全体合伙人同意转让，该配偶依法取得合伙人地位。

第七十五条　夫妻以一方名义投资设立个人独资企业的，人民法院分割夫妻在该个人独资企业中的共同财产时，应当按照以下情形分别处理：

（一）一方主张经营该企业的，对企业资产进行评估后，由取得企业资产所有权一方给予另一方相应的补偿；

（二）双方均主张经营该企业的，在双方竞价基础上，由取得企业资产所有权的一方给予另一方相应的补偿；

（三）双方均不愿意经营该企业的，按照《中华人民共和国个人独资企业法》等有关规定办理。

第七十六条　双方对夫妻共同财产中的房屋价值及归属无法达成协议时，人民法院按以下情形分别处理：

（一）双方均主张房屋所有权并且同意竞价取得的，应当准许；

（二）一方主张房屋所有权的，由评估机构按市场价格对房屋作出评估，取得房屋所有权的一方应当给予另一方相应的补偿；

（三）双方均不主张房屋所有权的，根据当事人的申请拍卖、变卖房屋，就所得价款进行分割。

第七十七条　离婚时双方对尚未取得所有权或者尚未取得完全所有权的房屋有争议且协商不成的，人民法院不宜判决房屋所有权的归属，应当根据实际情况判决由当事人使用。

当事人就前款规定的房屋取得完全所有权后，有争议的，可以另行向人民法院提起诉讼。

第七十八条　夫妻一方婚前签订不动产买卖合同，以个人财产支付首付款并在银行贷款，婚后用夫妻共同财产还贷，不动产登记于首付款支付方名下的，离婚时该不动产由双方协议处理。

依前款规定不能达成协议的，人民法院可以判决该不动产归登记一方，尚未归还的贷款为不动产登记一方的个人债务。双方婚后共同还贷支付的款项及其相对应财产增值部分，离婚时应根据民法典第一千零八十七条第一款规定的原则，由不动产登记一方对另一方进行补偿。

第七十九条　婚姻关系存续期间，双方用夫妻共同财产出资购买以一方父母名义参加房改的房屋，登记在一方父母名下，离婚时另一方主张按照夫妻共同财产对该房屋进行分割的，人民法院不予支持。购买该房屋时的出资，可以作为债权处理。

第八十条　离婚时夫妻一方尚未退休、不符合领取基本养老金条件，另一方请求按照夫妻共同财产分割基本养老金的，人民法院不予支持；婚后以夫妻共同财产缴纳基本养老保险费，离婚时一方主张将养老金账户中婚姻关系存续期间个人实际缴纳部分及利息作为夫妻共同财产分割的，人民法院应予支持。

第八十一条　婚姻关系存续期间，夫妻一方作为继承人依法可以继承的遗产，在继承人之间尚未实际分割，起诉离婚时另一方请求分割的，人民法院应当告知当事人在继承人之间实际分割遗产后另行起诉。

第八十二条　夫妻之间订立借款协议，以夫妻共同财产出借给一方从事个人经营活动或者用于其他个人事务的，应视为双方约定处分夫妻共同财产的行为，离婚时可以按照借款协议的约定处理。

第八十三条　离婚后，一方以尚有夫妻共同财产未处理为由向人民法院起诉请求分割的，经审查该财产确属离婚时未涉及的夫妻共同财产，人民法院应当依法予以分割。

第八十四条　当事人依据民法典第一千零九十二条的规定向人民法院提起诉讼，请求再次分割夫妻共同财产的诉讼时效期间为三年，从当事人发现之日起计算。

第八十五条　夫妻一方申请对配偶的个人财产或者夫妻共同财产采取保全措施的，人民法院可以在采取保全措施可能造成损失的范围内，根据实际情况，确定合理的财产担保数额。

第八十六条　民法典第一千零九十一条规定的"损害赔偿"，包括物质损害赔偿和精神损害赔偿。涉及精神损害赔偿的，适用《最高人民法院关于确定民事侵权精神损害赔偿责任若干问题的解释》的有关规定。

第八十七条　承担民法典第一千零九十一条规定的损害赔偿责任的主体，为离婚诉讼当事人中无过错方的配偶。

人民法院判决不准离婚的案件，对于当事人基于民法典第一千零九十一条提出的损害赔偿请求，不予支持。

在婚姻关系存续期间，当事人不起诉离婚而单独依据民法典第一千零九十一条提起损害赔偿请求的，人民法院不予受理。

第八十八条　人民法院受理离婚案件时，应当将民法典第一千零九十一条等规定中当事人的有关权利义务，书面告知当事人。在适用民法典第一千零九十一条时，应当区分以下不同情况：

（一）符合民法典第一千零九十一条规定的无过错方作为原告基于该条规定向人民法院提起损害赔偿请求的，必须在离婚诉讼的同时提出。

（二）符合民法典第一千零九十一条规定的无过错方作为被告的离婚诉讼案件，如果被告不同意离婚也不基于该条规定提起损害赔偿请求的，可以就此单独提起诉讼。

（三）无过错方作为被告的离婚诉讼案件，一审时被告未基于民法典第一千零九十一条规定提出损害赔偿请求，二审期间提出的，人民法院应当进行调解；调解不成的，告知当事人另行起诉。双方当事人同意由第二审人民法院一并审理的，第二审人民法院可以一并裁判。

第八十九条　当事人在婚姻登记机关办理离婚登记手续后，以民法典第一千零九十一条规定为由向人民法院提出损害赔偿请求的，人民法院应当受理。但当事人在协议离婚时已经明确表示放弃该项请求的，人民法院不予支持。

第九十条　夫妻双方均有民法典第一千零九十一条规定的过错情形，一方或者双方向对方提出离婚损害赔偿请求的，人民法院不予支持。

六、附则

第九十一条　本解释自 2021 年 1 月 1 日起施行。

关于夫妻关系存续期间以人工授精
所生子女的法律地位的复函

河北省高级人民法院：

你院冀法（民）（1991）43 号《关于夫妻离婚后人工授精所生子女的法律地位如何确定的请示报告》收悉。

经研究，我们认为，在夫妻关系存续期间，双方一致同意进行人工授精，所生子女应视为夫妻双方的婚生子女，父母子女之间权利义务关系适用《婚姻法》的有关规定。

以上意见，供参考。

最高人民法院
一九九一年七月八日

江苏省高级人民法院关于适用《中华人民共和国婚姻法》
及司法解释若干问题的讨论纪要（征求意见稿）
二〇〇五年十月十七日

为保证人民法院正确理解和适用《中华人民共和国婚姻法》《解释（一）》《解释（二）》，公正、及时地审理婚姻家庭案件，根据《中华人民共和国婚姻法》《中华人民共和国民事诉讼法》及相关法律规定，现对我省人民法院适用婚姻法的有关问题作如下规定。

一、【关于当事人的民事行为能力】

离婚诉讼中，当事人及利害关系人提出一方当事人患有精神疾病，人民法院认为有必要认定其是否为限制民事行为能力人的，应当依照民事诉讼法规定的特别程序进行认定。对法官明显感觉一方当事人患有精神疾病，但当事人及利害关系人均怠于履行义务，不申请人民法院对当事人的民事行为能力进行鉴定的情形，人民法院应当向当事人、利害关系人进行释明，询问是否申请对当事人的民事行为能力进行鉴定。如果当事人、利害关系人申请确认其民事行为能力，人民法院则应当依照民事诉讼法规定的特别程序，先行认定当事人的民事行为能力。但如果当事人、利害关系人拒不申请，人民法院应如何处理，则存在两种意见：

一种意见认为，如果当事人或其利害关系人拒不申请，人民法院不宜进行强制鉴定，应当依照最高人民法院《关于贯彻执行〈中华人民共和国民法通则〉若干问题的意见（试行）》第7条的规定，对于曾进行过司法精神病学鉴定或者医院诊断的，可根据鉴定结论或者诊断结果确认；未进行过司法鉴定或医院诊断的，可以参照当事人单位或者住所地一般人公认的当事人精神状态直接进行认定，但以利害关系人没有异议为限。

另一种意见认为，当事人的民事行为能力只能依据司法精神病学鉴定，通过特别程序予认定。

二、【关于彩礼】

（一）彩礼的认定。

人民法院对具体案件中金钱、实物的给付是否构成彩礼，应当结合当地的具体情况以及客观案情进行认定。如果当地有彩礼给付的习俗，且给付的金钱数额较大，或者给付的实物价值较高，均可以认定为彩礼。至于达到多大的数额或者多高的价值，由人民法院结合各地的经济状况等实际情况酌情确定。除了金钱之外，实物也可纳入彩礼的范围。

（二）返还彩礼诉讼当事人的确定。

如果男女双方办理结婚手续后，一方当事人提起离婚诉讼，并在离婚诉讼中要求返还彩礼的，应以婚姻当事人为彩礼的返还义务人，不列彩礼的实际收受人为第三人。一方以对方不是彩礼的实际给付人或者自己不是彩礼的实际收受人或使用人为抗辩，拒不返还彩礼的，人民法院不予支持。

但如果是男女双方未办结婚登记手续，一方要求对方返还彩礼的，应由实际收受方为当事人。该类诉讼非离婚诉讼，而系普通的返还财产之诉。实际收受人为返还义务人，如女方使用了该财产，可作为共同返还义务人。

（三）返还尺度的掌握。

人民法院应当结合当事人同居时间长短或者结婚时间长短、双方的家庭状况、财产用途去向、有无子女、当地经济条件等具体情况，酌情全部或者部分返还。

（四）"生活困难"的认定。

对《解释（二）》第十条规定的"生活困难"的认定，应采用绝对困难标准，即根据《解释（一）》第二十七条对《婚姻法》第四十二条规定的"一方生活困难"的解释为"依靠个人财产和离婚时分得的财产无法维持当地基本生活水平"。

（五）离婚案件中一方起诉离婚，另一方提出返还彩礼的，应否作为反诉处理。

离婚案件属于复合之诉，当事人的返还彩礼的请求，不应作为反诉处理。但返还彩礼部分的诉讼费用应由提出返还请求的当事人预缴。

三、【关于夫妻忠诚协议的认定】

男女双方订立"忠诚协议"，约定一方违反忠诚约定，应当向对方支付一定数量的违约金。如一方违反忠诚的约定，无论对方是单独起诉或在离婚诉讼中主张对方按"忠诚协议"的约定支付违约金的，人民法院不应予支持。如果一方违反忠诚协议，符合婚姻法规定的"有配偶者与他人同居"情形，当事人可以据此请求离婚损害赔偿。

另一种意见认为，夫妻相互忠诚虽为道德上的义务，根据法律规定，当事人根据婚姻法第四条的规定起诉一方违反忠诚义务的，人民法院不予受理。但在双方将此义务作为约定义务时，如一方违反，另一方要求对方承担违约责任的，应予支持，以倡导诚实守信的社会风气。

四、【为解除不当同居关系承诺给付补偿款的处理】

当事人为解除"有配偶者与他人同居"关系，以借款形式确定补偿金的，一方不履行协议，另一方诉至法院要求履行的，人民法院不应保护。如一方已履行协议后要求对方返还的，也不予支持。

五、【关于禁止结婚疾病的认定】

判断哪些疾病属于影响婚姻效力的疾病时，人民法院应当征询医学专家的意见，结合医学专家对疾病的意见，对婚姻效力作出相应认定。

六、【关于事实婚姻的处理】

如果当事人符合事实婚姻构成条件，则与合法登记的婚姻同等对待。因此，人民法院可以调解或判决准予离婚，也可以判决不准离婚。

七、【关于骗取结婚证案件的处理】

以他人名义或以虚假身份骗领结婚证，如果男女双方感情破裂，婚姻登记机关不予撤销结婚证的，一方向人民法院起诉离婚时，人民法院应当受理。

人民法院在处理该类纠纷时应当区分是以他人名义还是以虚假名义进行登记两种情况分别认定。对于当事人以他人名义进行结婚登记的，由于被冒用的人实际存在，故涉及到结婚证上所列婚姻双方当事人之间、实际同居生活的双方当事人之间两种关系的认定。因结婚是一种要式行为，以登记为成立要件，结婚证上载明的当事人履行了合法的登记行为，故他们之间应认定为合法有效的婚姻关系，如果一方请求离婚，人民法院应当依照离婚案件进行处理；对于真实同居生活的双方当事人之间的关系，根据法律规定和双方具体情况认定其系事实婚姻关系或同居关系予处理。

对于以虚假名义进行结婚登记骗取结婚证的，由于结婚证上载明的一方主体根本不存在，故一般应认定该婚姻关系虚假；对于实际共同生活的当事人之间，根据法律规定及双方的具体情况认定其系事实婚姻关系或为同居关系予处理。

八、【关于诉讼外离婚协议的效力】

男女双方在离婚诉讼前所达成的离婚协议中关于子女抚养、财产分割的约定，是以双方协议离婚为前提，一方或者双方为了达到离婚的目的，可能在子女抚养、财产分割等方面作出有条件的让步。在双方未能在婚姻登记机关协议离婚的情况下，该协议未生效，对双方当事人均不产生法律约束力，其中关于子女抚养、财产分割的约定，不能当然作为人民法院处理离婚案件的直接依据。但是，这并不妨碍人民法院在处理离婚案件时将之作为子女抚养、财产处理的参考。

九、【关于离婚损害赔偿】

因重婚导致离婚，重婚一方已经受到刑事处罚，另一方依照《婚姻法》第四十六条的规定要求重婚方离婚损害赔偿的，人民法院应予支持。

十、【关于探望权】

（一）人民法院对探望权的判决是否以当事人明确提出请求为前提。

人民法院对探望权的判决应当针对当事人的诉讼请求进行，不能超出当事人请求范围。在双方当事人均未主张探望权的情况下，法官应当就探望权问题向当事人进行释明。如果当事人在法院释明后仍不主张探望权的，人民法院则不应当就探望权作出判决。当事人在离婚后就探望权发生争议的，可以依照《解释（一）》第二十四条的规定，另行起诉。

（二）人民法院对探望权的判决内容宜粗还是宜细。

依照法律规定，发生探望权纠纷时，首先应当由当事人双方协商解决。人民法院审理期间，应从更有利于子女健康成长的角度出发，组织双方当事人对探望时间、地点、方式等具体情况进行协商。如果双方当事人自愿协商，并能就探望细节达成一致意见的，人民法院可以不对探望细节作出判决。如果当事人不能自愿协商，探望权判决主文的表述应当根据案件的具体情况决定。一般情况下，探望权的判决主文不宜过于详细。但如果子女年纪较小，或者双方当事人对探望权争议较大，或者双方矛盾过于尖锐，判决主文宜详细具体。但无论"细"还是"粗"，均以利于子女健康成长、便于双方当事人、易于执行为基本原则。

（三）关于探望权发生的费用负担。

如一方当事人要求对方当事人承担因探望女子发生的费用，人民法院应不予支持。

十一、【关于夫妻共同财产中涉及违章建筑的处理】

人民法院在审理离婚案件中，如夫妻共同财产中涉及违章建筑的，在处理时应注意以下原则：第一，要防止通过人民法院的判决将违章建筑合法化的倾向；第二，除非行政机关已作出明确认定，不宜在判决书中认定建筑物是否为违章建筑；第三，违章建筑的既得收益应当在离婚案件中作为夫妻共同财产进行分割。

对于违章建筑物的具体处理问题，因合法财产方受法律保护，没有依法办理相应手续的违章建筑不受法律保护。因此，无论行政主管部门是否已明确确认为违章建筑，当事人请求对违章建筑物进行分割的，人民法院均不予处理。如果离婚后，当事人补办了相应合法手续，违章建筑物成为合法建筑的，当事人可以依照法律规定，另行提出分割主张。对于违章建筑已经产生的既得收益，应当作为夫妻共同财产进行分割。对于违章建筑可能产生的预期收益，人民法院不予处理。

十二、【关于房屋权属性质的认定】

婚姻关系存续期间取得所有权的房屋，无论是登记于夫妻一人名下还是双方名下，原则上均为夫妻共同财产。但是，如果一方当事人能够举出足够的证据，证明房屋系其以婚前个人财产购买，且所有权登记于个人名下，只是婚后一方领取权属证书的，该房屋应认定为是一方个人财产形态上的转化，故应认定为登记一方的个人财产。

十三、【关于按揭房屋的权属认定】

夫妻一方婚前以个人名义办理房贷，且用个人财产支付首期房款，在婚姻关系存续期间用夫妻共同财产还贷，如果婚后取得房屋所有权的，无论登记于一方还是双方名下，均应当认定为夫妻共同财产，离婚时作为夫妻共同财产进行分割。对于一方婚前支付的首期付款，由另一方返还一半；尚欠的贷款，作为夫妻共同债务，由双方返还。

夫妻一方婚前以个人名义办理房贷，且用个人财产支付首期房款，如果所有权系婚前取得且登记在一方名下，但在夫妻关系存续期间又用共同财产还贷的，该房屋应认定为登记一方的个人财产。对于婚后以夫妻共同财产偿还的贷款部分，由享有所有权的一方予以返还。如夫妻另一方要求分割房屋增值部分收益的，人民法院应予支持。

十四、【关于房改房权属的认定】

《解释（二）》第十九条明确了一方婚前承租、婚后以夫妻共同财产购买并登记于一方名下的房改房为夫妻共同财产。但如果一方婚前承租、婚后以个人财产购买并登记于一方名下的房改房，性质上如何认定，《解释二》未作规定。

因房改房的出售和价格都受国家房改政策的调整，夫妻双方的工龄、职务、人口等福利因素可能均影响到房屋的价格，且一方购买房改房还可能影响到另一方对该福利政策的再次享有，使对方因此失去了享受福利购房的机会。因此，无论是从有所权取得时间上，还是从房屋的福利性质上，都应当认定该房屋为夫妻共同财产。但在实际分割时，可以考虑出资方的利益适当予以多分。

但如果一方当事人能够举出足够的证据，证明该房改房的取得完全是其婚前利用个人的福利因素取得，与对方没有任何关系，只是产权证在婚后取得的，可以认定为一方的个人财产。

十五、【关于夫妻一方在有限责任公司出资的处理】

人民法院审理离婚案件，涉及分割夫妻共同财产中以一方名义在有限责任公司的出资额，另一方不是该公司股东，如果夫妻双方离婚时无法就转让份额与价款达成一致意见的，如何处理，有两种意见：

一种意见认为，如果条件许可，经当事人申请，人民法院可以启动鉴定程序，以确定股权价值，对另一方当事人进行折价补偿。如果当事人不申请鉴定，或者当事人虽申请鉴定，但因涉及到公司其他股东等案外人的利益，鉴定无法进行的，人民法院可告知当事人就公司股权问题另行诉讼，离婚案件中不予处理。

另一种意见认为，如果具备了鉴定条件，人民法院可以启动鉴定程序，确定股权价值，对另一方进行折价补偿。如果鉴定无法进行的，可以由婚姻当事人征求公司其他股东的意见，如果超过半数的股东同意转让，且放弃优先购买权的，股东的配偶可以依照《公司法》的规定，成为公司股东；如果过半数股东既不同意股东的配偶成为公司股东，又不购买该出资的，视为同意股东的配偶成为公司股东。因此，无论双方是否达成一致意见，均可参照《解释（二）》

第十六条的规定处理。但是，如果涉及的是夫妻二人公司，除非双方同意对公司进行清盘，或者同意将部分出资转让给第三人的，人民法院均不宜处理，由双方依照公司法的规定另行处理。

十六、【关于夫妻双方对共同财产平等处理权问题】

夫妻双方共有的房屋，只登记于一方名下，登记一方未经另一方同意将房屋出售与第三人，另一方提出异议的，该房屋买卖合同的效力如何认定，有两种意见：

一种意见认为，房屋虽然只登记于一方名下，但属于夫妻共同财产。夫妻双方对共同财产享有平等处理权，一方当事人未经另一方同意，擅自处分房屋的，属于无权处分行为，另一方不予追认的，房屋买卖合同无效。

另一种意见认为，从物权理论角度出发，买受人没有义务审查出卖人是否结婚、房屋是否为夫妻共同财产。依照不动产登记的公示公信力，如第三人有理由相信登记人有权处分房屋的，从保护交易安全出发，应当认定房屋买卖合同有效。如果第三人已取得物权，应予保护；如果第三人未取得物权的，可向出卖人主张违约赔偿。

十七、【关于夫妻共同债务】

从夫妻债务的外部关系而言，只要是夫妻关系存续期间，以一方名义所欠的债务应作为共同债务处理，债权人有权要求夫妻双方共同偿还。但在夫妻关系内部，如借债的一方要求配偶共同偿还债务时，必须要证明所借债务是基于双方的共识对外所借，或者借债是用于共同生活，如证明不了，则配偶另一方不应承担还款义务。即使夫妻共同对外偿还了债务，夫妻一方在向对方追偿时，也应由借债这一方对债务的性质承担举证责任。

十八、【关于夫妻关系存续期间形成的侵权之债的处理】

对夫妻一方因承担侵权赔偿形成的债务性质的认定，有两种意见：

一种意见认为，虽然该债务形成于夫妻关系存续期间，但该债务是否为夫妻共同债务，应由债权人承担举证责任。如果债权人能证明侵权人债务的形成与家庭共同生活有关，则债务人的配偶应共同偿还，比如夫妻一方因从事交通运输，因自己有过错而致交通事故引起的赔偿。但如果债务人侵权债务的形成纯属个人行为，则其配偶无义务承担，比如因打架斗殴或其他犯罪行为形成的侵权之债。

另一种意见认为，只要债务形成于夫妻关系存续期间，尽管是因一方侵权行为形成，但夫妻双方对外仍应共同承担偿还之责。夫妻一方在承担共同偿还之责后，可向对方追偿。如果实施侵权行为的配偶一方证明不了债务的形成与家庭共同生活有关，则应承担返还之责。

十九、【关于亲子鉴定】

（一）亲子鉴定应当以双方自愿为原则。

（二）申请亲子鉴定的一方应当完成相当的证明义务。在一方拒绝做亲子鉴定的案件中，提出亲子鉴定主张的一方应当承担与其主张相适应的证明责任。只有申请人完成了行为意义上的举证责任，足以使法官产生内心确信的基础上，才能够请求进行亲子鉴定。在司法实践中，要正确掌握申请亲子鉴定一方的证明责任，合理及时把握行为意义上举证责任转换的时机，是判定亲子鉴定中举证妨碍的重要条件。既不能过分强调申请一方的证明责任，也不能轻视或忽略申请一方的证明责任。总之，要避免亲子鉴定的随意化。

（三）举证妨碍的认定条件应当从严掌握。如果被申请人拒绝做亲子鉴定，导致亲子关系无法确认的，在同时具备以下条件时，应当推定对其不利的事实成立：1.提出申请的一方应当是亟待抚养和教育的非婚生子女或与非婚生子女共同生活的父母一方；2.提出申请的一方已经完成了与其请求相当的证明责任；3.被申请人提不出足以推翻亲子关系存在的证据；4.被申请人拒绝做亲子鉴定。

深圳市中级人民法院关于审理婚姻案件的指导意见（试行）

为了正确审理婚姻家庭纠纷案件，统一全市法院的办案标准和裁判尺度，根据《中华人民共和国婚姻法》（以下简称《婚姻法》）、最高人民法院《关于适用〈中华人民共和国婚姻法〉若干问题的解释（一）》〔以下简称《婚姻法解释（一）》〕、最高人民法院《关于适用〈中华人民共和国婚姻法〉若干问题的解释（二）》〔以下简称《婚姻法解释（二）》〕和《中华人民共和国民事诉讼法》（以下简称《民事诉讼法》）等法律、司法解释的规定，结合深圳市审判实践中出现的问题，提出如下指导意见：

一、当事人以其未亲自到婚姻登记机关办理结婚登记手续取得结婚证为由，请求宣告婚姻无效或者请求撤销婚姻的，人民法院不予受理。人民法院应告知当事人提起离婚诉讼或者向婚姻登记机关申请撤销婚姻登记。

二、女方婚前与他人发生性关系，婚后怀孕期间男方提出离婚的，不属于《婚姻法》第34条规定的"确有必要受理男方离婚请求"的范围。

三、原审法院在未发现女方怀孕时判决离婚，宣判后女方发现怀孕提起上诉，二审法院经审查不存在确有必要受理情形的，应撤销原判，裁定驳回男方的起诉。

四、请求宣告婚姻无效仅限于已办理结婚登记的婚姻，当事人就事实婚姻申请宣告无效的，人民法院不予受理，告知其按离婚程序办理。

五、人民法院受理申请宣告婚姻无效案件后，经审查确属无效婚姻的，不适用按自动撤诉处理的规定。

人民法院在审理无效婚姻案件时发现法定的婚姻无效情形已经消失，婚姻关系则转为有效，人民法院告知当事人后，当事人申请撤诉的，可以准许。

六、人民法院受理离婚案件后，经审查确属无效婚姻的，应当将婚姻无效的情形告知当事人，当事人变更诉讼请求为申请宣告婚姻关系无效的，人民法院可变更案由，对婚姻效力的认定和其他纠纷的处理分别制作裁判文书。

对当事人仍坚持请求离婚的，人民法院可依职权变更案由，对婚姻效力的认定和其他纠纷的处理分别制作裁判文书。

在婚姻无效判决中当事人的地位表述为原、被告。

婚姻无效的判决书主文应表述为"1.驳回原告××的离婚诉讼请求；2.原告××与被告××的婚姻关系无效"。

七、离婚案件的被告在答辩状中或在举证期间内提出子女抚养、财产分割方面请求的，不构成反诉，人民法院应当要求被告明确其诉讼请求。①对该诉讼请求应当合并审理并按照《人民法院诉讼收费办法》第5条第1项的规定通知被告预交诉讼费用。②离婚案件的当事人在一审举证期间届满后发现新的夫妻共同财产的，可以在一审法庭辩论终结前增加分割该财产的诉讼请求，对该增加的诉讼请求人民法院应合并审理并按照《人民法院诉讼收费办法》第5条第

1 项的规定通知当事人预交诉讼费用。③离婚案件的被告作为无过错方请求离婚损害赔偿的，不构成反诉，但对该诉讼请求可以合并审理并按照《人民法院诉讼收费办法》第 5 条第 1 项的规定通知当事人预交诉讼费用。

八、原在内地登记结婚的夫妻双方现均住在港澳地区，如香港、澳门法院以离婚诉讼须由结婚缔结地法院管辖为由不予受理，当事人向内地人民法院起诉请求离婚的，内地原登记地或者双方在国内的最后居住地人民法院可以受理。

九、在夫妻关系存续期间，夫妻一方不请求离婚而仅请求分割夫妻共同财产的，人民法院不予受理。

十、无民事行为能力人结婚之时已存在无民事行为能力的原因的，无民事行为能力人可以申请宣告婚姻关系无效，提起人为无民事行为能力人结婚前的监护人。无民事行为能力人行为能力丧失的原因在婚姻关系存续期间发生的，则应先变更无民事行为能力人之配偶的监护权，由变更后的监护人代理无民事行为能力人提起离婚诉讼。

十一、离婚后子女要求增加抚养费案件，以要求增加抚养费的子女为原告，以直接抚养的父或母为法定代表人，以另一方为被告。

十二、人民法院受理离婚案件后，依据原告提供的被告住址无法送达，应要求原告补充被告的其他住址或其近亲属的住址和联系方式，仍不能确定被告住址的，人民法院应当依法向被告公告送达诉讼文书。公告期满被告未到庭应诉的，法院可以缺席判决。

人民法院受理夫妻一方下落不明但未宣告失踪，另一方提出离婚的案件，应责令原告提供被告下落不明的事实、时间等证据和证明材料，并附有公安机关或其他有关机关关于被告下落不明的书面证明。

十三、夫妻一方在离婚案件诉讼中申请对股东仅有夫妻两人的有限责任公司的财产采取财产保全措施的，人民法院不予支持。

夫妻一方在离婚诉讼中申请对股东仅有夫妻两人的有限责任公司的财务帐册等资料采取证据保全措施，经审查符合《民事诉讼法》第 74 条①规定的，人民法院可以准许，但应尽量避免影响该公司的正常经营。

---

① 《民事诉讼法》第 74 条：在证据可能灭失或者以后难以取得的情况下，诉讼参加人可以向人民法院申请证据保全，人民法院也可以主动采取证据保全。

十四、离婚案件重审时，原告可以减少诉讼请求，也可以增加诉讼请求，包括就原一审举证期限届满后发生的事实提起的诉讼请求，新增的诉讼请求应当适用举证时限的规定，对增加的诉讼请求应当与原诉讼请求合并审理。

十五、人民法院在审理离婚案件过程中，债权人或者其他案外人以夫妻共同财产、共同债务等涉及利益为由申请参加诉讼或一方当事人申请追加第三人参加诉讼的，人民法院不予准许。离婚后财产纠纷案件第三人申请参加诉讼的，根据《民事诉讼法》第 56 条①的规定处理。

十六、离婚后财产纠纷案件应按照《人民法院诉讼收费办法》第 5 条第 1 项的规定收取诉讼费用，不应按普通收费标准计收诉讼费。

十七、下列要件应认定为《婚姻法》所规定的结婚的实质要件：

1. 男女双方必须完全自愿结婚；

2. 男女双方必须达到法定年龄；

3. 男女双方不属于直系血亲或三代以内的旁系血亲；

4. 男女双方均未患有医学上认为不应当结婚的疾病。

十八、婚姻关系存续期间是指合法缔结婚姻到婚姻关系依法解除或者自然终止期间，不包括以下期间：

1. 双方虽然共同生活，但双方不具备结婚实质要件，未领取结婚证的期间；

2. 双方登记离婚或诉讼离婚生效后又同居生活的期间。

十九、离婚后的男女双方自愿恢复关系、以夫妻名义共同生活但未到婚姻登记机关进行复婚登记的，应当补办结婚登记，未补办结婚登记的，按解除同居关系处理。

二十、经人民法院判决不准离婚后双方又分居满一年，互不履行夫妻义务而再次起诉的，经调解和好无效，可以判决准予离婚。

二十一、当事人在婚姻关系存续期间为离婚而达成离婚协议或财产分割协议后，一方反悔而不同意办理离婚登记，另一方起诉请求离婚并请求按照离婚协议中关于财产分割的条款或者财产分割协议处理夫妻共同财产问题的，人民法

---

① 《民事诉讼法》第 56 条：对当事人双方的诉讼标的，第三人认为有独立请求权的，有权提起诉讼。对当事人双方的诉讼标的第三人虽然没有独立请求权，但案件处理结果同他有法律上的利害关系，可以申请参加诉讼，或者由人民法院通知他参加诉讼。人民法院判决承担民事责任的第三人，有当事人的诉讼权利义务。

院原则上应予支持，但协议内容违反法律、行政法规的强制性规定或者该协议所列财产不存在而客观上不能履行的除外。财产分割条款或协议未涉及的夫妻共同财产，人民法院可另行依法判决。

二十二、亲子鉴定应当以双方自愿为原则，婚生子女原则上应推定亲子关系成立，但另一方有相反证据足以推翻亲子关系的除外。非婚生子女以及与其共同生活的父母一方有相当证据证明另一方为非婚生子女的生父或生母，且非婚生子女本人尚未成年，亟需抚养和教育的，如果另一方不能提供足以推翻亲子关系的证据，又拒绝做亲子鉴定的，应当推定其亲子关系成立。

二十三、婚姻关系存续期间，一方与他人发生性关系而生育子女并隐瞒真相，另一方受骗而抚养了非亲生子女，其中离婚后给付的抚养费，受骗方要求返还的，可酌情返还；在夫妻关系存续期间受骗方支出的抚养费用应当返还，根据具体情况而定。

二十四、婚姻关系存续期间，夫妻双方一致同意进行人工授精，所生子女应视为夫妻双方的婚生子女，父母子女之间的权利义务关系适用《婚姻法》的有关规定。

二十五、离婚诉讼中，夫妻一方以另一方长期拒付抚养费为由请求另一方支付起诉前的抚养费的，人民法院不予支持，但有证据证明夫妻确实已经分居的除外。

当事人在离婚诉讼中未提出抚养费请求，离婚判决书也未明确抚养费负担，离婚判决生效后，直接抚养方以子女名义起诉请求另一方负担离婚判决后至其起诉前的抚养费的，人民法院不予支持。

当事人在离婚协议中仅约定子女由一方抚养，未约定另一方负担抚养费，一方在协议离婚后以子女名义起诉请求另一方负担协议离婚后至其起诉前的抚养费的，人民法院不予支持。

当事人在离婚协议中已经约定抚养费数额，不直接抚养子女的一方未履行给付义务，另一方以子女名义起诉请求该方负担抚养费的，人民法院应予支持；但协议应经明确约定抚养费给付期限，当事人超过诉讼时效的主张，人民法院不予支持。

二十六、人民法院审理离婚案件中，应当告知当事人可以就探望权利提出诉讼请求，当事人不提出诉讼请求的，人民法院不予处理。

二十七、主张婚姻关系存续期间取得的财产为个人财产的一方应承担举证责任，当事人无法举证，人民法院又无法查清的，应认定为夫妻共同财产。

二十八、婚前个人财产不因物质形态的变化转变为夫妻共同财产，当事人另有约定的除外。

二十九、一方婚前财产的孳息归个人所有，但婚前通过经营所产生的增值部分，应认定为夫妻共同财产。

三十、工商登记中载明的夫妻投资比例不应该认定为夫妻对财产归属的约定。

婚姻关系存续期间，无论使用一方的个人财产还是使用夫妻共同财产投资设立的股东仅有夫妻两人的有限公司，公司经营所产生的股东收益均属于夫妻共同财产。

三十一、人民法院审理离婚案件，涉及分割夫妻共同财产中以一方名义在有限公司、合伙企业或个人独资企业的出资额或收益时，当事人对财产价值无法达成协议且一方当事人不同意评估、不交纳评估费用、不配合评估或其他原因导致无法通过评估方式确定财产价值的，人民法院可以依据该企业在行政主管机关备案的财务资料对财产价值进行认定。

三十二、夫妻一方婚前以个人财产购买房屋并按揭贷款，产权证登记在该方名下的，该房屋为其个人婚前财产。另一方婚后参与清偿贷款，不改变该房屋为个人财产的性质，但对已归还的贷款中另一方以个人财产清偿的部分，应当全部返还；以夫妻共同财产清偿的部分，应当返还其中的一半。

产权证登记在一方名下，但另一方有证据证明婚前购房时，其也同意出资的，在离婚分割财产时，该房屋为产权登记人的个人财产，剩余未归还的债务，为其个人债务。但对首期款和已归还的贷款中属于另一方出资和清偿的部分，应当予以返还。

一方婚前购买的房屋，另一方有证据证明其婚前是基于双方均认可所购房屋为共同所有的前提下进行出资的，则虽然该房产登记在一方名下，仍应认定为夫妻共同财产，分割时应按共同财产的分割原则进行处理，其按揭贷款债务为共同债务。但对于存在当事人出资比例悬殊，且婚后确未共同生活，或婚姻关系存续期间较短等情形的，可参考当时的出资比例对房产进行分割，不宜各半分割。

三十三、双方对夫妻共同财产中已取得产权证的商品房和已取得红本的安居房的价值及归属无法达成协议，双方均主张房屋所有权且一方不同意竞价的，应当在评估确定市场价的基础上进行分割、补偿。

双方对共同财产中已取得绿本的安居房的价值及归属无达成协议，双方均主张房屋所有权且一方不同意竞价的，应当在评估确定市场价的基础上，按照照顾子女和妇女权益的原则判决房产归属，以市场价减去取得房产一方绿本转红本所需补交的差价及税费为补偿另一方的基数确定补偿另一方的数额。

三十四、离婚时尚未取得产权证的农村自建房，人民法院可以根据实际情况判决由一方使用，由此产生的权利和义务由该方享有和承担；行政主管机关已通知拆除的建筑，人民法院不予受理。

三十五、在离婚案件中处理有关买断工龄问题时，可以参照最高人民法院《关于适用〈中华人民共和国婚姻法〉若干问题的解释（二）》中有关军人复员费，自主择业费的规定处理。

三十六、离婚案件涉及分割以夫妻共同财产投保的人身保险时，一方为投保人并以自己或亲属（子女除外）为受益人，另一方可以请求对方给予相当于保险单现金价值一半的补偿。

三十七、婚姻关系存续期间，人民法院生效裁判由一方承担的债务，该方主张该债务为夫妻共同债务的，应承担举证责任。

婚姻关系存续期间，人民法院生效裁判由夫妻双方共同承担的债务，一方主张该债务为对方个人债务的，应承担举证责任。

三十八、本意见自 2006 年 7 月 1 日起实施，本意见施行前已审结的案件，不适用本意见；本意见施行后尚未审结的一、二审案件，适用本意见。凡我院过去的规定与本意见相抵触的，不再适用。

山东省高级人民法院关于印发全省民事审判工作座谈会纪要的通知

鲁高法〔2005〕201 号

全省各中级人民法院、济南铁路运输中级法院：

2005 年 8 月 21 日—23 日，省法院在龙口市召开了全省民事审判工作座谈会。会议就部分民事案件审理中所涉及的法律问题进行了研究讨论，对一些民事案件的法律适用标准形成了基本共识。现将《全省民事审判工作座谈会纪要》印发给你们，请参照执行。执行中有什么问题，请及时报告省法院。

二〇〇五年十一月二十三日

全省民事审判工作座谈会纪要

为在全省民事审判工作中深入开展"规范司法行为，促进司法公正"专项整改活动，加强民事审判的规范化建设，促进司法公正，树立司法权威，省法院于 2005 年 8 月 21 日—23 日在龙口市召开了全省民事审判工作座谈会。全省各中级人民法院分管民事审判工作的副院长、民一庭庭长、其他与省院民一庭业务对口的民庭庭长、部分基层人民法院的院长参加了这次会议。与会人员认真分析探讨了当前全省民事案件的特点和发展态势，研究讨论了部分民事案件审理中所涉及的法律问题，就某些民事案件的法律适用标准达成了基本共识，现就有关问题纪要如下：

......

四、关于婚姻家庭纠纷案件的处理问题。会议认为，婚姻家庭问题关系到社会的稳定，各级法院必须高度重视婚姻家庭纠纷案件的审判工作。通过对婚姻家庭案件的公正裁判，依法保护婚姻当事人的合法权益，维护家庭关系的和睦与稳定。《婚姻法》修改后，最高人民法院陆续出台了《婚姻法》司法解释（一）、（二），对离婚的标准、无效婚姻的处理、同居关系的认定以及财产分割等问题作出了具体规定。依据《婚姻法》和最高人民法院司法解释的规定，结合我省民事审判工作实际，会议就审理婚姻家庭纠纷案件中的一些问题达成倾向性意见：

（一）关于认定夫妻共同财产的原则问题。会议认为，随着我国经济的发展，社会的进步，人民生活水平的提高，家庭所拥有的各类财产越来越丰富，夫妻之间共同财产的分割变得日益重要。在适用法律上，处理夫妻财产的分割问题不仅需要适用《婚姻法》的规定，同时还要依据《公司法》《教育法》以及投资方面的法律法规。认定夫妻共同财产要把握以下原则：1.要准确理解夫妻财产制的法律规定和立法精神。新婚姻法丰富了夫妻财产制的具体内容，在规定婚后所得共同制的同时，规定了夫妻约定财产制和特定财产的夫妻个人所有制，取消了夫妻个人财产经过一定期限就转化为夫妻共同财产的做法，对于一方在婚姻关系存续期间通过继承、受赠的财产能否视为夫妻共同财产，规定了条件限制。依据上述规定，在认定财产是否属于夫妻共同财产时，首先看双方有无约定，有约定且约定不侵犯第三人利益的，以约定为准。其次看财产的来源，主要是看婚前所得，还是婚后所得；是婚前的劳动经营、投资收益所得还是继承受赠所得，是继承受赠所得的，看遗嘱或者赠与合同中是否确定了财产的归属。三是财产的获得是否与特定人的人格和身份利益相联系。四是看财产是否为一方生活所专用。以此来确定是夫妻个人财产还是夫妻共同财产。2.要分清财产制之间的逻辑联系。修改后的婚姻法规定的夫妻财产制分为法定财产制和约定财产制。法定财产制包括婚后所得共同制和特定财产的个人所有制。在法定财产制和约定财产制的逻辑关系上，前者是基础，后者是补充。只有在夫妻之间存在明确约定且约定有效的情况下，才适用约定财产制认定财产的归属。在婚后所得共同制和个人所有制的逻辑关系上，前者是基础，后者是补充。凡是夫妻财产没有明确约定的，都适用法定财产制；在婚姻关系存续期间获得的任何财产，只要不能证明是夫妻个人所有的，都是夫妻共同财产。3.要严格按照证据规则的要求认定夫妻共同财产。当前，夫妻共同财产的分割存在着举证难、认证难的问题。主要有两个方面：夫妻双方或者一方与亲属之间的债权债务难以取证；夫妻双方或者一方隐瞒实际收入或隐匿财产难以举证。这些情况下，只能通过强化当事人的举证责任加以解决，符合证据规则的，法院也可以依职权调取证据，必要时可以通过法律推定的办法确定夫妻财产的性质。在没有证据或者证据不具有优势性的情况下，按照法律真实的原则妥善解决。但是对于通过离婚逃避债务的，一旦查清，应当责令离婚的双方对婚姻关系存续期间所欠债务承担连带清偿责任。

（二）关于一方婚后所得的下岗补助金和买断工龄款是否属于夫妻共同财产的问题。下岗补助金是人民政府支付给下岗职工的生活费用，具有未来生活保障金的性质，这部分费用是专门用来安排下岗职工生活的，具有较强的人身依附性质，如果将下岗补助金或者失业救济金作为夫妻共同财产分割，将会影响下岗职工一方的生活，因此，无论从下岗补助金的性质，还是从财产效能上看，都不宜将下岗补助金作为夫妻共同财产予以分割。所谓买断工龄款，即用人单位一次性对职工进行经济补偿，职工获得补偿离开工作单位，从此单位不再对职工负担经济责任所支付的款项。买断工龄款的结构构成比较复杂，主要是对职工放弃工作岗位后对职工今后生活所提供的一种基本保障，性质上类似养老保险金，这种款项是与特定人身密不可分的，应当视为一种个人财产，一般不宜作为共同财产分割。

（三）关于家庭土地承包经营权的认定与分割问题。土地承包经营权是农村居民的一项重要的民事权利，夫妻双方所享有的土地承包经营权及其相应的收益属于夫妻共同财产制的范畴。处理农村土地承包经营权的原则是：夫妻一方在婚前已经取得的土地经营权或一方与其家庭成员共同承包而享有的经营权，应确认为夫妻一方婚前个人财产，因为土地承包经营合同的承包方是以家庭为单位，按家庭成员人数确定土地面积，没有成为家庭成员的夫或妻一方，对另一方在婚前取得的土地承包经营权不享有财产权，不能确定为夫妻共同财产；对夫妻关系存续期间取得的土地承包经营权，应视为夫妻共同财产，分割时应当根据土地承包的情况，可以分开由双方分别承包，也可以将土地由一方承包，另一方给予适当补偿。

（四）关于房改房屋的分割问题。在婚姻关系存续期间，用夫妻共同财产出资购买了以一方父母名义参加房改的房屋。这类房屋在离婚分割时往往产生争议，一方主张是夫妻共同财产，另一方主张属于父母的财产。处理这个问题需要考虑房改政策，因为房改房屋属于国家相关法规规定的政策性房屋交易，应依据国家有关政策精神来进行界定。由于房屋原来属于父母一方承租的公房，房改时也是以父母的名义进行的，购买房屋的价格实行了优惠。按照房改政策，这类房屋仍属于父母的财产，对于购买房屋出资的夫妻共同财产视为一种债权，在离婚时可作为债权妥善处理。

对于以夫妻双方或一方承租的公房参加房改后，没有取得房产证明的，不影响认定为夫妻共同财产。

（五）关于"夫妻公司"财产的分割问题。在离婚案件中对"夫妻公司"的财产如何分割，在司法实践中并没有统一做法。会议认为，在离婚案件中处理有关"夫妻公司"财产分割问题时，既要以《婚姻法》为依据，又要兼顾《公司法》的规定。在婚姻关系存续期间，无论是用一方婚前的个人财产还是用夫妻共同财产投资设立"夫妻公司"，公司经营所产生的收益均应当属于夫妻共同财产。具体处理"夫妻公司"的财产分割时，可以考虑以下方案：第一，夫妻双方都有经营能力，并且也愿意继续共同经营的，可以根据《婚姻法》的有关处理夫妻财产的规定，直接分割双方的股权比例；第二，夫妻双方都要求解散公司进行清算，则可在清算后对公司剩余财产根据《婚姻法》的规定进行分割；第三，夫妻一方要求保留公司，另一方要求退出公司并请求获得相应补偿的，可以考虑通过将股权部分转让给第三人的方法来解决，既能使退出的一方的补偿获得实现，又能使公司继续存续下去。但如果没有第三人愿意受让部分股权的，则不能支持另一方退出公司并获得补偿的请求，这是因为，另一方当事人的退出将直接影响公司存续的合法性，还涉及在法律上具有人格的公司的利益，而且根据《公司法》的规定，在公司存续期间，股东只能转让出资，而不得抽回出资。另一方要求退出公司无异于抽回投资。对此人民法院只能确认夫妻双方在公司中的股权比例，至于股权的实现或者转让，应另行处理。

（六）关于审理无效婚姻案件的程序问题。我国婚姻法没有规定无效婚姻的处理程序，最高人民法院《关于〈婚姻法〉的司法解释（一）》明确了婚姻当事人及其利害关系人可以向人民法院申请宣告婚姻无效，这是人民法院受理此类案件的直接依据。申请宣告婚姻无效的案件不同于一般的民事权益争议案件，不能适用普通审判程序进行审理，应将其作为非讼案件来处理，比照适用《民事诉讼法》关于特别程序的规定进行审理。适用特别程序审理的确认无效婚姻案件，不得调解，实行一审终审，当事人不得上诉，但因无效婚姻引起的子女扶养和财产分割问题应适用普通程序审理。

（七）关于无行为能力人和限制行为能力人的离婚问题。限制民事行为能力人并未完全丧失辨认能力和控制能力，无论结婚还是离婚应由其自行决定。而无民事行为能力人成为离婚案件的被告时，一般允许其近亲属作为代理人，或者由人民法院在其近亲属中指定代理人参加诉讼。在无民事行为能力人起诉离婚的情况下，如果无民事行为能力人结婚之初，就存在无民事行为能力的原因，应当提起婚姻无效之诉，提起人为无民事行为能力人结婚前的监护人；在婚姻关系存续期间丧失民事行为能力的，则需要根据特别程序变更无民事行为能力人的监护人，由变更后的监护人代理无民事行为能力人提起离婚诉讼。

（八）关于亲子关系案件的认定与处理问题。近几年，随着我国市场经济的发展和人民生活水平的提高，婚姻家庭中父母子女之间的关系发生了一系列动态变化，造成确认子女与父母之间血缘关系的案件有所上升。由于父母与子女之间的血亲关系仅靠法官的知识和经验是很难判断的，因此，涉及亲子关系的案件多数需要通过鉴定加以解决，但亲子鉴定因涉及到身份关系，必须稳妥慎重，原则上应以双方自愿为原则。但是如果非婚生子女以及与其共同生活的父母一方有相当充分的证据证明未与非婚生子女共同生活的父或母为非婚生子女的生父或者生母，且非婚生子女尚未成年，需要抚养和教育的，如果未与非婚生子女共同生活的父或母不能提供足以推翻亲子关系的证据，又拒绝做亲子鉴定的，应当推定其亲子关系成立。

参考文献

1. 杜志淳主编：《司法鉴定概论》，法律出版社 2010 年版。

2. 闵银龙主编：《法医学》，法律出版社 2007 年版。

3. 《从"滴血认亲"到"DNA"亲子鉴定发展史》，载 http://zz.100ye.Com/msg/10790567.html。

4. 《亲子鉴定在尴尬中升温》，载 http://www.dna591.com。

5. 陈慧珍：《亲子鉴定中知情同意》，载《牡丹江师范学院学报》2006 年第 3 期。

6. 吴异：《亲子鉴定程序现状及相关法律问题研究》，吉林大学 2017 年硕士学位论文。

7. 魏振瀛主编：《民法》，北京大学出版社 2002 年版。

8. 孟晓春、邵杰：《从一起案件谈亲子鉴定案件相关问题》，载 http://www.chinacourt.org/。

9. 《亲子鉴定"民间市场"令人堪忧混乱状况亟待规整》，载 http://www.chinalawinfo.com。

10. 《民间亲子鉴定损害妻儿合法权益亟待法律疏导》，载 http://www.xin-huanet.com/。

11. 《从亲子鉴定问题看规范化标准化管理的重要性》，载 http://www.tianya.cn/。

12. 褚福民：《准法律推定——事实推定与法律推定的中间领域》，载《当代法学》2011 年第 5 期。

13. 汪金兰、孟晓丽：《民法典中亲子鉴定关系确认制度的构建》，载《安徽大学（哲学社会科学版）》2020 年第 1 期。

14. 薛宁兰：《自然血亲亲子身份的法律推定》，载《清华法学》2023 年第 1 期。

15. 袁立、张俊：《DNA 证据审查初探》，载《中国人民公安大学学报（自然科学版）》2007 年第 2 期。

16. 李木贵：《民事诉讼法》（下），台湾元照出版有限公司 2007 年版。

17. 游文亭：《〈民法典〉亲子关系推定规则的解释适用》，载《法学论坛》2022 年第 65 期。

18. 毕玉谦：《对我国目前在亲子鉴定问题上基本取态的反思》，载《中国司法》2011 年第 9 期。

19. ［日］梶村太市：《家事审判制度研究》，有斐阁 2007 年版。

20.《德意志联邦民事诉讼法》，谢怀栻译，中国法制出版社 2000 年版。

21.《法国民法典》（上），罗结珍译，法律出版社 2005 年版。

22. ［德］罗森贝克、施瓦布、哥特瓦尔德：《德国民事诉讼法》，李大雪译，中国法制出版社 2007 年版。

23. 张晓如：《日本家事法院及其对我国的启示》，载《比较法研究》2008 年第 3 期。

24. Gilding, M. (2004). DNA paternity testing without the knowledge of the other：New technology，new choice，new debates，Family matters. 68.

25. 陈计男：《民事诉讼法论》，台湾三民书局 2005 年版。

26. 陈苇、谢京杰：《论"儿童最大利益优先原则"在我国的确立——兼论〈婚姻法〉等相关法律的不足及其完善》，载《法商研究》2005 年第 5 期。

27. 任学强：《论亲子鉴定中的未成年权利保障》，载《青年研究》2007 年第 8 期。

28. 彭洁、包凤才：《亲子鉴定的法律问题》，载《经济研究导刊》2008 年第 5 期。

29. 崔丹、张勇：《司法实践中亲子鉴定案件审理之思考》，载 http://ycfy.hinacourt.org/public/detail.php?id＝5634。

30. 刘金霞：《论亲子鉴定作为证据在婚姻家庭案件中的适用》，载 http://www.jsfy.gov.cn。

31. 曾青等：《诉讼中亲子鉴定若干法律问题思考》，载《西南民族大学学报》2005 年第 9 期。

32．王雪梅：《未成年人权利论》，社会科学文献出版社 2005 年版。

33．李绍章：《亲子鉴定的限制性规范》，载《法制日报》2007 年 4 月 20 日第 6 版。

34．〔日〕松本博之：《人事诉讼法》，弘文堂 2007 年版。

35．《法国刑法典》，罗结珍译，法律出版社 2005 年版。

36．陈苇：《外国婚姻家庭法比较研究》，群众出版社 2006 年版。

37．陈飚：《亲子关系诉讼中的血缘鉴定之强制性》，载《现代法学》2010 年第 1 期。

38．颜志伟：《我国亲子鉴定法律问题再研究》，载《河南社会科学》2008 年第 5 期。

39．薛宁兰：《社会转型中的婚姻家庭法制新面向》，载《东方法学》2020 年第 2 期。

40．《亲子鉴定在民事诉讼中的几个问题》，载 http://www.66wen.com。

41．马卉、朱月林：《亲子鉴定及其法律制度的完善》，载《湖北经济学院学报》2010 年第 10 期。

42．王丽萍：《亲子关系法律制度研究》，法律出版社 2004 年版。

43．邓学仁、严祖照、高一书：《DNA 鉴定亲子关系争端之解决》，台湾元照出版社 2007 年版。

44．张惠亮：《法律视角下的亲子鉴定研究》，南京师范大学 2008 年硕士学位论文。

45．李霞：《协助决定取代成年监护替代决定——兼论民法典婚姻家庭编监护与协助的增设》，载《法学研究》2019 年第 1 期。

46．王栋：《亲子鉴定之法律思考》，载 http://www.110.com/ziliao/article-10691.html。

47．朱月林：《亲子鉴定及其相关法律制度的完善》，载《法治与社会》2008 年第 29 期。

48．王保捷主编：《法医学》（第 4 版），人民卫生出版社 2006 年版。

49．侯一平主编：《法医物证学》（第 4 版），人民卫生出版社 2024 年版。

50．郑秀芬：《法医 DNA 分析》，中国人民公安大学出版社 2002 年版。

51. 陈学权：《科学对待 DNA 证据的证明力》，载《政治论坛》2010 年第 5 期。

52. 袁丽：《论 DNA 鉴定结论的证据效力研究》，载《中国司法鉴定》2008 年第 3 期。

53. 毕玉谦：《对我国法院采取证明妨碍制度审理亲子关系纠纷案件的基本思考》，载《法律适用》2010 年第 9 期。

54. 张海燕：《我国亲子关系诉讼中推定规则适用之实践观察与反思》，载《政治论丛》2015 年第 1 期。

后　记

　　选择这个题目是基于我多年的工作实践，基于一种情感，同时也是基于一种责任。亲情遭受质疑时，人们顿生许多感悟：社会人情冷暖，亲情更加令人珍惜，物质不过是身外之物……我们只想着能为倍受亲情关系困扰的人们做些实事。DNA 技术的不断成熟为亲子鉴定结果提供了高精确率的科学支持，给充满疑惑的当事人带来希望的星光。无疑，科学技术日新月异的发展为我们的生活增添了色彩，带来了惊喜，但我们并不满足于仅仅停留在一个众所周知的判断上。因而想去做一番研究，一来完成我的科研，二来可以做些理性思考，更重要的是，看看能不能总结提炼一些机制和制度层面的东西，为亲子鉴定之法制化进程提供一定的理论支持。多年的亲子鉴定实践工作以及科学教研工作给我的研究带来了极大的帮助和支撑。所谓学无速成、集沙才能成塔，不积跬步何以至千里？我愿以此成果与我的同行分享，并希望能得到大家的指教和支持。

图书在版编目(CIP)数据

亲子鉴定之法制化进程 / 赖红梅著. -- 上海 ：上
海人民出版社，2024. -- ISBN 978-7-208-19196-9

Ⅰ. D923.904

中国国家版本馆 CIP 数据核字第 20249616BH 号

责任编辑 夏红梅　姜嘉滢
封面设计 零创意文化

亲子鉴定之法制化进程

赖红梅　著

出　　版　上海人民出版社
　　　　　（201101　上海市闵行区号景路 159 弄 C 座）
发　　行　上海人民出版社发行中心
印　　刷　上海商务联西印刷有限公司
开　　本　720×1000　1/16
印　　张　14.5
插　　页　2
字　　数　227,000
版　　次　2024 年 12 月第 1 版
印　　次　2024 年 12 月第 1 次印刷
ISBN 978 - 7 - 208 - 19196 - 9/D·4404

定　　价　65.00 元